Birgit Abegg
Antonio Martínez Cestero

D1943067

Comunicación empresarial

Spanische Handelskorrespondenz für die Berufspraxis

Max Hueber Verlag

Das Werk und seine Teile sind urheberrechtlich geschützt.
Jede Verwertung in anderen als den gesetzlich zugelassenen
Fällen bedarf deshalb der vorherigen schriftlichen
Einwilligung des Verlags.

Hinweis zu § 52a UrhG: Weder das Werk noch seine Teile dürfen ohne
eine solche Einwilligung überspielt, gespeichert und in ein Netzwerk
eingespielt werden. Dies gilt auch für Intranets von Firmen und von Schulen
und sonstigen Bildungseinrichtungen.

3. 2. 1. | Die letzten Ziffern
2010 09 08 07 06 | bezeichnen Zahl und Jahr des Druckes.
Alle Drucke dieser Auflage können, da unverändert,
nebeneinander benutzt werden.
1. Auflage
© 2006 Max Hueber Verlag, 85737 Ismaning, Deutschland
Zeichnungen: Peter Ruge, Stuttgart
Verlagsredaktion: Raquel Muñoz, Ismaning
Gesamtherstellung: Ludwig Auer GmbH, Donauwörth
Printed in Germany
ISBN 3-19-004030-3

Vorwort

Spanisch ist nach Englisch und Chinesisch die am meisten gesprochene Sprache der Welt. Mehr als 400 Millionen Menschen sprechen und nutzen Spanisch als ihre Muttersprache.

Um dem gewaltig ansteigenden Bedarf an Handelsspanisch im Export mit Spanien und Lateinamerika auch in Zukunft gerecht zu werden, haben wir **„Comunicación Empresarial“** geschaffen. In 17 Kapiteln werden nicht nur alle Gebiete der gängigen Handelskorrespondenz, sondern auch die wichtigsten Bereiche der Exportpraxis mit Spanisch sprechenden Ländern behandelt. Auch Themen der Betriebswirtschaft, die in den Export hineinreichen, gehören zu dem behandelten Stoff.

Das Lehrwerk soll jedoch nicht nur Unternehmen aus der Praxis dienen; es spricht in den Informationstexten, in Fragen, Übungen und Übersetzungen auch Schülerinnen und Schüler sowie Studierende an Handels- und Sprachenschulen, Lehranstalten und Hochschulen, Auszubildende in kaufmännischen Ausbildungsberufen, Korrespondenten, Sachbearbeiter/innen und alle diejenigen an, die über gute Grundkenntnisse verfügen und kaufmännisches Spanisch in Handel und Wirtschaft benötigen und/oder sich auf eine IHK-Prüfung in Spanisch vorbereiten wollen. Die im Lehrwerk angebotenen Übungen wurden in enger Anlehnung an die zur Zeit gültigen Prüfungsordnungen und Rahmenstoffpläne des DIHK und deutscher Industrie- und Handelskammern für folgende Prüfungen ausgearbeitet: Zusatzqualifikation Spanisch für Auszubildende, Fremdsprachenkorrespondenten, Übersetzer. Zur Vereinfachung der Handhabung werden die Übungen jeweils mit einem von drei Schwierigkeitsgraden gekennzeichnet: leicht, mittelschwer, schwer. So kann das Lehrwerk auch unter Auslassung bestimmter (für den Benutzer vielleicht zu schwieriger) Teile genutzt werden.

Gliederung der einzelnen Kapitel:

1) Eine spanische Einleitung mit Erläuterungen und kaufmännischem Grundwissen zum Thema;
2) Musterbriefe, Faxe, E-Mails, Memoranda nach spanischem Vorbild;
3) Ausdrücke und Satzbeispiele aus der spanischsprachigen Korrespondenz mit deutschen Übersetzungen;
4) Fragen zum Thema des Kapitels;
5) Übungsteile (z.B. Multiple Choice, Passagen mit Textlücken, grammatische Übungen, teilweise nach dem Muster von IHK-Prüfungen);
6) Übersetzungen Deutsch/Spanisch und Spanisch/Deutsch mit betriebswirtschaftlichem Inhalt (meistens höherer Schwierigkeitsgrad, nach dem Muster von IHK-Prüfungen);
7) Stichwortbriefe aus der Praxis, aber nach dem Muster von IHK-Prüfungen;
8) Zusammenfassungsübungen schriftlicher Texte (Memoranda) und mündlicher Kommunikation nach gehörten Mitteilungen (Telefongespräche, Anrufbeantworternachrichten auf beigefügter CD).

Das gesamte betriebswirtschaftliche Material wurde von uns auf Grund fachlicher Publikationen unter anderem des Instituto Español de Comercio Exterior (ICEX) erarbeitet und entspricht nach unserem besten Wissen und Gewissen dem heutigen Stand.

Vorwort

Wir, die Autoren, sind beide Mitglieder der Prüfungsausschüsse Spanisch an einer bundesdeutschen IHK. Birgit Abegg unterrichtet als Dozentin Spanisch in deutschen Unternehmen und ist staatlich anerkannte Übersetzerin und beeidigte Gerichtsdolmetscherin; Antonio Martínez Cestero ist Jurist und Handelsreferent beim Handelsbüro des Spanischen Generalkonsulats in Düsseldorf. Wir hoffen, mit diesem Lehrwerk wenigstens teilweise eine bis heute existierende Lücke für Handelsspanisch in Deutschland geschlossen zu haben.

Unser besonderer Dank gilt allen Kolleginnen und Kollegen, die uns geholfen haben, dieses Buch zu entwickeln, insbesondere dem Spanischen Generalkonsulat Düsseldorf, dem ICEX, der Firma Thyssen-Krupp Services AG, Düsseldorf und der IHK Düsseldorf für wertvolle Hinweise, Unterstützung, Zur-Verfügung-Stellung von Materialien und andere Art der Beratung.

Alle Texte und Briefe haben wir nach Vorbildern aus der Alltagspraxis selbst geschrieben, sofern eine Quellenangabe nicht erfolgt. Der überwiegende Teil der Namen und Anschriften ist frei erfunden. Ähnlichkeiten sind zufällig.

Birgit Abegg
Antonio Martínez Cestero

Düsseldorf/München, den 05. September 2005.

Índice

Índice

Folgende Piktogramme werden verwendet:

Telefongespräch

■ leichte Übung

■■ mittelschwere Übung

■■■ schwere Übung

Contenidos de economía empresarial

2.3.4	Condiciones de pago
2.3.5	Incoterms
2.4.2	La administración comercial española (ICEX)
2.4.4	El comercio exterior
3.4.3	Las formas jurídicas de las empresas (parte I)
4.4.3	Las formas jurídicas de las empresas (parte II)
5.4.2	Elementos fundamentales de la información comercial
5.4.3	Prestación de informes
6.4.3	Principales canales de distribución
7.4.3	La letra de cambio (texto legal)
8.4.2	Solución de conflictos en el caso de incumplimiento de un contrato
8.4.3	La compraventa internacional
9.4.3	Extracto de unas condiciones generales de compra, cláusula penal
10.4.2	El negocio del factoring
10.4.3	El arbitraje comercial
11.	La representación comercial
11.2.7	Contrato de representación comercial
11.4.3	Calidad del producto, normalización, certificación y reglamentación técnica
12.	Formas de cooperación empresarial
12.4.3	La cesión de tecnología industrial
13.	Los servicios bancarios en la exportación
13.4.2	El crédito documentario
13.4.3	El seguro de crédito a la exportación
14.	Transporte y aseguramiento de mercancías
14.4.2	Transporte internacional por carretera
14.4.4	El transporte aéreo
15.	Mercadotecnia y promoción de ventas
15.4.3	El marketing mix
16.	Los certámenes feriales: presencia y alojamiento
16.4.2	Las ferias profesionales
16.4.4	Requerimientos de un huésped de hotel alojado en viaje de negocios
17.	Los recursos humanos. Comunicaciones internas de la empresa
17.4.2	Servicios virtuales
17.4.4	La Unión Europea

0 La comunicación comercial escrita

0.1 Nociones básicas

La comunicación empresarial moderna se rige cada vez más por los principios de rapidez, inmediatez y eficiencia. Por ello, la práctica comercial registra un avance imparable del **correo electrónico** como instrumento de comunicación preferente, y el mantenimiento del **fax** como elemento básico de la comunicación escrita. Está claro que pervive también la **carta comercial** para aquellas situaciones comunicativas en las que, o bien no existe una relación comercial previa y la carta constituye instrumento de presentación o inicio del contacto empresarial, o, por otro lado, existiendo una relación comercial previa, conviene por razón del contenido utilizar el correo ordinario. Se trataría en estos casos de supuestos en los que más que rapidez se trata de dar garantía y seriedad al mensaje, como podría ser la remisión de informes confidenciales, documentación contractual, facturas originales, etc.

0.2 La carta comercial

La redacción de la carta comercial, aún dentro de una cierta flexibilidad, exige algunos formalismos, referidos a los diferentes elementos que la integran:

a) Partes esenciales de la carta comercial

- **membrete**, conteniendo el nombre de la empresa remitente y sus datos básicos, como sede y dirección postal, números de teléfono y fax, portal de Internet y correo electrónico;
- **nombre y dirección de la empresa destinataria,** a ser posible con mención del departamento y la persona a los que va dirigida, para facilitar su distribución interna;
- **lugar y fecha en** que se redacta la carta comercial, para ubicar en el tiempo y el espacio el mensaje remitido;
- **asunto y/o referencia**, que indica al destinatario el objeto del mensaje, anticipando su contenido, y, en su caso, la correspondencia comercial a la que se vincula, facilitando el seguimiento del asunto y su archivo conjunto;
- **salutación,** forma de cortesía que abre el contenido del mensaje y se dirige de forma directa a su destinatario, con un grado de formalismo que depende de la confianza existente entre el remitente y el destinatario, aunque debe ser siempre respetuosa en el tratamiento. Las formas más usuales previas al apellido, si se conoce éste, son: *Estimado Sr., Apreciado Sr., Distinguido Sr.*, con sus correspondientes formas en femenino o en plural. Pueden encontrarse también modalidades como: *Amigo,* o simplemente *Señor*. Si no se conoce el apellido, se ponen estas formas en plural sin añadirlo: *Estimados Señores, Distinguidos Señores*, etc. El tratamiento *Muy Señor mío* es cada vez menos frecuente, y suele usarse en los países de Iberoamérica la forma *De mi consideración* o *De nuestra consideración*, entre otras;

- **cuerpo de la carta**, que contiene el núcleo del mensaje, generalmente expresado en una prosa cortés, breve y directa, tratando todos los asuntos que constituyen el objeto del mensaje remitido;
- **despedida**, forma de cortesía que cierra el contenido del mensaje, indicando, en su caso, que se espera respuesta. Hay muy diversas fórmulas, como por ejemplo: *Quedamos muy atentamente, saludos cordiales, atentos saludos, cordialmente, atentamente, un cordial saludo*, etc.;
- **firma**, que se debe insertar, primero, de forma manuscrita, y al pie indicando en letra de imprenta el nombre completo y cargo o función de quien suscribe en la organización empresarial de que se trate. Si está autorizada, otra persona distinta de quien se indica puede firmar la carta. En ese caso indicará la circunstancia *p.o.* (por orden = im Auftrag), *p.a.* (por ausencia = in Abwesenheit) o *e.r.* (en representación = in Vertretung).

b) Partes opcionales de la carta comercial

Junto con los elementos esenciales citados, pueden encontrarse en una carta comercial otros elementos derivados de su propia naturaleza. Entre ellos podemos indicar los siguientes:

- **Iniciales**. Suelen indicar el nombre de quien firma la carta y el de quien la escribe y presenta a firma. Pueden ubicarse junto a la fecha, después de la referencia, o al final de la carta, debajo de la firma;
- **anexos**. En aquellos supuestos en los que junto con la carta se desea enviar al destinatario una determinada documentación, debe hacerse mención en la carta a esta intención, poniendo debajo de la firma la referencia a estos anexos. En esa indicación resulta necesario aclarar qué documentos se remiten y, en su caso, el número de páginas y otros detalles significativos.

Esquema ejemplo de una carta comercial:

PERALTA S.A.
Vinatea 28, 5ª planta
46001 Valencia
Tel.: +34 96 2098160 — **membrete**
Fax: +34 96 2098161
www.peralta-online.com
Info@peralta-comercial.es

Wagenhuber & Schneider GmbH
Departamento de Compras
Atención Sra. Lydia Martin — **nombre y dirección de la empresa destinataria**
Am Lindener Hafen 56
30453 Hannover
Alemania

Valencia, 23 de abril de 20... — **lugar y fecha**

Remisión de propuesta de contrato. — **referencia**
Su carta de 13 de abril de 20... ref. 002712/MX

Estimada Sra. Martín: — **salutación**

Me complace remitir adjunto, de acuerdo con su petición, la propuesta de marco contractual para las relaciones comerciales entre su empresa y nuestra filial en Alemania. El contrato se redactaría en forma bilingüe y consta de nuestras condiciones generales de contratación y ocho cláusulas específicas que recogen sus indicaciones de la carta de referencia.

Esperando que dicha propuesta encuentre su conformidad y constituya la base de una fructífera cooperación entre nuestras empresas, quedo a la espera de su respuesta.

cuerpo de la carta

Muy atentamente, — **despedida**

Alejandro Luengo Malumbres
Alejandro Luengo Malumbres — **firma**
Director Comercial

ALM/ppb — **iniciales**

Anexo: propuesta de contrato bilingüe (9 páginas) — **anexo**

0.3 Glosario de conceptos postales

remitente	Absender
devuélvase al remitente	an Absender zurück
entrega rechazada	Annahmeverweigerung
dirección ilegible	unleserliche Anschrift
carta urgente	Eilbrief
carta certificada	Einschreiben
valores declarados	Wertbrief
con acuse de recibo	mit Empfangsbescheinigung
con cédula de notificación	mit Zustellungsurkunde
impresos	Drucksache
por mensajería	per Kurier
por avión	per Luftpost
destinatario	Empfänger
muestra sin valor	Muster ohne Wert
contra reembolso	per Nachnahme
servicio de paquetería	Paketpost
oficina de correos	Postamt
apartado de correos (América: casilla postal)	Postfach
confidencial	vertraulich
frágil	zerbrechlich

0.4 El fax

Mediante el fax se remiten mensajes de índole similar a los propios de las cartas comerciales, aunque en este caso la notificación escrita tiene un carácter formal menos acusado y se suele prescindir de algunos elementos propios de la carta. La forma externa, esto es el formato propio del mensaje remitido por fax, no está sujeto en principio a una norma determinada. Para el envío de mensajes por fax cada empresa u organización suele utilizar una máscara o esquema estandarizado que se rellena para cada mensaje.

En todo caso existen algunos elementos que resultarían imprescindibles en todo mensaje por fax. Serían el destinatario y su número de fax, así como el remitente y su número de fax. Necesario resulta asimismo precisar la fecha del envío y el número de páginas de que consta el mensaje, dado que la transmisión se produce por vía teléfonica y no siempre consta cuándo se ha recibido el mensaje en su integridad.

Esquema ejemplo de un fax:

FAX

Para: Albert Schröder
Weinkontor Hansen

N° de fax: +49 711 2390873

De: Margarita Puelles
Bodegas Archanda

N° de fax: +34 976 226626

Fecha: 14 de enero de 20...

N° de páginas: 1

Asunto: Expedición de la mercancía

Confirmamos por el presente el envío con fecha de hoy de 46 cajas de 6 botellas de nuestra serie Virgen de los Caños, Gran Reserva. La entrega se estima que pueda realizarse el 16 de enero a partir de las 15 horas.

Rogamos notificación de la recepción puntual y conforme de la mercancía.

Atentos saludos,

Margarita Puelles
Margarita Puelles

0.5 El correo electrónico

Es el instrumento más ágil para la comunicación empresarial escrita que existe en la actualidad, y también el más utilizado. Por su rapidez y eficiencia su utilización suele imponerse en las relaciones comerciales de distintas empresas en cuanto se han establecido ya los primeros contactos. Su empleo requiere la utilización de un ordenador y una conexión de Internet y desde el punto de vista formal su formato varía según el programa informático disponible en el sistema.

En general, los programas de correo electrónico diferencian claramente los apartados de: destinatario (correo electrónico), otras personas a quienes puede interesar el correo aún no siendo destinatarios (se utilizan bajo las iniciales *cc* o *cco*), asunto (con un espacio para detallar el contenido del mensaje) y, en algunos casos, referencia a los anexos que se envían.

Esquema ejemplo de un correo electrónico:

Correo electrónico X

De: export@calzados-raga.es	**Para:** schuhvertretung.amc@t-online.de
Asunto: Nuevo catálogo	

Estimados Señores:

Queremos notificarles el envío de un paquete de 50 catálogos a su empresa. Se trata del nuevo catálogo que acabamos de editar, el cual incluye las nuevas series que integran nuestra colección de verano. Por correo separado recibirán asimismo muestras de dicha colección. Rogamos nos confirmen su recepción y esperamos con interés sus observaciones sobre los nuevos diseños.

Atentos saludos,
T. Pinambel,
Exportación

0.6 El memorándum (o nota interna)

Se trata de un mensaje breve que se envía entre miembros de una empresa u organización, en muchas ocasiones por la red electrónica interna (intranet). Es de carácter informal y solamente contiene el nombre y departamento del remitente, el del destinatario y la fecha, junto con el contenido.

Esquema ejemplo de un memorándum:

NOTA INTERNA

De: Departamento de Personal
Antonia Fernández

A: División de Investigación Comercial
Carlos Baraunda

Fecha: 25 de mayo de 20...

Los formularios para los interesados en el plan de pensiones de la empresa pueden ser recogidos a partir de mañana a las 11.00 horas, en este departamento.
Para los temas fiscales conviene realizar las consultas por escrito a nuestro compañero Ricardo Medroños.

A.F.

0.7 La puntuación española

Los principales signos de puntuación en la lengua española son el punto, la coma, la interrogación, la admiración, el guión, el punto y coma, los dos puntos y las comillas.

1) **El punto** presenta apenas diferencias de uso respecto a la lengua alemana. Cierra textos, párrafos y oraciones y completa las abreviaturas.
2) **La coma:** La coma suele indicar una pequeña pausa que se hace al hablar, por eso será conveniente releer el texto prestando atención a las pausas breves. Sin embargo, al igual que en la lengua alemana, existen una serie de reglas de carácter general:
   a) **Enumeraciones**. Los elementos de una serie de palabras se separan con una coma cuando no van unidas por conjunción: *Rogamos nos envíen cuatro cajas de vino Montemayor, 20 de Viña Sol, 10 de Conde Orgaz... Por favor, llame a Juan Gutiérrez, envíe las invitaciones, mande un correo electrónico dos días antes de la reunión...*

b) **Detrás de una oración subordinada** adversativa, final, causal, condicional o temporal cuando precede a la oración principal: *Aunque todavía es pronto para convocar la reunión, es necesario reservar la sala; Para organizar el viaje, será necesario hablar con el señor Murillo; Como no ha llegado aún, esperaremos unos minutos; Si necesita una copia de la factura, no dude en ponerse en contacto con nosotros; Cuando llegue, avíseme.*

c) **Con las locuciones y adverbios:** sin embargo, efectivamente, en realidad, por ejemplo, en primer lugar, por último, esto es, es decir, por consiguiente, etc.

d) **Detrás de expresiones con significado circunstancial** (condicional, causal, concesiva...): *A pesar de la crisis, habrá un crecimiento de las exportaciones.*

e) **En incisos que interrumpen la oración**: *La reunión, que fue más corta de lo previsto, resultó muy fructífera; El año que viene, según predicen los expertos, habrá un crecimiento de la economía.*

f) **Cuando se omite el verbo**: *La señora Gómez ocupará la habitación 27, el señor Erice, la 42.*

g) **Nunca se pondrá coma delante o detrás de la conjunción que (=dass), a no ser que se haga un inciso o comentario**: *Nuestro informático nos ha informado de que el programa estará listo mañana.* Pero: *Nuestro informático nos ha informado de que, si no hay ningún impedimento, el programa estará listo mañana.*

h) **Detrás de expresiones explicativas**: es decir, o sea, esto es, o lo que es lo mismo, etc.

3) **Los signos de interrogación y admiración** se caracterizan en español por su ortografía: se colocan al principio, de forma inversa, y al final, como en la grafía alemana, de la pregunta o la frase admirativa.

4) **El guión** se utiliza básicamente para unir dos términos (p.e. *técnico-jurídico*), para abrir las intervenciones de cada persona en un diálogo (el denominado guión largo que en alemán abre el estilo directo) o, por último, con la misma función que el paréntesis.

5) **El punto y coma** implica una separación más clara que la coma, aunque los elementos del discurso que son separados con este signo se siguen entendiendo como parte de una oración. Se utiliza sobre todo para separar fragmentos de un párrafo, que a su vez presentan elementos separados por una coma.

6) **Los dos puntos**: Como en alemán, se usan para abrir enumeraciones o para introducir una cita literal. A diferencia del alemán se usa en las cartas después del tratamiento (p.e. *Muy Sres. míos:)*

7) **Las comillas** se usan como en alemán, aunque el estilo directo en castellano no exige en general su utilización. Se emplea mucho para reseñar citas literales.

1 La demanda de precios

1.1 Nociones básicas

¿Cuándo se hace una demanda de precios y por qué?
Un potencial cliente puede tener cierto interés en un determinado producto que ha visto, por ejemplo, en folletos publicitarios, en Internet o en una feria, o que le ha sido presentado por un fabricante u ofertante. Si existe ese interés, el paso lógico siguiente será obtener informaciones o datos adicionales que le permitan establecer una posterior relación comercial con el ofertante o el fabricante. De estos datos, sin duda uno de los más importantes es el **precio**. A continuación vamos a exponer algunos de los elementos básicos que se plantean en el comercio internacional respecto a la demanda de precios.

¿A quién se dirige la demanda de precios?
Se puede dirigir a cualquiera que oferte el producto, por ejemplo, al fabricante o al operador comercial (distribuidor, agente comercial, mayorista, licenciatario, etc.) que lo comercializa en una determinada zona o mercado.

Demanda genérica

- prospecto estándar
- folleto publicitario
- documentación ilustrada
- programa de venta
- descripción general
- consulta Internet

Demanda específica

- lista de precios
- descripción técnica
- calidad
- cantidad
- tamaño
- condiciones de entrega
- condiciones de pago
- plazo de entrega

Demanda de precios general
En muchas ocasiones, la demanda de precios constituye un acto impersonal. En este caso, se toma el precio de una manera estandarizada y apenas es necesario un contacto que requiera especiales formas de cortesía comercial. Podría ser incluso una consulta telefónica o una bajada de datos de una página de Internet, o una transcripción de una lista de precios preexistente.

Demanda de precios específica
Sin embargo, en muchos otros casos el cliente exige una oferta específica, es decir, necesita informaciones concretas sobre una mercancía o un servicio. En su solicitud debe concretar individualmente el objeto de interés, de forma que el ofertante sepa a qué producto o servicio se refiere el interesado, así como todas las informaciones adicionales al precio:

¿Cuáles son las características del producto o servicio (**cantidad y calidad**)?
¿Bajo qué condiciones se otorgan **descuentos?**
¿Cuáles son las **condiciones de pago y entrega (Incoterms)**?
¿Qué tipo de **transporte** se requiere?
¿Cuál sería el **envase** o **embalaje** adecuado?, etc.

Todas estas informaciones son muy importantes para el suministrador del producto o servicio porque le ayudarán a calcular de forma exacta el precio final.

1.2 Modelos de correspondencia

1.2.1 Solicitud de lista de precios

Correo electrónico X

De: compras@estanterias-miguel.es	**Para:** info@overbeck-scharniere.de
Asunto: Petición de catálogo	

Al departamento de exportación

Estimados Sres.:

Mediante la presente solicitamos catálogo de su empresa en soporte electrónico con lista de precios adjunta. Rogamos su respuesta urgente por esta vía en formato PDF.

Gracias por anticipado. Atentamente,

Departamento de Compras
Hurtado

1.2.2 Requerimiento de documentación comercial

Haller & Langenfeld GmbH
Druckmaschinen
Deichstraße 59
D-20459 Hamburg

Peñarroya
& Asociados
S.R.L.

Buenos Aires, 30 de abril de 20...

Apreciados Sres.:

Nos dirigimos a Vds. en solicitud de un juego completo de catálogos referentes a las máquinas de impresión digital de la serie 2000 B que recientemente han sido puestas en el mercado por su empresa, en la línea de alta definición para reproducción electrónica de gran velocidad.

Nos interesa en particular el precio de los dos modelos de más altas prestaciones, con el ruego de que adjunten presupuesto completo de instalación, puesta en marcha y formación de operarios durante un periodo no inferior a tres semanas. Con relación a las condiciones de transporte, solicitamos tengan a bien detallar los precios en dólares para una entrega FOB Hamburgo. Asimismo solicitamos el plazo de entrega de cada una de dichas máquinas a partir de la emisión del pedido en firme, y las condiciones de pago, contemplando la venta a crédito en plazos de 28 meses garantizados o bien en la modalidad de arrendamiento financiero (leasing) a cinco años.

Dando las gracias por anticipado, quedamos a la espera de sus noticias y aprovechamos para mandarles nuestros más atentos saludos.

Felipe Rodríguez de la Gándara
Felipe Rodríguez de la Gándara
Apoderado General

Av. Corrientes, 837 · 1043 Buenos Aires · República Argentina

1.2.3 Información sobre precios

FAX

Para: Agencia de Viajes Ecuatoriana Ltda.
Guayaquil, Ecuador

Fax: +593 4 7938026

De: Ilse Steinmeyer
Asist. Dirección

Fax: +49 511 732449

Erkelenzer
Baugenossenschaft
30853 Langenhagen

Nº págs.: 1

Fecha: 20.02.20...

Señores:

En la página web de la feria "Construnorma de Ecuador" hemos visto su oferta de paquetes turísticos.

Con motivo de la feria de Quito en el próximo mes de mayo, se desplazarán 30 técnicos de nuestra empresa a Ecuador para mantener, durante el certamen, el contacto profesional requerido para la construcción de la urbanización que nos ha sido encomendada el pasado mes de noviembre en concurso público por el Ministerio Ecuatoriano de la Vivienda.

En la semana siguiente a la feria, que tiene lugar del 26 al 31 de mayo, 30 de los asistentes desearían prolongar la estancia en su país, por lo que necesitan contratar un viaje de una duración total de diez días para visitar las principales ciudades y lugares turísticos de interés.

Le ruego nos remita, con la mayor brevedad posible, los precios por persona para un viaje de estas características, incluyendo transporte local, alojamiento con pensión completa y guía profesional con dominio de la lengua alemana. Incluya asimismo un paquete de seguros completo para todos los participantes.

Saludos,

Ilse Steinmeyer
Ilse Steinmeyer
Asist. Dirección

1.2.4 Modelo de petición de precios

Peticionario: Textiles de Levante S.A.
Avenida de Roma 47
E-46021 Valencia

Destinatario: Gutenberger Nähmaschinen GmbH & Co. KG
Postfach 45 93 70
70178 Stuttgart
Alemania

Señores:

Solicitamos nos envíen su mejor oferta para los siguientes artículos:

Artículo	**Nº de referencia**	**Unidades**
máquina de tricotar	BD 4566	6
máquina cortadora	LT 301267	2
máquina bordadora	LT 409150	1
máquina cosedora	BD 17	20
juego de accesorios para máquina de tricotar	BD 4566 BFST	5
juego de agujas para máquina bordadora	LT 409150 VCXY	10
juego de agujas para máquina cosedora	BD 17 AJ	60
CD con muestras de motivos vegetales		2

En espera de su pronta respuesta,

muy atentamente,

María Dolores del Campo
María Dolores del Campo
Directora de Producción

1.2.5 Consulta de precios del agente comercial a su fábrica

E-Mail

Von: gerlach@t-online.de	Für: SI-exportacion@terra.es
Betreff: Precio	

Estimada Margarita:

El responsable de compras del mercado de bricolaje "Baujob" de Bielefeld se ha dirigido a mi empresa solicitando precio por unidad de las azadillas de jardín doméstico con referencia 23z que habéis presentado en la última edición de la feria SPOGA de Colonia. Se trataría de pedidos continuados a partir de la primavera, con embalaje individual de cada pieza, servidos en palets al almacén central de Darmstadt. Te ruego ajustéis mucho los márgenes, pues puede tratarse de un pedido de gran volumen.

Espero tus noticias y te mando cordiales saludos,

Horst Gerlach

1.2.6 Concurso público de adjudicación

Comunidad Autónoma de Madrid
Madrid

CONCURSO PÚBLICO ABIERTO

- Comunidad Autónoma de Madrid.
  Dirección General de Régimen Económico e Infraestructuras.
  Consejería de Sanidad y Consumo.

- Se convoca concurso público de ofertas para la adquisición de mobiliario hospitalario y equipamiento quirúrgico destinado a diferentes hospitales de Madrid.

- Adquisición de mobiliario hospitalario.
  Hospital General Gregorio Marañón de Madrid. Número de Expediente ZZZZ12315742.
  Por un importe de 129.589,00 EUR.

- Adquisición de equipamiento quirúrgico.
  Hospital Clínico de Madrid. Número de Expediente CFY45642.
  Por un importe de 9.800,00 EUR.

La consulta, retirada de documentación, presentación de ofertas y comunicación de empresas presentadas se realizará en las Oficinas Centrales de la Consejería de Sanidad y Consumo, Registro General, calle Aduana, 29, 28013 Madrid, en horario de 9 a 14 horas.

Las ofertas se entregarán en sobre cerrado en el Registro de las oficinas citadas hasta el 5 de febrero de 2005, a las 12 horas. Su apertura se comunicará oportunamente.

Más información en www.madrid.org/concursos

Madrid, 16 de enero de 2004

C. Álvarez
C. Álvarez
El Director General

1.3 Fraseología

1.3.1 Introducción general

Hemos leído su anuncio en una revista comercial/en Internet.	Wir haben Ihre Anzeige in einer Fachzeitschrift/im Internet gelesen.
Hemos visto sus productos en la última Feria de Hanóver.	Wir haben Ihre Produkte auf der letzten Hannover-Messe gesehen.
Recibimos sus datos de un socio comercial/la Cámara de Comercio local.	Wir erhielten Ihren Namen von einem Geschäftspartner/der örtlichen Handelskammer.
Su anuncio en la revista técnica "El ingeniero" ha despertado nuestro interés.	Ihre Anzeige in der technischen Fachzeitschrift "El ingeniero" hat unser Interesse geweckt.
Su casa nos ha sido recomendada como suministradores de...	Ihre Firma ist uns als Lieferant von ... empfohlen worden.
Hemos visto su anuncio en... y les rogamos nos envíen su último/más reciente catálogo.	Wir haben Ihre Anzeige in ... gesehen und bitten Sie, uns Ihren neuesten Katalog zu schicken.
Sírvanse enviarnos su catálogo ilustrado/general así como la lista de precios.	Bitte schicken Sie uns Ihren illustrierten/allgemeinen Katalog sowie die Preisliste.

1.3.2 Solicitud de informaciones, ofertas, etc.

Estando especializados en la venta de... les rogamos nos envíen: a) su lista de precios para mayoristas, con todos los detalles posibles, b) especificaciones de sus máquinas, con precios y condiciones de entrega y pago, c) su mejor oferta para este material, d) informaciones completas sobre su ordenador... con detalles referentes a sus condiciones de alquiler.	Da wir auf den Verkauf von ... spezialisiert sind, bitten wir Sie um Zusendung: a) Ihrer Preisliste für Großhändler mit allen möglichen Einzelheiten, b) Spezifikationen Ihrer Maschinen mit Preisen und Liefer- und Zahlungsbedingungen, c) Ihres besten Angebots für dieses Material, d) vollständiger Informationen über Ihren Computer ... mit Einzelheiten über die Leasingbedingungen.
Por favor, mándennos su mejor oferta para el siguiente material:	Bitte schicken Sie uns Ihr bestes Angebot für folgendes Material:

Les agradeceríamos nos indiquen si pueden suministrar esta mercancía en fábrica/CIF Hamburgo/DDU Buenos Aires.	Wir wären Ihnen dankbar, wenn Sie uns mitteilen würden, ob Sie diese Ware ab Werk/CIF Hamburg/DDU Buenos Aires liefern können.
Necesitamos su mejor oferta/presupuesto para las siguientes obras/los servicios especificados a continuación:	Wir benötigen Ihr bestes Angebot/Ihren Kostenvoranschlag für die folgenden Bauarbeiten/im folgenden spezifizierten Dienstleistungen:

1.3.3 Referencias

Si Vds. necesitan referencias sobre nuestra empresa, hagan el favor de visitar nuestra website www...	Wenn Sie Referenzen über unser Unternehmen benötigen, besuchen Sie bitte unsere Website www ...
Informaciones sobre nuestra empresa podrán obtenerse de...	Informationen über unser Haus sind erhältlich bei ...
Si Vds. desean informarse sobre nuestra empresa, hagan el favor de dirigirse a nuestro banco...	Wenn Sie sich über unsere Firma erkundigen wollen, wenden Sie sich bitte an unsere Bank ...

1.3.4 Sugerencia de más amplios negocios

Si sus mercancías encuentran nuestra aprobación y sus precios son aceptables...	Wenn Ihre Waren uns zusagen und Ihre Preise akzeptabel sind ...
Esperando que Vds. puedan ofrecer artículos de calidad y a buen precio...	In der Hoffnung, dass Sie uns Artikel guter Qualität und zu einem guten Preis anbieten können ...
Bajo la condición de que Vds. puedan suministrar mercancías del tipo y de la calidad exigidos...	Unter der Bedingung, dass Sie Waren der geforderten Art und Qualität liefern können ...
Si sus precios y condiciones de entrega y de pago nos satisfacen, les pasaremos un pedido (de prueba), al que podrán seguir todavía otros.	Wenn Ihre Preise und Ihre Liefer- und Zahlungsbedingungen uns zufrieden stellen, werden wir Ihnen einen (Probe-) Auftrag erteilen, dem noch weitere folgen können.
Esperamos su oferta con mucho interés.	Ihr Angebot erwarten wir mit großem Interesse.

Si sus muestras/mercancías son competitivas, estamos seguros de que podremos pasarles importantes pedidos en el futuro.	Wenn Ihre Muster/Waren sich als wettbewerbsfähig herausstellen, sind wir sicher, Ihnen in Zukunft größere Aufträge erteilen zu können.
Estamos seguros de que sus productos serán bien acogidos en este mercado.	Wir sind sicher, dass Ihre Produkte auf diesem Markt gut aufgenommen werden.

1.4 Ejercicios

1.4.1 Cuestiones sobre el tema

a. ¿A través de qué medios se pueden obtener informaciones sobre un producto?
b. ¿A quién se dirige un potencial cliente para obtener informaciones sobre un producto o servicio?
c. ¿Cuándo se hace una demanda de precios general?
d. ¿En qué casos se pide una demanda de precios específica?
e. ¿Qué datos interesan al cliente potencial y por qué?

1.4.2 Ejercicio de sustitución sobre respuesta múltiple

El texto siguiente contiene 30 espacios en blanco. Complételos seleccionando la palabra o frase adecuada.

Preparación del catálogo de un mayorista de juguetes

El responsable de compras de un mayorista especializado en el sector de juguete debe asumir la configuración _ (1) _ los surtidos, la negociación de las condiciones _ (2) _ los diferentes suministradores, y la redacción de los correspondientes contratos _ (3) _ sirven de marco _ (4) _ la relación comercial. _ (5) _ el conjunto de _ (6) _ actividades constituye una tarea _ (7) _ conseguir _ (8) _ visión general de la oferta internacional correspondiente a _ (9) _ surtidos de producto _ (10) _ integran su catálogo.

1)	2)	3)	4)	5)
❑ con	❑ con	❑ cual	❑ a	❑ entre
❑ de	❑ en	❑ ya	❑ por	❑ hacia
❑ a	❑ por	❑ que	❑ con	❑ desde

6)	7)	8)	9)	10)
❑ las	❑ básica	❑ alguna	❑ muchos	❑ que
❑ cuyas	❑ básico	❑ una	❑ unos	❑ quienes
❑ sus	❑ basica	❑ poca	❑ los	❑ cuales

En _ (11) _ , como en otros sectores, _ (12) _ fundamental una adecuada planificación, tanto _ (13) _ si pensamos que se _ (14) _ de un negocio claramente marcado _ (15) _ la estacionalidad. _ (16) _ esta actividad resulta imprescindible acometer una labor _ (17) _ extensa de recopilación de precios _ (18) _ condiciones. Para ello, _ (19) _ el equipo del departamento de compras _ (20) _ su dirección deberá _ (21) _ largos meses formular _ (22) _ de precios, en primera fase de carácter genérico, y _ (23) _, mediando un principio de interés, más específicas, para _ (24) _ estudiar los precios y condiciones de pago y suministro que _ (25) _ comenzar una negociación previa _ (26) _ la definición completa del surtido para _ (27) _ temporada. Es importante también atender, junto con las condiciones habituales, _ (28) _ cumplimiento por el fabricante de la normativa específica _ (29) _ productos infantiles que se promulga para la protección de los niños, principales usuarios del juguete _ (30) _ artículo de uso.

11) ☐ éste ☐ esto ☐ aquél	12) ☐ está ☐ son ☐ es	13) ☐ más ☐ menos ☐ cuánto	14) ☐ refiere ☐ trata ☐ busca	15) ☐ por ☐ sobre ☐ para
16) ☐ por ☐ con ☐ en	17) ☐ mucho ☐ muy ☐ sin	18) ☐ u ☐ a ☐ y	19) ☐ contra ☐ todo ☐ entre	20) ☐ bajo ☐ tras ☐ ante
21) ☐ mientras ☐ entre ☐ durante	22) ☐ demandas ☐ preguntas ☐ cuestiones	23) ☐ primera-mente ☐ anterior-mente ☐ posterior-mente	24) ☐ no ☐ el ☐ poder	25) ☐ permi-tirá ☐ permi-tan ☐ permi-tían
26) ☐ según ☐ sobre ☐ a	27) ☐ superior ☐ cada ☐ ninguna	28) ☐ al ☐ del ☐ con el	29) ☐ hasta ☐ sobre ☐ hacia	30) ☐ sin ☐ en ☐ como

1.4.3 Traduzca el siguiente texto al español.

Es gibt allgemeine und spezifische Anfragen. Eine allgemeine Anfrage schickt man, wenn der potentielle Käufer lediglich Informationen über ein Produkt oder eine Dienstleistung benötigt oder wenn er ein Angebot oder einen Kostenvoranschlag haben möchte, um eine Preisidee des Produkts oder der Dienstleistung zu bekommen.

Wenn eine detailliertere Auskunft über ein Produkt oder eine Dienstleistung gewünscht wird, schickt man eine spezifische Anfrage. In einer solchen bitten Sie z.B. um technische Einzelheiten, Größen- und/oder Mengenangaben, Abmessungen, Farben, Gewichte usw. Der Lieferant muss dann für die Ausarbeitung seines Angebotes mehr Zeit aufwenden, um diesen Ansprüchen gerecht zu werden.

1.4.4 Traduzca el concurso público de adjudicación bajo 1.2.6 al alemán.

1.4.5 Escriba un memorándum.

Situation:

Sie arbeiten bei der Firma Haller & Langenfeld GmbH in Hamburg und erhalten das unter 1.2.2 abgefasste Schreiben der Firma Peñarroya & Asociados S.L. aus Buenos Aires.

Aufgabe:

Fassen Sie als Mitarbeiter/in der Exportabteilung diesen Brief in Deutsch in einer Aktennotiz so zusammen, dass der/die zuständige Sachbearbeiter/in das Angebot entsprechend den Wünschen des Kunden ausarbeiten kann.

1.4.6 Escriba una carta, un fax o un correo electrónico a partir de los detalles siguientes:

1.4.6.1 Geschäftsfall 1

Figueres Portlligat Púbol

Museos Dalí: ¡Descubra el centro mundial del Surrealismo!

© Fundació Gala-Salvador Dalí

Situation:

Sie lesen einen Artikel in einer Tageszeitung mit dem vorstehenden Bild.

Aufgabe:

Kontaktieren Sie die Gala Dalí-Stiftung in Cadaqués, Gerona, Fax: +34 972 501666 oder E-Mail: prensa@dali-estate.org. Fragen Sie per Fax oder E-Mail Folgendes an:

- Sie interessieren sich für den Besuch einer Dalí-Ausstellung
- Wo kann eine Dalí-Ausstellung besucht werden?
- Wie kann das Fremdenverkehrsamt bei der Auswahl von Reisemöglichkeiten helfen?
- Gibt es organisierte Gruppenreisen von Ihrem Bundesland oder Ihrer Stadt aus?
- Unterbringung?
- Verbilligte Eintrittspreise?
- Da Sie ein Dalí-Fan sind: kann man aus Spanien regelmäßige Informationen über diesen Maler erhalten?
- Gibt es Dalí-Freundeskreise? Wenn ja, wo? Beitrittsbedingungen?

1.4.6.2 Geschäftsfall 2

Situation:

Sie arbeiten bei dem deutschen Lebensmittelimporteur Sebastian Paulsen KG, Kopernikusstr. 20-22, 52353 Düren, Fax: +49 2421 360984, E-Mail: sebastian.paulsen@delicatessen.de.
Auf der ANUGA in Köln haben Sie einen spanischen Exporteur, Herrn Xavier Dinamarca, kennen gelernt, der Ihnen einen Prospekt seiner Firma mitgegeben hat.

Aufgabe:

Schreiben Sie an Herrn Dinamarca von der Firma Alimentos Quintana SARL, Ronda de Valdecarrizo 57C - 2°, 28760 Tres Cantos (Madrid), Fax: +34 91 8048320, E-Mail: xavidinamarca@quintana.es, eine Anfrage unter Berücksichtigung der folgenden Punkte:

- Bezug auf Messebesuch
- Sie interessieren sich für die Lieferung von:
  1000 Stück Thunfischdosen (lata de atún) à € 1,80
  2000 Stück Dosen Muscheln (lata de mejillones) à € 0,90
  500 Flaschen Olivenöl (botella de aceite de oliva) à € 4,40
  5000 Beutel Magdalena-Küchlein (bolsa de magdalenas) à € 0,60
  30 Kilopakete eingelegte Sardellen (boquerones) à € 4,50
- Gibt es zusätzlich zum Großhandelsrabatt noch Mengenrabatte bei größeren Lieferungen?
- Lieferzeit: 4 Wochen, frei Haus
- Zahlungsbedingung: innerhalb von 30 Tagen netto nach Erhalt der Ware
- Bei gutem Absatz Interesse an weiteren Lieferungen
- Bitte um Aufnahme in die Kundendatei und regelmäßige Informationen über Neuheiten
- Bitte um regelmäßige Zusendung der Preisliste

1.4.7 Conversación telefónica

Situation:

In dem folgenden Gespräch sind Sie Frau Siegrid Breitenbach, Mitarbeiterin des Einkaufsteams eines großen Kaufhauses in Essen. Ihr Chef, Herr Lohausen, legt Ihnen einen Prospekt des in Spanien führenden Büromöbelherstellers aus Bilbao, der Firma Ofimesa S.A., auf den Tisch und bittet Sie, von diesem ein Angebot der auf der kürzlich stattgefundenen Büromöbelmesse ORGATEC in Köln ausgestellten Serie „Atlántica" zu erbitten.

Aufgabe:

Sie haben dieses Gespräch aufgezeichnet und fertigen jetzt für Ihren Chef eine entsprechende Zusammenfassung in Deutsch als Notiz für die Akte an.

2 La oferta

2.1 Nociones básicas

Oferta espontánea (o genérica)
En la práctica comercial hay muchos casos en los cuales el departamento de ventas de una empresa, sin haber sido previamente requerido, remite ofertas a potenciales clientes de sus productos o servicios, a fin de despertar su interés y provocar la demanda, o como mínimo, un interés que en el futuro pueda convertirse en pedidos. Las famosas **cartas promocionales** dirigidas de forma masiva a un determinado grupo objetivo son ejemplos de oferta espontánea.

Oferta requerida (o específica)
Es la oferta que el fabricante o suministrador redacta a partir de una solicitud anterior que puede haber llegado por muy distintas vías: carta, correo electrónico, petición telefónica, telefax, etc. Esta oferta responde a todas las cuestiones que planteó el interesado y todas aquellas que no se incluyeron en la solicitud pero que son básicas para cerrar el negocio.
Si por alguna circunstancia el fabricante o suministrador no puede redactar la oferta, en seguida o con todos los detalles en que fue solicitada, contestará al interesado indicando la fecha en que podrá hacerlo.

Oferta espontánea

- publicidad
- carta promocional de oferta
- envío de folletos y catálogos

Oferta requerida

- remisión de catálogos, folletos, lista de precios
- calidad y cantidad de la mercancía
- duración del servicio
- precios por unidad y precio total
- condiciones de entrega (Incoterms)
- condiciones de pago
- plazo de entrega
- garantías

Ya que la **legislación mercantil** en este punto incluye aspectos muy dispares en cada ordenamiento, no es posible formular una regla general sobre la **caducidad** o la **revocabilidad** de la oferta. Como medida de precaución, los técnicos de comercio exterior recomiendan incorporar a la oferta **cláusulas de reserva** que limitan la oferta a un periodo o circunstancia determinados (por ejemplo: *salvo venta*, *hasta agotamiento de existencias*) o establecen la posibilidad de **revocarla** en determinadas situaciones.

Son elementos esenciales de la oferta:
- Descripción de la **naturaleza y calidad** de los bienes o servicios ofrecidos.
- **Cantidad** de la mercancía o duración del servicio.
- **Precio** y condiciones modificativas del mismo (**descuentos**).
- **Plazos de entrega**.
- **Condiciones de entrega** o **condiciones para la prestación del servicio** (transportes, Incoterms etc., véase 2.3.5).
- Fórmula y **condiciones de pago** (véase 2.3.4).

2.2 Modelos de correspondencia

2.2.1 Remisión de catálogo en respuesta a 1.2.1

E-Mail

Von: export@overbeck-scharniere.de | **An:** compras@estanterias-miguel.es

Betreff: Su petición urgente de catálogo de nuestros productos

Al departamento de compras. Atención: Sr. Hurtado

En respuesta a su solicitud remitimos adjunto, en formato PDF, nuestro catálogo con lista de precios de exportación.

Las condiciones de transporte, embalaje, pedido mínimo y plazos de entrega se detallan en el apartado XII de dicho catálogo, que, como comprobarán, está editado en tres idiomas.

Quedamos a su disposición para cualquier consulta adicional sobre el contenido del mismo, y a la espera de sus noticias.

Atentamente,
Hans Meyer
Departamento de Exportación

2.2.2 Oferta espontánea de una nueva cámara digital

Grossmann & Chevalier GmbH *Fotoausrüstungen*
Monschauer Straße 27 · D-52355 Düren

Concesionaria de Combustibles S.L.
Departamento de Compras
Dña. Pilar Elías
Avenida del Mediterráneo 33
E-46012 Valencia

Düren, 24 de junio de 20...

Asunto: Oferta especial

Estimada Sra. Elías:

Habiendo observado que en la cadena de estaciones de servicio que Vds. gestionan está ampliándose cada vez más el surtido de objetos turísticos y de equipamiento fotográfico, nos permitimos remitirle el folleto adjunto con una interesante oferta de la última cámara digital que ha desarrollado nuestra empresa.

Dicha cámara, presentada con éxito en el último certamen ferial de la PHOTOKINA de Colonia, se adaptaría por sus características al concepto de comercialización de su empresa. Se oferta con un práctico estuche y un juego completo de accesorios a un precio muy competitivo. Les rogamos examinen la lista de precios adjunta y nuestros descuentos por volumen, que permiten un atractivo margen comercial para su empresa.

En breve le remitiremos un ejemplar de muestra, con la solicitud de una entrevista por parte de nuestro responsable comercial para la Península Ibérica.

Esperando haber despertado su interés, aprovechamos para saludarle muy atentamente.

Hans-Günther Chevalier
Hans-Günther Chevalier
Director de Exportación

Anexos: Lista de precios y folleto de presentación con especificaciones técnicas

2.2.3 Oferta requerida como paquete turístico en respuesta a 1.2.3

FAX

Agencia de Viajes Ecuatoriana Ltda.
Telf: +593 4 479320 . Fax: +593-4 7938026
Guayaquil – Ecuador

Para: Erkelenzer Baugenossenschaft
Att: Ilse Steinmeyer
Fax: +49 511 73 24 49
Fecha: 27/02/20...
Nº pág.: 2

Oferta paquete turístico

Estimada Sra. Steinmeyer:

En respuesta a su atenta demanda de fecha... nos complace remitirle la siguiente oferta:
Plazo: Del 26 de mayo al 4 de junio (10 días)
Asistentes al certamen: 30 participantes
Programa:
- Del 26 al 31 de mayo visita a la feria "Construnorma de Ecuador" y contactos profesionales en Quito.
- Del 1 al 4 de junio visita turística en circuito por Ecuador.

Desglose de precios por persona:

I) Alojamiento en régimen de pensión completa:
   a) Pernoctación en hotel de primera categoría (equivalente a 4 estrellas en la clasificación europea) en habitación doble para uso individual por importe de 163 US dólares por día, incluyendo desayuno, almuerzo y cena durante los días de feria.
   b) En los días de prolongación de la visita, pernoctación en hoteles de igual categoría a un precio de 147 US dólares por noche, incluyendo desayuno. Durante estos días el almuerzo y la cena se cubren con bonos de 50 US dólares diarios.

II) Transportes:
El servicio comprende recogida y desplazamiento desde el aeropuerto al hotel y viceversa, al recinto ferial dentro de Quito y retornos, así como todos los desplazamientos interiores en Ecuador durante el circuito turístico, en un microbús climatizado con conductor. El precio total para los diez días para todos los participantes sería de 1.350 US dólares.

III) Servicio de intérpretes:
   a) Durante los días del certamen ferial, se ofrece servicio individualizado de intérpretes bilingües alemán/español a un precio unitario por jornada de 119 US dólares.
   b) Durante el circuito turístico ofrecemos un precio global para un guía turístico bilingüe alemán/español, que acompañará al grupo durante todo el recorrido, de 450 US dólares.

La contratación del servicio de transporte incluye un seguro de accidentes a todo riesgo y una cobertura personal frente a todo evento por un importe máximo individual de 70.000 US dólares.

Confiando en que esta oferta sea de su agrado y encuentre su conformidad, le saludamos y quedamos a la espera de su respuesta,

cordialmente,
Rosana de Flores
Rosana de Flores
Responsable de Ventas

2.2.4 Oferta requerida para piezas de maquinaria textil en respuesta a 1.2.4

Gutenberger Nähmaschinen GmbH & Co. KG *Postfach 45 93 70 D-70178 Stuttgart*

Textiles de Levante S.A.
Atención: Sra. María Dolores del Campo
Directora de Producción
Avenida de Roma 47
E-46021 Valencia

Stuttgart, 11 de octubre de 20...

Asunto: Su petición de oferta del...

Estimada Sra. Del Campo:

En el cuadro de referencia le remitimos nuestros precios para el conjunto de artículos en la forma solicitada:

Artículo	Nº de referencia	Unidades	P/U	P/Global
máquina de tricotar	BD 4566	6	9.000 €	54.000 €
máquina cortadora	LT 301267	2	7.300 €	14.600 €
máquina bordadora	LT 409150	1	25.000 €	25.000 €
máquina cosedora	BD 17	20	3.100 €	62.000 €
juego de accesorios para máquina de tricotar	BD 4566 BFST	5	690 €	3.450 €
juego de agujas para máquina bordadora	LT 409150 VCXY	10	90 €	900 €
juego de agujas para máquina cosedora	BD 17 AJ	60	73 €	4.380 €
CD con muestras de motivos vegetales		2	19 €	38 €

El importe total del pedido completo ascendería a 164.368,00 EUR. Dado su volumen, el servicio sería franco domicilio del cliente.

El plazo de entrega previsto sería de 11 semanas. La adquisición de las máquinas comprende un contrato gratuito de mantenimiento durante los primeros 36 meses, y los accesorios tienen una garantía de 24 meses.

Según nuestras condiciones generales procederá un cobro anticipado del 30% del precio, pagadero a la confirmación del pedido y el resto a la entrega de la mercancía.

Esta oferta es válida hasta el 31 de diciembre de 20...

Estamos a su disposición para cualquier aclaración adicional sobre las condiciones de venta, y le saludamos muy atentamente.

Hermann Unterberg
Dipl.-Ing. Hermann Unterberg
Verkaufsleiter, Gutenberger Nähmaschinen GmbH & Co. KG

2.2.5 Imposibilidad de oferta por cese en la fabricación y contrapropuesta

Correo electrónico

De: tapizados-santamaria@mfm.es	**Para:** margit.hansen@gmx.de
Asunto: Su solicitud de oferta. Sofá biplaza "Leopardo"	

Estimada Sra. Hansen:

En respuesta a su solicitud por esta vía, formulada a través del servicio de diálogo con el cliente de nuestro portal de Internet, debemos indicarle que el producto de referencia ha sido sacado del catálogo con fecha de 1 de enero por haberse dejado de fabricar. Estamos consultando a nuestro distribuidor de Alemania por si tuviese en existencias algún ejemplar de exposición. De no encontrar alguno, no podremos servirle el producto requerido.

En breve saldrá al mercado nuestra nueva colección, con un sofá biplaza de características muy similares al modelo Leopardo. Su precio, aún no concretado, estaría en torno a los 3.400,00 €.

Tan pronto como se edite el nuevo catálogo 20..., le enviaremos por correo un ejemplar.

Agradeciendo sinceramente su interés, esperamos poder atenderle en un futuro y le saludamos muy atentamente.

Juan Miguel García Benavente
Ventas

2.3 Fraseología

2.3.1 Introducción para oferta espontánea

Nos complace/Quisiéramos llamar su atención sobre nuestro surtido de...	Wir möchten gern Ihre Aufmerksamkeit auf unsere Palette von ... lenken.
Creemos que Vds. estarán interesados en...	Wir glauben, dass Sie interessiert sind an ...
Nuestro nuevo catálogo acaba de salir de imprenta. Por esta razón se lo enviamos, estando seguros de que contiene algunos artículos de interés para Vds.	Unser neuer Katalog ist gerade gedruckt worden. Aus diesem Grund schicken wir ihn Ihnen und sind sicher, dass er einige Artikel enthält, die für Sie von Interesse sind.

2.3.2 Referencia a solicitud de oferta

En respuesta a su demanda de precios del...	In Beantwortung Ihrer Anfrage vom ...
Agradeciéndoles su carta del... en la que nos piden una oferta para...	Wir danken Ihnen für Ihr Schreiben vom ..., in dem Sie uns um ein Angebot bitten für ...
Les damos las gracias por su demanda de precios del... y tenemos el placer de enviarles con la presente: a) nuestra lista de precios más reciente, b) el catálogo solicitado por Vds., c) un ejemplar de nuestro catálogo y muestras, d) una descripción exacta de la máquina... con todos los pormenores técnicos, e) una oferta completa para los artículos en los que Vds. están interesados y f) una oferta detallada con todas las condiciones deseadas de entrega y de pago.	Wir danken Ihnen für Ihre Anfrage vom... und freuen uns, Ihnen mit diesem Schreiben zuzusenden: a) unsere neueste Preisliste, b) den von Ihnen gewünschten Katalog, c) ein Exemplar unseres Katalogs sowie Muster, d) eine genaue Beschreibung der Maschine ... mit allen technischen Einzelheiten, e) ein vollständiges Angebot für die Artikel, an denen Sie interessiert sind, und f) ein detailliertes Angebot mit allen gewünschten Liefer- und Zahlungsbedingungen.

2.3.3 Precios y descuentos, validez de la oferta

Nuestros precios se entienden...	Unsere Preise verstehen sich ...
FOB Bilbao	FOB Bilbao
embalaje incluido	einschließlich Verpackung
embalaje a precio de coste	Verpackung zum Selbstkostenpreis
bruto por neto	brutto für netto
Se ofrece/concede un descuento por pago al contado del 2,5 %.	Wir bitten/gewähren Ihnen bei Barzahlung 2,5 % Skonto.
En caso de pago dentro de un mes, les concederemos un descuento del... % para pedidos de por lo menos...	Im Falle der Zahlung innerhalb eines Monats gewähren wir Ihnen für Aufträge von mindestens ... einen Nachlass von ... %.
Para cantidades de más de... podemos ofrecerles una rebaja especial del 10% sobre un primer pedido.	Für Mengen über ... können wir Ihnen einen Sonderrabatt von 10% für einen Erstauftrag gewähren.
Los precios podrán alterarse sin preaviso.	Die Preise können ohne vorherige Ankündigung geändert werden.
Les recomendamos aprovechar el precio especial indicado, que sólo será válido durante una semana.	Wir empfehlen Ihnen, den angegebenen Sonderpreis auszunutzen, der nur eine Woche gültig ist.
Ofrecemos estas mercancías a) salvo venta. b) hasta agotamiento de existencias. c) bajo reserva de la posibilidad de suministro hasta el...	Wir bieten diese Waren an a) Zwischenverkauf vorbehalten. b) solange der Vorrat reicht. c) vorbehaltlich der Liefermöglichkeit bis zum ...
Nuestros precios están sujetos a las fluctuaciones del mercado y pueden modificarse en cualquier momento.	Unsere Preise unterliegen den Marktschwankungen und können sich jeder Zeit ändern.

2.3.4 Condiciones de pago

Pago adelantado	Vorauszahlung
Al contado al pasarse/otorgarse el pedido	Barzahlung bei Auftragserteilung
Pago inmediato/neto al contado	sofortige Bezahlung/netto Kasse
30 días neto; 2% de descuento en caso de pago dentro de 10 días	30 Tage netto; 2% Skonto bei Zahlung innerhalb von 10 Tagen
Pago al recibirse la factura	Zahlung bei Erhalt der Rechnung
El 25% del precio total es pagadero cuando se pase el pedido, el saldo a la entrega.	25% des Gesamtpreises sind bei Auftragserteilung zahlbar, der Rest bei Lieferung.
Pago a 60 días fecha factura	Zahlung innerhalb von 60 Tagen nach Rechnungserhalt
Contra reembolso	per Nachnahme
Pago contra entrega de las mercancías	Zahlung bei Erhalt der Waren
Documentos contra pago	Zahlung gegen Dokumente
Documentos contra aceptación	Dokumente gegen Akzept
Pago por letra a 30/60/90 días vista	Zahlung durch Wechsel mit 30/60/90 Tagen Sicht
Pago por letra bancaria	Zahlung durch Bankwechsel
Pago por transferencia bancaria	Zahlung durch Banküberweisung
Pago por cheque bancario	Zahlung durch Bankscheck
Pago por carta de crédito documentario irrevocable (y confirmado)	Zahlung durch unwiderrufliches (und bestätigtes) Akkreditiv

2.3.5 Condiciones de entrega INCOTERMS

Condiciones de entrega INCOTERMS emitidas por la Cámara de Comercio Internacional de París en 2000

Grupo E
Salida
(las mercancías están a disposición del comprador en la fábrica del vendedor)

EXW	Ex works	ab Werk	en fábrica

Grupo F
Mayor parte del flete no pagada
(el vendedor tiene que entregar las mercancías al fletador denominado por el comprador)

FCA	Free carrier	frei Frachtführer	libre fletador
FAS	Free alongside ship	frei Längsseite Schiff	franco al costado del buque
FOB	Free on board	frei an Bord	franco a bordo

Grupo C
Mayor parte del flete pagada
(el vendedor tiene que pagar el flete, pero sin asumir la responsabilidad por pérdida o daño de las mercancías o gastos adicionales)

CFR	Cost and freight	Kosten und Fracht	costes y flete
CIF	Cost, insurance and freight	Kosten, Versicherung und Fracht	costes, seguro y flete
CPT	Carriage paid to	Frachtfrei	flete pagado hasta
CIP	Carriage and Insurance paid to	Frachtfrei versichert	flete y seguro pagado hasta

Grupo D
Llegada
(el vendedor tiene que pagar todos los gastos y asumir todos los riesgos hasta el país de destino)

DAF	Delivered at frontier	geliefert Grenze	franco frontera
DES	Delivered ex ship	geliefert ab Schiff	sobre buque
DEQ	Delivered ex quay	geliefert ab Kai	sobre muelle
DDU	Delivered duty unpaid	geliefert unverzollt	derechos aduaneros a cargo del comprador
DDP	Delivered duty paid	geliefert verzollt	libre de derechos aduaneros

2.3.6 Nociones generales y fórmulas finales

En el anexo Vds. encontrarán nuestras condiciones generales de venta.	In der Anlage finden Sie unsere allgemeinen Verkaufsbedingungen.
Todos nuestros productos ofrecen una garantía completa.	Alle unsere Produkte beinhalten eine volle Garantie.
Aprovechamos esta ocasión para enviarles un juego completo de muestras.	Wir nehmen diese Gelegenheit wahr, um Ihnen einen kompletten Mustersatz zu senden.
Todos los artículos indicados en nuestro catálogo se encuentran en stock/almacén.	Alle in unserem Katalog aufgeführten Artikel haben wir auf Lager.
La entrega podrá efectuarse en... días/semanas.	Die Lieferung kann in ... Tagen/Wochen erfolgen.
Podemos/Nos es posible enviarles la mercancía dentro de 3 semanas.	Wir können Ihnen die Waren innerhalb von 3 Wochen zusenden.
Les prometemos la entrega hasta el...	Wir versprechen Ihnen die Lieferung bis zum ... .
Esperamos que nuestra oferta hallará su interés.	Wir hoffen, dass unser Angebot Ihr Interesse finden wird.
Con mucho gusto esperamos su pedido que ejecutaremos con el esmero de siempre/con el cuidado de costumbre.	Wir sehen Ihrem Auftrag gern entgegen, den wir mit unserer gewohnten Sorgfalt ausführen werden.
Creemos que Vds. hallarán nuestras condiciones ventajosas y que no tardarán en pasarnos un pedido de prueba.	Wir glauben, dass Sie unsere Bedingungen günstig finden und nicht zögern werden, uns einen Probeauftrag zu erteilen.

2.4 Ejercicios

2.4.1 Cuestiones sobre el tema

a. ¿Qué es una oferta requerida?
b. ¿Qué es una oferta espontánea?
c. ¿Qué es una cláusula de reserva? ¿Puede Vd. indicar alguna?
d. ¿Cuáles son los elementos esenciales de la oferta?
e. ¿Qué es una condición de pago? ¿Cuáles conoce Vd.?
f. ¿Para qué se utilizan los "Incoterms" y puede Vd. explicar alguno?

2.4.2 Ejercicio de selección de vocabulario

El texto siguiente contiene 20 espacios en blanco. Complete las frases siguientes con una palabra de la lista. Tenga en cuenta que dicho listado contiene 23 vocablos, de los cuales 3 no encajan en el sentido del texto.

actividad	*bastante*	*con*	*de*	*empresa*	*españolas*	*exteriores*	*extranjero*
formación	*industrial*	*información*	*interesante*	*internacional*	*oferta*	*para*	
presta	*programas*	*recursos*	*red*	*resolución*	*siguientes*	*técnica*	*través*

La administración comercial española

El Instituto Español de Comercio Exterior (ICEX) ____________ sus servicios a las empresas ____________ con la finalidad de impulsar y facilitar su proyección ____________ . Dispone ____________ ello de sus propios ____________ financieros, materiales y humanos. El Instituto despliega su ____________ en las ____________ áreas ____________ actuación:

- Diseña y ejecuta ____________ de promoción comercial en mercados exteriores.
- Elabora y difunde ____________ sobre la ____________ de productos españoles, y sobre mercados internacionales.
- Promueve la capacitación ____________ de los cuadros de la ____________ , y la ____________ de profesionales en el comercio exterior.
- Impulsa los proyectos de inversión, implantación ____________ o de cooperación empresarial en los mercados ____________.

Para lograr ____________ eficacia sus objetivos, el ICEX desarrolla su actividad en el exterior a ____________ de la ____________ de Oficinas Económicas y Comerciales de las Embajadas de España en el ____________. En España lo hace a través de las Direcciones Regionales y Territoriales de Comercio.

(Fuente: Portal: www.icex.es)

2.4.3 Traduzca el texto de 2.4.2 al alemán.

2.4.4 Traduzca el siguiente texto al español.

Der Außenhandel

Export nennt man die grenzüberschreitende Bereitstellung von Waren oder Dienstleistungen, auch wirtschaftliche Leistungen genannt, an das Ausland. Umgekehrt wird der grenzüberschreitende Bezug von Waren und Dienstleistungen aus dem Ausland mit Import bezeichnet.

Der Austausch dieser Waren und Dienstleistungen kann direkt zwischen Käufer und Verkäufer oder über einen Zwischenhändler (oft ein Außenhandelsunternehmen), aber auch über einen Vertreter oder Makler erfolgen. Dies nennt man direkten bzw. indirekten Export bzw. Import.

Beim direkten Export oder Import sind guter Kundenkontakt, fundierte Kenntnisse des Auslandsmarktes, Marktpflege, eigener Kundendienst und Kreditmöglichkeiten des Kunden erforderlich. Beim indirekten Export oder Import bedient sich der Verkäufer/Käufer oft eines zwischengeschalteten Händlers oder Unternehmers, der ihm einen Teil der Arbeit abnimmt (Kenntnis und Spezialisierung bestimmter Märkte oder Produktgruppen, Aufbau eines lokalen Vertriebsnetzes, Lagerhaltung und Distribution).

2.4.5 Escriba un memorándum.

Situation:

Auf Ihre Anfrage unter 1.2.3 an das ekuadorianische Reisebüro haben Sie unter 2.2.3 eine Antwort erhalten.

Aufgabe:

Verfassen Sie als Ilse Steinmeyer eine Zusammenfassung des Briefes in deutscher Sprache für Ihre Firmenleitung. Wichtig ist der Hinweis auf die Reisegestaltung mit allen angegebenen Einzelheiten.

2.4.6 Escriba una carta, un fax o un correo electrónico a partir de los detalles siguientes:

2.4.6.1 Geschäftsfall 1

Situation:

Sie arbeiten bei der Firma Laseroptik AG, Kronfeldstr. 10-12, 07745 Jena, Tel.: +49 3641 265402, Fax-Nr. +49 3641 265403, E-Mail: laseroptik@jena.de . Das spanische Unternehmen Vergara SA, Avda. Infanta Carlota, 78-82, E-08029 Barcelona, Tel.: +34 93 7936480, Fax: +34 93 7936590, E-Mail: vergara@optica.es hatte Sie um Zusendung Ihres Katalogs und Ihrer Preisliste sowie um Bekanntgabe Ihrer Bedingungen gebeten.

Aufgabe:

Schreiben Sie an die spanische Firma und berücksichtigen Sie dabei folgende Punkte:
- Dank für Anfrage
- Neuester Laser-Optik-Katalog für das laufende Jahr liegt bei
- Preise ab Werk, ausschließlich für den Fachhandel gültig
- Lieferzeit: Bis 100 Stück pro Position ab Lager, andernfalls nach Vereinbarung
- Verpackung: Im Preis eingeschlossen
- Zahlung: 14 Tage 2%, 30 Tage netto
- Bei Auftragswert über 3.000,00 Euro Möglichkeit eines längeren Zahlungsziels
- Bei Rückfragen Kontakt Frau Maria Meise, Durchwahl: 2654-3405 oder E-Mail: meise.laseroptik@jena.de

2.4.6.2 Geschäftsfall 2

Situation:

Die Maschinenfabrik Georg Mössner GmbH, Lyoner Str. 18, 60528 Frankfurt/M., Fax-Nr.: +49 69 893749, E-mail-Adresse: moessner.gmbh@technik.com, erhält von der Máquinas de México S.A., Apdo. Postal 5-593, México, D.F. 06600, México, E-Mail-Adresse: maquinas.mexico@cgiar.com, eine Anfrage wegen der Anfertigung einer Spezialmaschine nach beiliegender Zeichnung.

Aufgabe:

Arbeiten Sie ein Angebot nach folgenden Punkten aus:
- Preis der Maschine: 33.000,00 €
- Lieferung: FOB deutscher Hafen, einschl. seemäßige Verpackung
- Lieferzeit: 3 Monate nach Auftragserteilung, Haftung bei Streik oder höherer Gewalt wird ausgeschlossen
- Zahlung: Gegen unwiderrufliches, bestätigtes Dokumentenakkreditiv, zahlbar bei Ihrer Bank in Frankfurt/Main
- Montage: Durch Ihre Techniker auf Kosten des Kunden
- Garantie: ein Jahr auf technische Fehler an der Maschine
- Gerichtsstand: Frankfurt/Main

2.4.6.3 Geschäftsfall 3

Situation:

Sie sind Mitarbeiter/in in der Firma Foto Jakob Müller GmbH. Nauheimer Str. 11, 14197 Berlin, Tel.Nr.: +49 30 208009, Fax-Nr.: +49 30 208010, E-Mail-Adresse: foto.müller@dgh.de.

Aufgabe:

Sie möchten Ihr Lager an Digitalkameras und Fotozubehör räumen, um für die neuen Modelle Platz zu machen und schicken an Ihre Kundschaft in Spanien und Lateinamerika ein Rundschreiben unter Berücksichtigung der folgenden Punkte:

- Grund Ihres Schreibens (unverlangtes Angebot)
- Bezugnahme auf erfolgreiche Geschäfte in der Vergangenheit
- Rigoroser Lagerabbau mit bis zu 30% für die Kameras und bis zu 50% für das Fotozubehör
- Als Anlage (Attachment) ist ein Angebot der Hauptprodukte mit den jeweiligen Nachlässen angegeben
- Lieferung sofort ab Lager
- Bei Lieferung nach Spanien Transportkosten inbegriffen, nach Lateinamerika auf Wunsch Transportangebot durch hiesige Spedition
- Lieferung nur solange der Vorrat reicht
- Kontaktadresse: Johanna Dann, Verkaufsleiterin, unter obiger Tel.- oder Fax-Nr. zu erreichen, eigene E-Mail-Adresse: johanna.dann@mueller.dgh.de

2.4.7 Mensaje de contestador

Situation:

Sie arbeiten in der Exportabteilung der Firma Steinhauer KG in Gütersloh. Am Morgen des heutigen Tages finden Sie auf dem Anrufbeantworter Ihres Chefs, Herrn Martin Bauer, eine Antwort auf Ihre telefonische Anfrage des vorhergehenden Tages vor.

Aufgabe:

Fassen Sie für Ihren Chef, der kein Spanisch spricht, den wesentlichen Inhalt dieser Mitteilung schriftlich in Deutsch zusammen.

3.1 Nociones básicas

Es necesario diferenciar entre el pedido formulado ante una oferta específica, o el pedido que se formula ante una oferta genérica.

Elementos esenciales al pasar el pedido

- descripción
- producto/servicio
- precio unitario/total
- plazo de entrega
- condiciones de entrega
- condiciones de pago
- modo de transporte
- embalaje
- garantía
- lugar de jurisdicción

Pedido formulado ante una oferta específica
Este pedido supone una aceptación de la oferta de un bien o servicio, que dará lugar al **contrato de compraventa**. El pedido debe especificar concretamente los elementos esenciales de la oferta: la cantidad, el precio y demás condiciones de la oferta inicial que comprende. El que formula el pedido puede modificar algunas condiciones de la oferta. En este caso, su pedido requiere la aceptación de esas nuevas condiciones por el ofertante, sin lo cual no se perfecciona el contrato.

Pedido formulado ante una oferta genérica
En este caso se aceptan el precio y las condiciones de una oferta sin destinatario concreto y dirigida al mercado en su totalidad, en unas determinadas condiciones (plazo de vigencia de la oferta, ámbito territorial del servicio, circunstancias de suministro, etc.). Ejemplo típico de este tipo de pedidos es la compra de un producto por Internet.

En ambos casos, el pedido debe ser **confirmado**, esto es, se necesita un **acuse de recibo** por parte del ofertante de que la notificación del pedido ha sido recibida.

3.2 Modelos de correspondencia

3.2.1 Pedido de prueba en respuesta a 2.2.1

Correo electrónico X

De: compras@estanterias-miguel.es	Para: export@overbeck-scharniere.de
Asunto: Pedido de prueba	

Estimado Sr. Meyer:

Habiendo estudiado con atención su catálogo 2005, hemos encontrado determinadas referencias de interés para nuestra empresa. Detallamos a continuación, como pedido de prueba, y basándonos en la lista de precio adjunta a su catálogo, un paquete de productos que desearíamos someter a un primer examen de resistencia:

10 bisagras de aluminio tipo VFB 30 (nº. de ref. 004559)
50 bisagras de latón tipo RST 40 (nº. de ref. 002117)
15 bisagras de acero tipo BB1 (nº. de ref. 004889)
10 lotes de tornillería de aluminio (nº. de ref. 004522)
50 lotes de tornillería de latón (nº. de ref. 002102)
15 lotes de tornillería de acero (nº. de ref. 004852)

Dada la naturaleza del pedido, rogamos anticipen al máximo el plazo de entrega.

Acogiéndonos a sus condiciones generales, solicitamos el descuento correspondiente (un 3%) a la fórmula de pronto pago, que realizaremos por transferencia bancaria a la entrega del pedido.

Rogamos confirmen por esta vía condiciones y plazo de entrega.

Atentamente,
Enrique Hurtado
Jefe de Compras

3.2.2 Rechazo de oferta espontánea en respuesta a 2.2.2

Concesionaria de Combustibles S.L.
Avenida del Mediterráneo 33 · 46012 Valencia

Grossmann & Chevalier GmbH
z.Hd. Hans-Günther Chevalier
Monschauer Straße 27
D-52355 Düren

1) Katalog
2) Sortiment

Valencia, 7 de julio de 20...

3)

Asunto: Su oferta del 24 de junio de 20...

Estimado Sr. Chevalier:

Acusamos recibo de su oferta, y agradecemos el envío del folleto informativo sobre la última cámara digital de su empresa. Queremos confirmar asimismo la recepción del ejemplar de muestra, que nos enviaron con fecha del 3 del corriente.

Consideramos el producto interesante, pero debemos comunicarles que ya tenemos cerrado en este ejercicio el surtido de objetos turísticos y equipamiento fotográfico, por lo que de momento no podemos tomar su oferta en consideración.

Muy atentamente,

Pilar Elías
Pilar Elías
Departamento de Compras

3.2.3 Aceptación de oferta requerida en respuesta a 2.2.3

Para: Sra. Rosana de Flores, Ventas
Agencia de Viajes Ecuatoriana Ltda.
Guayaquil

Fax: +593 479380

De: Ilse Steinmeyer
Asist. Dirección

Fax: +49 511 732449

FAX

Erkelenzer
Baugenossenschaft
30853 Langenhagen

Nº págs.: 1

Fecha: 14.03.20...

Estimada Sra. De Flores:

Mediante la presente confirmamos la aceptación de su oferta de 27-02-20... para visitar del 26 al 31 de mayo la feria "Construnorma" de Ecuador, así como la del circuito turístico en la semana siguiente, del 1 al 4 de junio.

Con relación a los alojamientos y los intérpretes no existe objeción alguna a las condiciones que nos plantearon. Debemos indicar, sin embargo, que el grupo de forma definitiva constará de 32 personas y no de 30, como requeríamos en nuestra primera toma de contacto. Partimos del supuesto de que no se producirá ninguna modificación en los precios pero sí rogamos tomen en consideración, a efectos de transporte, que los participantes serán dos más de los previstos. Por otro lado, deseamos contratar un seguro cuya cobertura personal alcance los 100.000 dólares, por lo que le rogamos ajusten la póliza contratada a fin de cubrir la diferencia.

Le rogamos confirmación de este pedido, verificando su aceptación de estas dos modificaciones a su oferta, con desglose detallado definitivo de los costes individuales.

En espera de sus prontas noticias, le saludo muy atentamente,

Ilse Steinmeyer
Ilse Steinmeyer
Asistente de Dirección

3.2.4 Formulación de un pedido en firme en respuesta a 2.2.4

Textiles de Levante S.A.
Avenida de Roma 47
46021 Valencia
España

Gutenberger Nähmaschinen GmbH & Co. KG
z.Hd. Herrn Dipl.-Ing. Hermann Unterberg
Verkaufsleiter
Postfach 45 93 70
70178 Stuttgart
Alemania

Valencia, 24 de noviembre de 20...

Estimado Sr. Unterberg:

Agradecemos su oferta del... y le pasamos el siguiente pedido:

Artículo	Nº de referencia	Unidades	P/U	P/Global
máquina de tricotar	BD 4566	6	9.000 €	54.000 €
máquina cortadora	LT 301267	2	7.300 €	14.600 €
máquina bordadora	LT 409150	1	25.000 €	25.000 €
máquina cosedora	BD 17	20	3.100 €	62.000 €
juego de accesorios para máquina de tricotar	BD 4566 BFST	5	690 €	3.450 €
juego de agujas para máquina bordadora	LT 409150 VCXY	10	90 €	900 €
juego de agujas para máquina cosedora	BD 17 AJ	60	73 €	4.380 €
CD con muestras de motivos vegetales		2	19 €	38 €

Las condiciones definitivas serían:

Precio total:	164.368,00 euros
Servicio:	Franco domicilio
Plazo de entrega:	11 semanas desde la confirmación del pedido
Mantenimiento:	Servicio gratuito durante 36 meses (maquinaria)
Garantía:	24 meses (accesorios)

Rogamos nos faciliten datos bancarios a fin de proceder a la transferencia del 30% del importe tan pronto recibamos la confirmación del pedido.

Les rogamos confirmen este pedido por escrito.

Atentamente,

María Dolores del Campo

María Dolores del Campo
Directora de Producción

3.2.5 Pedido como resultado de una visita a una feria

Mirabell GmbH
Leuchtenbacher Kirchweg 45
70523 Stuttgart

Sociedad Venezolana de Exportación S.A.
Atención: Sr. Guillermo Espadas
Jefe de Ventas
Apartado de Correos 56 702
Caracas 1070
Venezuela

Stuttgart, 21 de mayo de 20...

Estimado Sr. Espadas:

Nos referimos a nuestra conversación en su stand de feria el pasado día 12 y a su oferta durante nuestra entrevista.

Habiendo estudiado las condiciones, me complace remitirle el siguiente pedido:

250 bombas de refinería para crudo del tipo G 27 (ref. 432 de la página 39 de su catálogo vigente):

- Precio por unidad: 3.923,00 USD
- Precio total: 980.750,00 USD
- Entrega: FOB Caracas
- Pago: mediante crédito documentario irrevocable emitido por nuestro banco y confirmado por entidad bancaria venezolana
- Plazo de entrega: 3 meses a partir de la fecha de la apertura del crédito documentario
- Documentación: como indicada en la carta de crédito
- Embalaje: individual de alta seguridad
- Transporte: marítimo, con el primer buque disponible
- Garantía: 2 años.

Hemos solicitado a nuestro banco, el Dresdner Bank de Stuttgart, que informe a su banco, el Citibank de Caracas, tan pronto como se haya procedido a la apertura del crédito, para que puedan empezar la fabricación de las bombas en orden al cumplimiento de los plazos.

Les saludamos muy atentamente, a la espera de su confirmación,

R.P. Hollweg
R.P. Hollweg
Geschäftsführer

3.3 Fraseología

3.3.1 Introducción como respuesta a una oferta requerida

Les agradecemos su oferta del...	Wir danken Ihnen für Ihr Angebot vom ...
Muchas gracias por su pronta respuesta a nuestra carta/llamada telefónica/nuestro correo electrónico del...	Vielen Dank für Ihre prompte Antwort auf unseren Brief/unser Telefongespräch/ unsere E-Mail vom ...
Confirmamos nuestra llamada de esta mañana	Wir bestätigen unseren Anruf von heute Vormittag
a) y les enviamos adjunto nuestro pedido para...	a) und schicken Ihnen anbei unseren Auftrag für ...
b) y adjuntamos por la presente nuestro pedido n°. 478 para...	b) und fügen hiermit unsere Bestellung Nr. 478 für... bei.

3.3.2 Condiciones e instrucciones del comprador

Con referencia a nuestra carta/llamada telefónica del... hagan el favor de enviarme las mercancías especificadas a continuación.	Unter Bezugnahme auf unser Schreiben/ Telefongespräch vom ... schicken Sie mir bitte die im Folgenden spezifizierten Waren.
Por favor, envíennos lo más pronto posible 4000 camisones de señora como fueron descritos en su catálogo nº. 350.	Bitte schicken Sie uns baldmöglichst 4.000 Damen-Nachthemden wie in Ihrem Katalog Nr. 350 beschrieben.
Quisiéramos llamar su atención sobre el hecho de que es una condición expresa de nuestro pedido que la calidad y cantidad total correspondan exactamente a nuestra especificación.	Wir möchten Ihre Aufmerksamkeit auf die Tatsache lenken, dass es eine ausdrückliche Bedingung unseres Auftrages darstellt, dass die Qualität und Gesamtmenge genau unserer Spezifikation entsprechen.
Por favor, suministren a) mesas con las dimensiones conforme a la lista adjunta. b) vestidos en los colores blanco, verde, azul, rojo de las tallas 38-46. c) azulejos con los dibujos indicados en su oferta. d) la computadora que Vds. nos mostraron en fecha del... .	Liefern Sie bitte a) Tische mit den Abmessungen gemäß beigefügter Liste. b) Kleider in den Farben weiß, grün, blau, rot der Größen 38-46. c) Fliesen mit den in Ihrem Angebot angegebenen Zeichnungen. d) den Computer, den Sie uns am ... vorgeführt haben.

La mercancía debe corresponder exactamente a la muestra que les habíamos enviado.	Die Ware muss genau dem Muster entsprechen, das wir Ihnen geschickt hatten.
Si los artículos enviados difieren de la descripción en su página web, nos reservamos el derecho de devolverlos inmediatamente.	Wenn die gelieferten Waren von der Beschreibung auf Ihrer Homepage abweichen, behalten wir uns das Recht vor, sie unverzüglich zurückzusenden.
Las mercancías de calidad inferior serán rechazadas y devueltas a riesgo y coste del suministrador.	Waren minderer Qualität werden zurückgewiesen und auf Gefahr und Kosten des Lieferanten zurückgeschickt.
Este pedido está sujeto a nuestras condiciones generales de compraventa.	Dieser Auftrag unterliegt unseren allgemeinen Verkaufsbedingungen.

3.3.3 Precios y plazos de entrega

Confirmamos el pedido que les pasamos ayer por la tarde al precio total de... menos el 25% de descuento que nos otorgaron por tratarse de un pedido de prueba.	Wir bestätigen den Ihnen gestern Nachmittag erteilten Auftrag zum Gesamtpreis von ..., abzüglich des 25%igen Nachlasses, den Sie uns gewährt haben, da es sich um einen Probeauftrag handelt.
Les pasaríamos pedidos mucho más importantes si pudieran bajar sus precios de forma considerable.	Wir würden Ihnen viel größere Aufträge erteilen, wenn Sie Ihre Preise erheblich senken könnten.
Los gastos de transporte/aduana no correrán de nuestra cuenta.	Die Transport-/Zollkosten werden von uns nicht bezahlt.
Como este pedido es muy urgente, les rogamos lo suministren inmediatamente.	Da dieser Auftrag sehr dringend ist, bitten wir Sie um sofortige Lieferung.
Nuestras existencias se han agotado, por lo que les rogamos un esfuerzo especial para que recibamos las mercancías lo más rápidamente posible.	Unsere Bestände haben sich erschöpft, weshalb wir Sie um besondere Anstrengungen bitten, damit wir die Waren so schnell wie möglich erhalten.
Vds. nos habían prometido un suministro desde almacén, y no podemos aceptar un plazo de entrega de 4 semanas.	Sie hatten uns Lieferung ab Lager versprochen, und wir können eine Lieferzeit von 4 Wochen nicht akzeptieren
Necesitamos la máquina cuanto antes (el 4 de julio a más tardar).	Wir benötigen die Maschine so bald wie möglich (spätestens am 4. Juli).

3.3.4 Anulación o rechazo del pedido, contraoferta

Lamentamos no poder aceptar su oferta por el momento.	Wir bedauern, von Ihrem Angebot zur Zeit keinen Gebrauch machen zu können.
Como sus precios son demasiado altos/no son competitivos, no vemos ninguna posibilidad de tomar su oferta en consideración.	Da Ihre Preise zu hoch/nicht konkurrenzfähig sind, sehen wir keine Möglichkeit, Ihr Angebot zu berücksichtigen.
No podemos esperar ventas satisfactorias si Vds. no reducen sus precios al menos en un... por ciento.	Wir können mit keinem zufriedenstellenden Absatz rechnen, wenn Sie Ihre Preise nicht um mindestens ... % reduzieren.
De momento no tenemos necesidades, ya que acabamos de abastecer nuestro almacén.	Zur Zeit haben wir keinen Bedarf, da wir gerade unser Lager aufgefüllt haben.
Si ven una posibilidad de revisar sus precios y condiciones de entrega, podríamos entrar en nuevas negociaciones.	Wenn Sie eine Möglichkeit sehen, Ihre Preise und Lieferbedingungen zu überprüfen, könnten wir die Verhandlungen erneut aufnehmen.

3.4 Ejercicios

3.4.1 Cuestiones sobre el tema

a. ¿Cuál es la diferencia entre un pedido formulado ante una oferta específica y el formulado ante una oferta genérica?
b. ¿ Cuándo debe el comprador o cliente modificar algunas condiciones de la oferta?
c. ¿Qué es un contrato de compraventa?
d. ¿Cuáles son los elementos esenciales de un pedido?
e. ¿Cuándo debe el ofertante enviar al cliente un acuse de recibo?

3.4.2 Ejercicio de sustitución sobre respuesta múltiple

La carta siguiente contiene 30 espacios en blanco. Complételos seleccionando la palabra o frase adecuada.

Estimados Sres.:

Con fecha 15 de abril _(1)_ remitimos un pedido _(2)_ 1.000 latas de anchoas _(3)_ aceite de oliva, 1.000 latas de mejillones en escabeche y 1.500 latas de bonito _(4)_ natural que Vds. _(5)_confirmaron _(6)_un plazo de entrega _(7)_ 2 semanas. _(8)_ transcurrido dicho plazo, no hemos _(9)_ la mercancía _(10)_ el correspondiente aviso de envío, _(11)_ que por parte de _(12)_empresa hayamos recibido notificación _(13)_ relativa _(14)_ suministro de referencia.
Tal y _(15)_ les habíamos indicado al formular _(16)_ pedido, necesitamos _(17)_ conservas con urgencia _(18)_ cubrir nuestras existencias, _(19)_ casi agotadas. Nos encontramos _(20)_ una situación difícil en _(21)_ almacén y les pedimos una solución _(22)_ al asunto. _(23)_ la demanda que tenemos de dichos artículos y _(24)_ perjuicios que este retraso nos ocasiona respecto _(25)_ nuestros clientes, _(26)_ rogamos encarecidamente efectúen la entrega _(27)_ forma inmediata, o nos veremos obligados _(28)_ cancelar el pedido, buscando un suministrador alternativo para obtener la mercancía que necesitamos, _(29)_ mediar ya pedidos _(30)_ firme de nuestra clientela.

Atentamente,

Lebensmittel-Import Schneider KG

1) ❑ nos ❑ les ❑ las

2) ❑ a ❑ para ❑ de

3) ❑ en ❑ al ❑ para

4) ❑ por ❑ al ❑ en

5) ❑ les ❑ os ❑ nos

6) ❑ para ❑ por ❑ con

7) ❑ hacia ❑ que ❑ de

8) ❑ habido ❑ habiendo ❑ visto

9) ❑ recibido ❑ ganado ❑ comprado

10) ❑ sin ❑ ni ❑ entre

11) ❑ sobre ❑ ante ❑ sin

12) ❑ suya ❑ su ❑ mi

13) ❑ siquiera ❑ ninguna ❑ alguna

14) ❑ al ❑ del ❑ lo

15) ❑ cuando ❑ ayer ❑ como

16) ❑ al ❑ el ❑ un	17) ❑ estos ❑ ellas ❑ dichas	18) ❑ por ❑ mediante ❑ para	19) ❑ no ❑ ya ❑ aún	20) ❑ con ❑ sin ❑ en
21) ❑ suyo ❑ nuestro ❑ vuestro	22) ❑ rápido ❑ rápidamente ❑ rápida	23) ❑ todavía ❑ aunque ❑ dada	24) ❑ les ❑ unos ❑ los	25) ❑ a ❑ de ❑ con
26) ❑ les ❑ los ❑ nos	27) ❑ a ❑ por ❑ de	28) ❑ por ❑ a ❑ hacia	29) ❑ por ❑ sin ❑ desde	30) ❑ a ❑ entre ❑ en

3.4.3 Las formas jurídicas de las empresas (parte I)

Empresa individual — comerciante individual

Sociedad personalista —
- a) Sociedad Colectiva/S.C.
  (socios colectivos)
- b) Sociedad en Comandita/S. en C.
  (al menos un socio colectivo y socios comanditarios)

3.4.4 Ahora traduzca el siguiente texto al español.

Rechtsformen der spanischen Unternehmen (Teil I)

Wie in Deutschland unterscheidet man im spanischen Gesellschaftsrecht zwei Rechtsformen: die Einzelunternehmung und die Handelsgesellschaft.

Im Einzelunternehmen führt ein Einzelkaufmann sein Geschäft ohne Gesellschafter. Er hält zwar alle Aktiva und der Gewinn gehört ihm unmittelbar, aber er ist persönlich und unbegrenzt für die Schulden des Unternehmens haftbar.

Bei der Handelsgesellschaft unterscheidet man zwischen Personen- und Kapitalgesellschaften, die beide im Handelsregister eingetragen werden müssen. Zu den Personengesellschaften zählt die offene Handelsgesellschaft/OHG, bei der alle Gesellschafter persönlich haften, und die Kommanditgesellschaft/KG, in der mindestens ein Vollhafter, der Komplementär, mit seinem Gesamtvermögen haftet, während die anderen Gesellschafter, die Kommanditisten, nur bis zur Zahlung ihrer Kapitaleinlage haftbar sind.

3.4.5 Escriba un memorándum.

Situation:

Sie arbeiten bei der Firma Overbeck-Scharniere in Velbert. Ihr Chef, Herr Meyer, hatte Sie gebeten, der spanischen Firma Estanterías Miguel, die Sie um Zusendung eines Kataloges gebeten hatten, die letzte Ausgabe zu schicken.

Aufgabe:

Unter 3.2.1 erhalten Sie von Estanterías Miguel einen Probeauftrag. Verfassen Sie für Ihre Abteilung zur weiteren Bearbeitung eine genaue Zusammenfassung der Bestellung in deutscher Sprache. Beachten Sie dabei, dass die Angaben genau sein müssen, da sich alle zuständigen Abteilungen Ihres Hauses danach richten werden.

3.4.6 Escriba una carta, un fax o un correo electrónico a partir de los detalles siguientes:

3.4.6.1 Geschäftsfall 1

Situation:

Ihre Firma, die Tobias Maiweg GmbH, Humboldtstr. 36, 40237 Düsseldorf, Fax-Nr.: +49 211 982434, E-Mail-Adresse: maiweg.gmbh@com.de, hatte auf der Homepage www.los.50.com der Firma Cincuenta Computadoras S.A., Ronda Litoral 450, 08030 Barcelona, E-Mail-Adresse: 50.com@barcelona.es, eine Anzeige für den neuen Laptop „Milagro 2010" gesehen. Sie hatten daraufhin die Firma angemailt, Ihnen ein Angebot zu schicken. Dieses ist heute per E-Mail eingetroffen.

Aufgabe:

Schreiben Sie an die spanische Firma wie folgt:
- Dank für prompte Beantwortung Ihrer Anfrage
- Sie erteilen einen Probeauftrag auf 5 Laptops „Milagro 2010" zum Einführungspreis von 900 € pro Stück.
- Lieferung: sofort frei Haus, wie angeboten
- Zahlung: 1/3 als Vorauszahlung bereits überwiesen; Rest per Banküberweisung
- Garantie: 1 Jahr
- Bei Eignung Aussicht auf größere Bestellung

3.4.6.2 Geschäftsfall 2

Situation:

Sie arbeiten für die Firma Senator GmbH, Mühlenstraße 52, 40200 Düsseldorf.
Vor einiger Zeit hatten Sie der spanischen Firma Moblehogar, Avenida Baleares 47, 46023 Valencia, eine Anfrage auf spanische Landhausmöbel (muebles de estilo rústico) geschickt. Von der Exportabteilung von Moblehogar haben Sie einen Katalog mit Preisliste erhalten.

Aufgabe:

Schreiben Sie an Sra. Dolores Miguel Torres, Exportleiterin, einen Brief unter Berücksichtigung folgender Punkte:

- Bezugnahme auf Angebot der spanischen Firma
- Sie bestellen wie folgt:
  a) 200 Tische aus Pinienholz (madera de pino), Katalog-Nr. 375A, Stückpreis 140,00 €, Gesamtpreis: 28.000,00 €
  b) 1.200 Stühle aus dem gleichen Holz, Katalog-Nr. 375GS, Stückpreis 40,00 €, Gesamtpreis: 48.000,00 €.
- Gesamtsumme: 76.000,00 € abzüglich 20% Großhandelsrabatt von 15.200,00 = 60.000,— €
- Lieferzeit: 6 Wochen nach Auftragseingang
- Transport: Per Lkw, Lieferung frei Ihrem Lager in Düsseldorf
- Zahlung: Innerhalb von 90 Tagen netto
- Garantie auf die Möbel: 1 Jahr

3.4.6.3 Geschäftsfall 3
Respuesta a un correo electrónico

Situation:

Sie arbeiten als Assistent/in der Einkaufsabteilung für die Firma Eberhöfer Moden GmbH, Wilhelm-Epstein-Straße 64, D-60431 Frankfurt am Main, und haben nachfolgende E-Mail-Antwort auf Ihre E-Mail-Anfrage für Brautmoden erhalten.

Correo electrónico X

De: a.mayoral@pronupcias.es	Para: einkauf@eberhoefer-moden.de
Asunto: Vestidos de boda – Su demanda por correo electrónico de hoy Surtidos y precios/Colección 2005	

Estimada Sra. Raths:

En respuesta a su mensaje urgente de esta mañana me complace remitirle en el fichero adjunto, en formato PDF, los modelos y series de nuestra colección 2005. Como podrá comprobar, tenemos un amplio surtido, que incluye tallas especiales y se ve complementada por un sinnúmero de accesorios como velos, guantes, calzado, ramos textiles etc. que permiten configurar el atuendo nupcial.

Como podrán comprobar, nuestros productos corresponden al segmento alto de precio, por lo cual sólo se confeccionan sobre pedido. En cada uno de ellos, el precio incluye varios elementos de individualización del vestido, como bordado de iniciales y adaptación de tallas.

Quedo a su disposición para cualquier pregunta que se le plantee al examinar nuestra colección.

A la espera de sus noticias, le saluda cordialmente,

Ana Mayoral
Departamento de Exportación

Aufgabe:

Beantworten Sie diese E-Mail mit einem Brief heutigen Datums im Namen Ihrer Chefin Frau Raths, die den Auftrag persönlich unterschreiben wird, unter Berücksichtigung folgender Punkte:

- Sie bestellen zwei Probemodelle für die Gestaltung Ihres Frühjahr-Schaufensters, und zwar:
  a) Serie „Primavera" in Größe 38, mit Schleier Bestell-Nr. 2493, mit dazu passenden Handschuhen, Farbe weiß
  b) Serie „Compostela" in Größe 40, ohne Schleier, aber mit Hochzeitsschal Bestell-Nr. 2580, mit dazu passenden Handschuhen, Farbe beige
  c) Bestellen Sie dazu als Accessoires jeweils Hochzeitsschuhe mit mittelhohem Absatz (tacón intermedio) in den passenden Farben, für a) in Größe 37, für b) in Größe 38.

Lieferung frei Haus, Lieferzeit: innerhalb von 14 Tagen nach Eingang Ihrer Bestellung.
Zahlung: Erfolgt sofort nach Erhalt der Ware per Banküberweisung mit 5% Skonto.
Bitten Sie um Auftragsbestätigung per E-Mail.

3.4.7 Conversación telefónica

Situation:

Sie sind Gundula Bayer und arbeiten bei der Firma Schäuble-Weinkontor GmbH in Lübeck. Die Einkaufsleiterin Ihrer Firma, Frau Maria Werder, war auf der Messe „Pro Wein" in Düsseldorf und hat dort mit der spanischen Firma „Cavas Tradicionales S.A." Kontakt aufgenommen. Sie hat am Stand dieser Firma den Sekt verkostet und eine erste Bestellung aufgegeben. Nach einer Testprobe mit ihren Kunden stellt sie ein derartiges Interesse an diesem Sekt fest, daß sie den Auftrag aufstocken will. Da sie nicht so gut Spanisch spricht, bittet sie Sie, den Exportleiter von Cavas Tradicionales, Herrn Joan Solé anzurufen, mit dem in Düsseldorf die Geschäftsverhandlung geführt worden war. Zu diesem Zweck hatte sie Ihnen die wichtigen Punkte per Aktennotiz vermerkt und Sie gebeten, das Gespräch auf Tonträger aufzuzeichnen.

Aufgabe:

Fertigen Sie für Ihre Chefin einen kurzen schriftlichen Vermerk in Deutsch über das von Ihnen aufgezeichnete Gespräch als Notiz für Ihre Akte an.

4 La confirmación del pedido

4.1 Nociones básicas

Mediante la confirmación del pedido, el ofertante manifiesta haber recibido el pedido, ya sea en la forma de su oferta inicial o bien con las posibles modificaciones que propuso el cliente.

Desde **el punto de vista mercantil**, el comercio de exportación requiere siempre una notificación clara y escrita de la recepción y aceptación del pedido. En esta notificación no sólo se manifiesta la conformidad, sino que se detallan las circunstancias relativas a la venta: la descripción del producto o servicio solicitado con la identificación de referencia y de cantidad, el precio acordado, el plazo de entrega, las condiciones de entrega y de pago así como la modalidad de transporte. Pueden añadirse también, por ejemplo mediante Incoterms, precisiones relativas a la garantía y el lugar de jurisdicción u otros aspectos.

Desde **el punto de vista temporal**, la respuesta al pedido debe ser inmediata, de forma que el comprador sepa en seguida que el contrato de venta se ha realizado y pueda preparar la recepción de la mercancía y el pago del producto o servicio. Por esta necesaria rapidez, conviene utilizar una vía de comunicación moderna (correo electrónico, telefax, etc.).

En algunas ocasiones, a la confirmación del pedido sigue una completa remisión de los documentos que forman la base del contrato de compraventa entre las partes, sobre todo en aquellos casos en que el contrato es por un elevado valor monetario. En estos casos ambas partes firman el contrato, que detalla todas las obligaciones y derechos del comprador y del vendedor.

El suministrador

1. acepta el pedido...
   a) sin restricciones.
   b) con las modificaciones solicitadas.
   c) haciendo concesiones.
2. sólo acepta parte del pedido haciendo contrapropuestas.
3. rechaza el pedido...
   a) por imposibilidad de suministrar.
   b) por falta de existencias.
   c) por problemas de entrega.
   d) por posible insolvencia del cliente.

4.2 Modelos de correspondencia

4.2.1 Confirmación del pedido de prueba según 3.2.1 y 2.2.1

E-Mail

Von: export@overbeck-scharniere.de	An: compras@estanterías-miguel.es
Betreff: Confirmación del pedido	

Estimado señor Hurtado:

Mediante el presente confirmamos su pedido de fecha del..., que serviremos de acuerdo con las siguientes condiciones:

Dada la naturaleza del pedido, recibirán la mercancía en el plazo de 7 días laborables por mensajería de transporte terrestre, con paquetes separados para bisagras y tornillería. Notificaremos número de expedición.

Al ser un pedido de prueba, aplicamos a la tarifa del catálogo un descuento especial del 12%, acumulativo al 3% por pronto pago que Vds. nos solicitan. En la última página de nuestro catálogo podrán leer nuestras coordenadas bancarias.

Esperamos que la calidad sea de su conformidad y quedamos a la espera de sus noticias.

Atentamente,
Departamento de Exportación
Hans Meyer

4.2.2 Confirmación de pedido que modifica la oferta inicial

BODEGAS Villanueva de la Serena

Weinhandlung Sibbersen
Flensburger Str. 94
29436 Leck
Alemania

Roa de Duero, 23 de mayo de 20...

Su pedido de 15 de mayo de 20...

Estimado Sr. Sibbersen:

Confirmamos por esta vía la recepción de su pedido de la fecha indicada. En el mismo nos solicitaba la presentación del vino Gran Reserva en cajas de madera de 6 botellas, en lugar de nuestro embalaje estándard de 12 unidades por caja. Por otro lado, nos requería ajustar el precio en un 3% adicional a partir de pedidos superiores a 1.000 cajas teniendo en cuenta las sinergias de ahorro para el transporte de esta mercancía.

Hemos estudiado atentamente su solicitud y podemos confirmarle el servicio de este vino en la caja solicitada de 6 botellas, sin sobrecoste. Asimismo, aceptamos su solicitud, dado el volumen del pedido, cifrado en 1.060 cajas. Serviremos su pedido en la tercera semana del mes próximo, dadas las necesidades de adecuación del embalaje, por transporte terrestre.

El precio definitivo quedaría en 13,70 EUR por botella, presentado en cajas de 6, al que se aplica el 3% por pronto pago y un 3% adicional por volumen, de acuerdo con su petición.

Esperamos la adecuada recepción de la mercancía y enviamos por mensajería urgente 3 botellas como muestra anticipada.
Quedamos a la espera de sus noticias y le mandamos un saludo muy cordial.

Gonzalo Pérez de la Luna
Gonzalo Pérez de la Luna
Gerente

Ctra. de Peñafiel s/n · 09300 Roa de Duero · Burgos

4.2.3 Confirmación del pedido con requerimientos especiales conforme 3.2.3

FAX

Agencia de Viajes Ecuatoriana Ltda.
Telf: +593 4 479320 . Fax: +593 4 7938026
Guayaquil – Ecuador

Para: Erkelenzer Baugenossenschaft
Att. Ilse Steinmeyer

Nº págs.: 4

Fax: +49 511 732449

Fecha: 15.03.20...

Estimada Sra. Steinmeyer:

Recibimos ayer complacidos su pedido del 14 de marzo de 20... que ahora confirmamos.

Podemos asegurarle las condiciones para el grupo solicitado de 32 personas, en lugar de 30.

Por otro lado, confirmamos asimismo su petición de contratar un seguro cuya cobertura personal alcance los 100.000 dólares. Contrataremos la póliza al efecto con la compañía española MAPFREVIDA.

Adjunto a este fax, según nos pedía, remitimos en anexo de 3 páginas desglose completo y detallado de los costes individuales.

Esperando que el viaje sea de su máximo agrado, quedo a su disposición para cualquier otra consulta o gestión que pueda Vd. desear y le mando mis más atentos saludos.

Rosana de Flores
Rosana de Flores
Ventas

4.2.4 Confirmación de un pedido emitido después de la visita a una feria en respuesta a 3.2.5

Sociedad Venezolana de Exportación S.A.
Apartado de Correos 56702 · Caracas 1070 · Venezuela

Señor R.P. Hollweg
Gerente
Mirabell GmbH
Leuchtenbacher Kirchweg 45
70523 Stuttgart
Alemania

Caracas, 29 de mayo de 20...

Estimado Sr. Hollweg:

Agradecemos su pedido de 21 de mayo de 20... que confirmamos en todas sus condiciones, aquí reproducidas:

250 bombas de refinería para crudo del tipo G 27 (ref. 432 de la página 39 de nuestro catálogo vigente):

- Precio por unidad: 3.923,00 USD
- Precio total: 980.750,00 USD
- Entrega: FOB Caracas
- Pago: mediante crédito documentario irrevocable emitido por el Dresdner Bank, Stuttgart, y confirmado por el Citibank de Caracas
- Plazo de entrega: 3 meses a partir de la fecha de la apertura del crédito documentario
- Documentación: como indicada en la carta de crédito
- Embalaje: individual de alta seguridad
- Transporte: marítimo, con el primer buque disponible
- Garantía: 2 años.

Vd. había instruido a su banco para que informase al nuestro de la apertura del crédito documentario. Dicha apertura ya nos ha sido notificada, por lo que hemos iniciado inmediatamente las tareas de producción.

A su debido tiempo procederemos a informarles del envío de la maquinaria.

Agradeciéndole este pedido que ejecutaremos con el mayor esmero, les saludamos muy atentamente,

Guillermo Espadas
Guillermo Espadas
Jefe de Ventas

4.2.5 Imposibilidad de confirmación del pedido por agotamiento de existencias

Correo electrónico

De: schwarze-versand@t-online.de	**Para:** a.melendez@terra.es
Asunto: Su pedido del 15 de septiembre de 20...	

Estimada Sra. Meléndez:

Agradecemos mediante la presente su pedido referente a nuestra oferta especial de muebles de jardín modelo STAR.

Como recordará, dicha oferta, que constituye el suplemento a nuestro catálogo general, estaba vigente hasta el agotamiento de nuestras existencias. Debido al éxito de esta promoción, lamentamos no poder servirle, ya que nuestras existencias de almacén están completamente agotadas y no recibiremos en esta temporada una partida de reposición.

Tan pronto como dispongamos de una oferta similar, le será comunicada por esta vía, dado su interés por esta línea de productos.

Sin otro particular, muy atentamente,

Inge Günther
Schwarze-Versand

4.3 Fraseología

4.3.1 Confirmación de un pedido recibido

Muchas gracias por su pedido n°. ... de...	Vielen Dank für Ihren Auftrag Nr. ... vom ...
Nos hemos alegrado de recibir su pedido de... para..., que a) ejecutaremos cuidadosamente y según sus instrucciones. b) aceptamos según las condiciones generales de nuestra casa.	Wir haben uns gefreut, Ihren Auftrag vom ... über ... zu erhalten, den a) wir sorgfältig und gemäß Ihren Anweisungen ausführen werden. b) wir zu den allgemeinen Geschäftsbedingungen unseres Hauses annehmen.
Confirmamos que tenemos suficientes existencias de esta mercancía en almacén.	Wir bestätigen, dass wir genügend Vorräte dieser Ware auf Lager haben.
Hemos dado instrucciones para que se envíe la mercancía en el buque "Miranda" que zarpará de Vigo el...	Wir haben Anweisungen gegeben, die Ware mit dem Schiff "Miranda" zu versenden, das am ... aus Vigo ausläuft.
Les agradecemos su pedido del... que despacharemos ahora mismo.	Wir danken Ihnen für Ihren Auftrag vom ..., den wir sofort erledigen werden.
Nos referimos a la llamada telefónica que tuvimos hoy con Vds. y confirmamos las condiciones convenidas.	Wir beziehen uns auf das Telefongespräch, das wir heute mit Ihnen geführt haben, und bestätigen die zwischen uns vereinbarten Bedingungen.

4.3.2 Aceptación del pedido con modificación de algunos detalles

Confirmamos su pedido del... a los precios indicados en nuestra carta del...	Wir bestätigen Ihren Auftrag vom ... zu den in unserem Schreiben vom ... angegebenen Preisen.
Lamentamos no poder aumentar nuestro descuento, ya que nuestros precios están calculados con un margen de beneficios muy estrecho.	Wir bedauern, unseren Nachlass nicht erhöhen zu können, da unsere Preise mit einer sehr geringen Gewinnmarge berechnet sind.
Ya que no tenemos la cantidad exigida en almacén, les rogamos nos informen si están de acuerdo con que les enviemos... kilos inmediatamente, y el resto dentro de 3 semanas.	Da wir die geforderte Menge nicht auf Lager haben, bitten wir Sie um Mitteilung, ob Sie damit einverstanden sind, ... Kilos sofort und den Rest innerhalb von 3 Wochen zu erhalten.

Tomamos nota de que su agente de transportes recogerá la mercancía en nuestra fábrica el...	Wir haben zur Kenntnis genommen, dass Ihr Spediteur die Ware am ... in unserer Fabrik abholt.
Debido a una interrupción temporal del funcionamiento de nuestra maquinaria (la reciente huelga de los obreros metalúrgicos) no podemos suministrar antes del...	Wegen einer vorübergehenden Betriebsstörung unseres Maschinenparks (des kürzlichen Streiks der Metallarbeiter) können wir nicht vor dem ... liefern.
Estamos trabajando a plena capacidad, pero debido a un retraso en el servicio de la materia prima les suministraremos el primer envío el... y los demás envíos seguirán dentro de... semanas.	Wir arbeiten mit voller Auslastung, aber auf Grund einer Verzögerung in der Lieferung von Rohstoffen senden wir Ihnen die erste Lieferung am ... und die weiteren Lieferungen folgen innerhalb von ... Wochen.

4.3.3 Frases finales

Les agradecemos su pedido de prueba, que ejecutaremos con esmero y puntualidad.	Wir danken für Ihren Probeauftrag, den wir sorgfältig und pünktlich ausführen werden.
Esperamos que esto sea sólo el principio de largas y agradables relaciones comerciales entre nuestras casas.	Wir hoffen, dass dies erst der Anfang weitreichender und angenehmer Handelsbeziehungen zwischen unseren Häusern sein wird.
Estamos seguros de que Vds. estarán muy satisfechos con la mercancía suministrada por nosotros.	Wir sind sicher, dass Sie sehr zufrieden mit den von uns gelieferten Waren sein werden.
Les aseguro que me ocuparé personalmente de la ejecución de su pedido.	Ich versichere Ihnen, dass ich mich persönlich um die Ausführung Ihres Auftrags kümmern werde.
Les agradecemos nuevamente este pedido y quedamos a su entera disposición para cualesquiera otros que deseen pasarnos en el futuro.	Wir danken Ihnen erneut für diesen Auftrag und stehen Ihnen für weitere Aufträge, die Sie uns in Zukunft erteilen wollen, zur Verfügung.

4.4 Ejercicios

4.4.1 Cuestiones sobre el tema

a. ¿Por qué es recomendable formular una confirmación del pedido por escrito?
b. ¿Cuáles son los detalles importantes que hay que mencionar en tal confirmación?
c. ¿Por qué se debe responder al pedido en un plazo relativamente corto?
d. ¿En qué momento sabe el comprador que existe un contrato de compraventa?
e. ¿En qué casos habrá una completa remisión de documentos?

4.4.2 Ejercicio de gramática (frases condicionales)

Ejemplos:

1) Si el producto **se agota**, no **podremos** suministrarlo.
2) Si el producto **se agotara (agotase)**, no **podríamos** suministrarlo.
3) Si el producto **se hubiera (hubiese) agotado**, no **habríamos (hubiéramos) podido** suministrarlo.

Traduzca las frases siguientes al alemán.

1) Wenn wir die Anfrage heute schicken, kann der Hersteller das Angebot nächste Woche ausarbeiten.
2) Wenn die Preise günstig wären, würden wir die Ware bestellen.
3) Wenn die Preise nicht zu hoch gewesen wären, hätten wir eine Bestellung aufgegeben.
4) Würden Sie mich benachrichtigen, wenn Sie genügend Wein auf Lager haben, um ihn sofort zu schicken?
5) Wir hätten Ihnen keinen Nachlass gewährt, wenn Sie nicht die Mindestmenge bestellt hätten.
6) Er wird uns keinen Mengenrabatt gewähren, wenn wir nicht eine Palette bestellen.
7) Wenn die Ware gestern angekommen wäre, hätten wir sie heute an den Kunden weitergeben können.
8) Wenn ich die Rechnung heute schicke, wird sie morgen beim Kunden ankommen.
9) Sie müssten sich noch heute entscheiden, wenn Sie diese Ware zu einem Sonderpreis bekommen wollten.
10) Wenn Sie mir gesagt hätten, dass dieser Wein Ihnen so gut schmeckt, hätten wir für Sie einen Karton reserviert.

4.4.3 Las formas jurídicas de las empresas (parte II)

Sociedad Capitalista
a) Sociedad de Responsabilidad Limitada (S.R.L.)
b) Sociedad Anónima (S.A. o por acciones)

4.4.4 Ahora traduzca el siguiente texto al alemán.

Las Sociedades de Capital

Son básicamente de dos tipos:

La Sociedad de Responsabilidad Limitada (S.R.L.)
En esta forma de sociedad el capital está dividido en participaciones que corresponden a los socios. Esta sociedad es la más extendida y la más adecuada para las unidades empresariales de tipo medio. Se admite la modalidad de sociedad de un solo socio. El capital social mínimo es de 25.000,00 €. En este tipo social la representación de la sociedad corresponde al gerente, y la normativa no requiere ni un consejo de vigilancia, ni una auditoría externa, ni una obligación de Memoria anual de actividades.

La Sociedad Anónima (S.A. o por acciones)
Es el tipo social que adoptan las empresas de mayor dimensión, debido al rigor de los requisitos de constitución y de funcionamiento. En este caso el capital está dividido en acciones, se exige un mínimo de cinco socios y un importe mínimo de 50.000,00 € de capital suscrito. Para la gestión de la S.A. se necesitan dos órganos básicos: el consejo de dirección o administración y un consejo de vigilancia. La representación judicial y extrajudicial corresponde sólo al primero, en tanto que incumben al segundo labores de control y supervisión.
Es obligatoria la auditoría externa y la publicación de una Memoria y un balance anual de actividades.

4.4.5 Escriba un memorándum.

Situation:

Sie arbeiten bei der Weinhandlung Sibbersen in Leck. Da der Inhaber Ihrer Weinhandlung, Herr Sibbersen, Spanisch nicht gut genug beherrscht, hatte er Sie gebeten, der spanischen Firma Bodegas Villanueva de la Serena einen Auftrag auf Spanisch zu schicken, in dem mehrere Punkte des Angebotes abgeändert werden sollten.

Aufgabe:

Sie haben heute die Auftragsbestätigung der spanischen Firma unter 4.2.2 erhalten. Fassen Sie diese in Form einer Aktennotiz für Ihre Unterlagen so zusammen, dass nochmals alle Änderungen genau festgehalten werden.

4.4.6 Escriba una carta, un fax o un correo electrónico a partir de los detalles siguientes:

4.4.6.1 Geschäftsfall 1

Situation:

Sie arbeiten bei dem Glas- und Porzellanhersteller Brillant GmbH, Lübecker Str. 36, 20457 Hamburg, Fax-Nr. +49 40 3309874, E-Mail-Adresse: brillant@aol.com, und haben von der Siro SRL, Plaça Santa Maria 2-10, 17520 Puigcerdà (Gerona), Fax-Nr. +33 972 880349, E-Mail-Adresse: siro.espana@puigcerda.com, einen Auftrag erhalten.

Aufgabe:

Schicken Sie eine Auftragsbestätigung unter Berücksichtigung folgender Einzelheiten:

- Dank für erhaltenen Auftrag
- Bestätigung der Positionen wie folgt:
  400 Kristallvasen „Streamline“, Gesamtpreis 8.000,00 €
  100 Jahresteller „Élégance“, Gesamtpreis 5.000,00 €
  12 x 12 Sektgläser „Myriam“, Gesamtpreis 836,00 €
- Lieferung frei Lager Puigcerdà per Lkw
- Lieferzeit: ca. 2 Wochen
- Zahlungsbedingung: Vorauszahlung mit 3% Skonto, 8 Tage nach Erhalt der Ware mit 2% Skonto oder 30 Tage netto
- Zusicherung angemessener Verpackung, wie gewünscht

4.4.6.2 Geschäftsfall 2

Situation:

Gehen Sie zurück zu 3.2.4 „Formulación de un pedido en firme en respuesta a 2.2.4".

Aufgabe:

Verfassen Sie im Namen Ihres Verkaufsleiters Hermann Unterberg die entsprechende Auftragsbestätigung an Textiles de Levante S.A. unter Berücksichtigung folgender Punkte:

- Dank für den Auftrag
- Beziehen Sie sich auf die aufgeführten Artikel und bestätigen Sie diese sowie den Gesamtpreis, ohne die gesamte Tabelle anzugeben
- Bestätigen Sie die Lieferzeit, die Lieferbedingung, die Wartungsvereinbarung und die Garantiedauer.
- Ihre Bankverbindung ist Konto Nr. 0494 59801 354 bei der Vereinsbank Stuttgart, BLZ 500 810 00.
- Nach Erhalt der 30%igen Anzahlung sofortiger Fabrikationsbeginn
- Zusicherung Ihres besten Service
- Einladung, Ihre Fabrikhallen jeder Zeit zu besichtigen, um den Fabrikationsfortschritt zu überwachen.

4.4.7 Conversación telefónica

Situation:

Sie sind Markus Detwinkel und arbeiten bei der Bauer AG in Detmold. Sie haben gestern Abend einen Auftrag aus Spanien bekommen, bei dem die Ware per Kurier zugesandt werden muss, da die Lieferung sehr eilt. Der Kunde erwartet telefonische Nachricht, ob der Auftrag erfüllt werden kann. Da Ihr Chef nicht so gut Spanisch spricht, bittet er Sie, den Anruf zu tätigen.

Aufgabe:

Fertigen Sie für die Unterlagen eine kurze Aktennotiz in deutscher Sprache über dieses Gespräch an.

5 La solicitud de informes comerciales

5.1 Nociones básicas

Para el establecimiento de relaciones comerciales, toda empresa necesita conocer la **situación patrimonial** en que se encuentra el potencial contratante. Como la mayor parte de las ventas se realizan a crédito, es recomendable solicitar, antes de aceptar el pedido, **un informe comercial** que permita conocer la **solidez financiera** y la **solvencia empresarial** del cliente.

Cuestiones importantes referentes al potencial cliente son: ¿El comprador es solvente? ¿Puntual en sus pagos? ¿Digno de confianza? ¿Es reputado? ¿Y dispone de efectivo?

Fuentes de información

a) otra empresa (a título gratuito)
b) entidades de crédito (a título gratuito, pero sólo con autorización del comprador)
c) agencias de informes comerciales (forma más detallada, pero retribuida)

Fuentes de información
Una primera fuente de información es la concedida**, a título de favor**, por **otra empresa** que ya ha establecido contacto comercial con el potencial cliente. En este caso la información se refiere exclusivamente a su experiencia con ese cliente y se basa su concesión en el principio de reciprocidad. **Una segunda fuente** más profesional es la de índole bancaria, proporcionada por una **entidad de crédito** con la que opera la empresa. En este caso la información es también **gratuita**, **más exhaustiva**, pero sólo puede ser facilitada si el cliente **lo autoriza de forma expresa**, quedando en otro caso cubierta por la normativa de protección de datos. Por último, **la fuente más específica** para la obtención de informes comerciales son las **agencias especializadas**, que prestan este servicio de forma sistemática y **retribuida**. La información que aportan suele estar basada en **datos de los registros públicos y mercantiles.**

La prestación de información comercial por parte de empresas, entidades de crédito y agencias especializadas, se transmite siempre **de forma confidencial**, referida a un momento concreto y con **exclusión de responsabilidad** por los datos transmitidos. La valoración emitida por las agencias de informes comerciales suele expresarse de forma muy prudente, y la formulación es siempre muy cautelosa, ya sea positiva, por la carencia de incidentes registrados, o negativa, en caso de que exista constancia de comportamientos comerciales que desaconsejen la contratación con dicha empresa.

Existen también diferentes mecanismos de intercambio de información organizados por las empresas de algunos sectores, ya sea de forma individual o por la vía de la asociación, que permiten el flujo actualizado de **informaciones comerciales** útiles sobre los operadores de un determinado mercado.

Un esquema moderno de valoración de solvencia o solidez financiera de una empresa son las clasificaciones de bancos o entidades especializadas en forma de "**credit rating**", que se publican y actualizan periódicamente en la prensa financiera.

5.2 Modelos de correspondencia

5.2.1 Petición de información a otra empresa

CAMAS Y SOMIERES Hidalgo Hijos

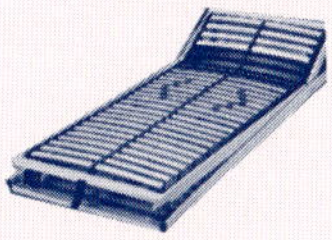

C/ 12 de Octubre, 150
03002 Alicante

Colchones El Descanso
Avenida de la Libertad, 37
Polígono Industrial Oeste
28010 Madrid

Zaragoza, 15 de octubre de 20...

A la atención del Director Comercial

CONFIDENCIAL

Apreciado Sr. González:

Habiendo establecido contacto recientemente con la empresa alemana Matratzen Müller GmbH durante la Feria del Mueble de Colonia, celebrada el mes pasado, hemos recibido de la misma un pedido de cierta consideración.

Como no tenemos referencia de esta empresa, nos dirigimos a Vd. para obtener algún dato que nos pueda servir para valorar esta posible relación comercial. Al ser una empresa de reciente creación, y puesto que su Jefe de Compras, el Sr. Schwarzenbeck, nos indicó haber adquirido ya diferentes líneas de producto en su empresa, le rogamos nos informe sobre el comportamiento comercial de dicha firma a partir de su experiencia con ella.

Quedo a la espera de sus noticias, que trataremos con la debida confidencialidad, y le agradezco de antemano sus atenciones.

Fernando Miralles
Fernando Miralles
Director de Exportación

5.2.2 Petición de referencias bancarias

FAX

Para: Caja de Ahorros del Cantábrico
Avenida del Mediterráneo, 37
39001 Santander

ATT: Director de la Agencia No. 32
Don Jorge Velilla

Nº págs.: 1

Fax: 0034 942 408712

Fecha: 21 de mayo de 20...

De: Kurt Lehmann,
Director de Exportación
Hausbau GmbH
Rheydter Allee 45-47
60322 Frankfurt

Asunto: Referencias bancarias

Estimado Sr. Velilla:

Mediante la presente le rogamos nos remita, con la mayor brevedad posible, referencias sobre la empresa Ladrillos Rovija S.A. de Bilbao, cliente de su entidad.

Esta empresa nos ha indicado, en la negociación que mantuvimos la semana pasada, que podríamos acudir a su agencia habitual para solicitar informes sobre su solvencia.

A la espera de su pronta respuesta, que será tratada con la máxima confidencialidad, le saluda atentamente,

Kurt Lehmann
Kurt Lehmann
Director de Exportación

5.2.3 Solicitud de informe comercial

Correo electrónico X

De: comercial@modalicante.net	Para: info@crediforma.es
Asunto: Solicitud de información comercial	

Estimados Sres.:

Solicitamos informe comercial amplio, en el plazo de 48 horas, de la empresa Damenmoden-Import GmbH, Reinsburgstr. 48, 70178 Stuttgart. Rogamos indicación de su fecha de constitución e incidencias de los últimos tres ejercicios.

Con el ruego de respuesta por fax dirigida a mi atención,
muy atentamente,

Antonio Melendes
Director Comercial/Modalicante S.L.

5.2.4 Información comercial positiva remitida por empresa

Correo electrónico

De: Garcia@Socsa.es	**Para:** carlos.gomez@meditec.com
Asunto: Información comercial	

Estimado Sr. Gómez:

En respuesta a su correo de ayer, solicitando información urgente relativa a nuestra experiencia con la empresa Huber & Meyer GmbH, nos complace indicarle que mantenemos relaciones comerciales satisfactorias desde hace más de 15 años con la citada firma sin haber tenido nunca la más mínima incidencia. Su comportamiento pagador hacia nuestros suministros ha sido siempre impecable, lo que permite acogerse siempre a las fórmulas de descuento por pronto pago.

En lo que a nosotros respecta, la firma indicada merece las mejores referencias.

Sin otro particular, reciba un atento saludo.

Enrique García
Director Financiero/Suministros de Oficina Catalanes S.A.

5.2.5 Referencias comerciales emitidas por una entidad bancaria

Banco de Crédito
Departamento Internacional
c/Espronceda 49
28042 Madrid

Accesorios de Piscina S.A.L.
Camino de la Cerrajería, s/n
26001 Logroño

A la atención del
Director de Exportación,
D. Ángel Ripollés

Madrid, 28 de octubre de 20...

Su solicitud de 13.09.20...

Estimado Sr. Ripollés:

Con referencia a su solicitud de referencias bancarias, girada a nuestro instituto en la fecha antes citada, sobre su posible cliente, la empresa Franz Gabler GmbH de Hamburgo, hemos estudiado su margen crediticio a partir de los informes que nos ha remitido nuestro banco corresponsal en dicha región de Alemania.

Dada la magnitud del proyecto para el que ha sido solicitado el volumen de pedido que se nos indica, debemos hacer constar que excede el nivel crediticio habitual que corresponde a dicha empresa. La firma Franz Gabler GmbH, de muy reciente fundación, sólo tiene como recursos propios el capital social mínimo requerido por la legislación alemana para su forma societaria, y no consta la suficiente experiencia en el ámbito inmobiliario como para abordar un proyecto cuyo presupuesto de ejecución supera los 80 millones de euros; sin perjuicio de valorar positivamente la confluencia de otros socios financieros, debemos recomendar la máxima cautela en el tráfico mercantil con dicha empresa por entender que el riesgo de dicha operación es difícilmente previsible.

Esperando que los datos aportados puedan serle de utilidad, y con el ruego de que sean tratados con la debida reserva, quedamos a su disposición para cualquier consulta que tenga a bien plantearse en el futuro y les saludamos muy atentamente,

Arturo de la Sotta
Arturo de la Sotta
Director de la Sección Internacional
Banco de Bilbao

5.2.6 Información comercial negativa remitida por una agencia de información crediticia

FAX

Para: Curtidos del Pirineo S.Coop.
A la atención de Dirección Comercial, Sr. Fatás

Fax: 0034 976 320981

De: Investigación Crediticia S.A.
Dpto. Informes

Nº págs.: 2

Fecha: 30 de octubre de 20...

Estimado Sr. Fatás:

Se relacionan a continuación los datos requeridos que integran el informe que nos solicitó en su pedido de 27 de octubre.

Empresa:
- Confección Delmonte S.A.
  Avenida Comunal 37
  28037 Madrid
- Capital social: El legalmente previsto.
- Patrimonio inmobiliario: No existe en el Registro de la Propiedad anotación a su favor.
- Plantilla: 23 trabajadores, de los cuales 16 trabajan a tiempo parcial.
- Gerente: Juan Ignacio Roldán Ejea de 31 años, casado en régimen de separación de bienes.
- Situación crediticia: Se han registrado en los últimos 18 meses numerosas incidencias de morosidad. El inmueble donde se encuentran la sede legal de la empresa y sus oficinas era de propia titularidad hasta que, después de varias anotaciones preventivas de embargo, tuvo que ser enajenado, de forma que la ocupación actual del mismo es en régimen de alquiler. El nivel de crédito autorizado por los operadores bancarios se ha reducido drásticamente, y constan numerosos retrasos en la atención a las obligaciones retributivas para con los empleados. En julio pasado la empresa se declaró en suspensión de pagos, situación que fue levantada a principios de octubre.
- Grado de solvencia: No se recomienda el establecimiento de negocios con esta empresa en régimen de crédito.

Esta información, sujeta a las condiciones generales de contratación que se remiten como anexo, tiene carácter estrictamente confidencial.

A. Luján
A. Luján, Informes

5.3 Fraseología

5.3.1 Solicitud de informes comerciales

Información pedida	Erbetene Auskunft
Su nombre nos ha sido facilitado por...	Wir haben Ihren Namen von ... erhalten.
Su empresa nos ha sido recomendada por...	Ihre Firma wurde uns von ... empfohlen.
Como no tenemos referencias de esta empresa, nos dirigimos a Vd...	Da wir über dieses Unternehmen keine Referenzen haben, wenden wir uns an Sie ...
Les rogamos nos informe sobre el comportamiento comercial de dicha firma.	Wir bitten Sie, uns über das Handelsgebaren dieser Firma zu informieren.
La empresa... nos ha indicado que podríamos acudir a su banco para solicitar informes sobre su solvencia.	Die Firma ... hat uns mitgeteilt, dass wir uns an Ihre Bank wenden könnten, um eine Auskunft über ihre Solvenz zu erhalten.
Solicitamos informe comercial amplio de la empresa...	Wir bitten um eine ausführliche Handelsauskunft über das Unternehmen ...
Quedamos a la espera de sus noticias que trataremos con la debida confidencialidad.	Wir erwarten Ihre Nachricht, die wir mit der nötigen Vertraulichkeit behandeln werden.
Su información será tratada como estrictamente confidencial.	Ihre Auskunft wird streng vertraulich behandelt.
No asumimos ninguna responsabilidad por los informes que les hemos prestado.	Wir übernehmen keinerlei Haftung für die Ihnen gegebene Auskunft.

5.3.2 Respuesta a la solicitud de informes comerciales

Información prestada	Erteilte Auskunft
La firma que Vds. mencionan tiene una reputación impecable.	Die von Ihnen genannte Firma genießt einen erstklassigen Ruf.
La empresa... es fiable y absolutamente digna de crédito.	Das Unternehmen ... ist verläßlich und absolut kreditwürdig.
No tenemos ninguna duda de que esta casa cumplirá con todos sus compromisos de pago de forma puntual.	Wir haben keinen Zweifel, dass diese Firma allen ihren Zahlungsverpflichtungen pünktlich nachkommen wird.
Lamentamos no poder darles la información solicitada por no conocer esta empresa de forma suficiente.	Wir bedauern, Ihnen die gewünschte Auskunft nicht geben zu können, da wir diese Firma nicht gut genug kennen.

Nos hemos enterado de que la empresa mencionada por Vds. está experimentando dificultades financieras.	Wir haben erfahren, dass die von Ihnen erwähnte Firma sich zur Zeit in finanziellen Schwierigkeiten befindet.
Debido a la quiebra de uno de sus clientes, la casa... sufrió considerables pérdidas.	Auf Grund des Konkurses eines ihrer Kunden hat die Firma ... schwere Verluste erlitten.

5.4 Ejercicios

5.4.1 Cuestiones sobre el tema

a. ¿Por qué necesita toda empresa conocer la situación patrimonial del potencial contratante, su solidez financiera y su solvencia empresarial?
b. Describa la primera fuente de información sobre la solvencia del potencial cliente.
c. ¿En qué caso no puede ser facilitada la información sobre la solvencia de una empresa por un instituto bancario?
d. ¿Cuál es la tercera y más frecuente fuente de información comercial? ¿Y por qué?
e. ¿Qué significa "credit rating"?

5.4.2 Ejercicio de selección de vocabulario

El texto siguiente contiene 20 espacios en blanco. Complete las frases siguientes con una palabra de la lista. Tenga en cuenta que dicho listado contiene 23 vocablos, de los cuales 3 no encajan en el sentido del texto.

altibajos ampliación bancaria básica caducidad clara comercial consideración cortesía crediticia después disposición empresarial precisos pretendida protección registros reserva riguroso riesgos seguridad solvencia utilidad

Elementos fundamentales de la información comercial

En el mundo de los negocios es muy frecuente, tal y como ya hemos indicado, consultar a una empresa, institución o entidad ____________ para verificar la ____________ de un futuro interlocutor comercial. A continuación detallamos algunos de los rasgos fundamentales que caracterizan la información ____________.

a) **Confidencialidad**. Esta regla debe considerarse ____________ y aplicarse de modo ____________. Esta información por ello, no debe darse a terceros y debe tratarse con ____________ incluso en el seno de la empresa que la recibe. Constituye no sólo un principio de ____________ comercial y ética ____________, sino también un imperativo de la normativa de ____________ de datos.

b) **Actualidad**. La información ____________ que se facilita ordinariamente viene referida a un momento concreto, por lo que su contenido debe tomarse en ____________ inmediatamente ____________ de obtenerla. En este sentido, la información comercial está sujeta a la ____________ que viene dada por el desenvolvimiento económico de una empresa, con todos sus ____________.

c) **Concisión**. Los contenidos informativos relevantes deben ser breves, ____________ y a ser posible, dotados de una cuantificación (límite de crédito, fecha de ____________ de capital, número de socios, etc.) que permita al solicitante de información comercial tomar decisiones sin adoptar mayores ____________.

d) **Rigor**. La información comercial en general debe contener la fuente de la que se obtienen los datos transmitidos (____________ públicos u oficiales, praxis interbancaria, operativa comercial anterior, etc.) y expresarlos de forma ______________ y fidedigna. En todo caso es preferible no aportar un dato si no se tiene plena ____________de su veracidad o autenticidad. Es preferible la información parcial que la falsa.

5.4.3 Traduzca el siguiente texto al español.

Auskunfterteilung

Alle Auskünfte sind in der Regel unverbindlich. Werden Sie unentgeltlich erteilt, haftet der Auskunftgeber nur, wenn seine Angaben vorsätzlich falsch gegeben wurden. Anders verhält es sich bei Auskunfteien, die ihre Dienste gegen Honorar anbieten. Diese haften bei Vorsatz und Fahrlässigkeit. Es ist daher gefährlich, Tatsachen zu verbreiten, die man nicht beweisen kann. In diesem Fall sollte die Auskunft nur vage gegeben werden.

Auskünfte sind in der Regel günstig, unbestimmt oder ungünstig. In jedem Fall sollten sie immer einen Hinweis enthalten, dass sie als streng vertraulich zu behandeln sind und der Auskunftgeber keine Haftung übernimmt. Der Auskunftempfänger ist ebenfalls verpflichtet, die erhaltenen Angaben vertraulich zu behandeln.

Auskunft kann gegeben werden über den Ruf einer Firma oder ihres/ihrer Inhaber/s, ihre Rechtsverhältnisse, die Vermögenslage, ihre Bilanzen und Umsätze, über ihre Zahlungsweise und die Höhe des Kredits, den man ohne größeres Risiko gewähren kann. Handelsauskunfteien führen in der Regel auch Karteien, die Angaben aus dem Handelsregister enthalten. Auch diese können an die Kunden weitergegeben werden.

5.4.4 Escriba un memorándum.

Situation:

Die Firma Curtidos del Pirineo S.Coop. wurde kürzlich von der deutschen Firma Gotthard & Liebermann GmbH in Köln übernommen. Der in Spanien neu eingesetzte deutsche Geschäftsführer, Martin Piwinsky, bittet daher seinen Assistenten, ihm über diese Firma die verfügbare Auskunft zu besorgen.

Aufgabe:

Fassen Sie als Assistent/in des Herrn Piwinsky die unter 5.2.6 erteilte Auskunft über die Fa. Delmonte in einer Aktennotiz in deutscher Sprache in Kurzform zusammen, da Herr Piwinsky noch nicht genügend Spanisch versteht.

5.4.5 Escriba una carta, un fax o un correo electrónico partiendo de los detalles siguientes:

Situation:

Sie arbeiten bei der Firma Schulte & Hörbiger Damen- und Herrenkonfektion GmbH, Moltkestr. 68, 51643 Gummersbach, Fax-Nr. +49 2261 349076, E-Mail-Adresse: schulte.hoerbiger@t-online.de, und erhalten von der spanischen Firma Delgado & Cia, Parque Empresarial La Moraleja, 28108 Alcobendas (Madrid), Spanien, Fax-Nr. +34 91 3096401, E-Mail-Adresse: delgado@textiles.es, eine Anfrage über die deutsche Gesellschaft Morse KG in Hagen, die Sie als Referenz angegeben hatte.

Aufgabe:

Beantworten Sie diese Anfrage unter Berücksichtigung folgender Punkte:

- Die Morse KG ist ein gut eingeführtes Unternehmen der Textilbranche und vertreibt Damen- und Herrenmode auf dem deutschen Markt.
- Sie stehen seit ca. 10 Jahren mit diesem Unternehmen in Verbindung.
- Die Firma erteilt Ihnen regelmäßig Aufträge.
- Die Zahlungsmoral der Firma ist einwandfrei.
- Ihres Wissens ist die finanzielle Lage der Firma stabil.
- Kreditrahmen in Höhe von € 10.000 ist Ihrer Meinung nach kein Problem.
- Hinweis, dass für diese Auskunft keine Haftung übernommen wird.

5.4.6 Conversación telefónica

Situation:

In dem folgenden Gespräch sind Sie Frau Karin Amberger, Auszubildende in der Verkaufsabteilung der Firma Schmitt & Söhne KG, Gütersloh. Auf Bitte Ihres Vorgesetzten hatten Sie die spanische Auskunftei Credinfo in Málaga angerufen, um eine Auskunft über das spanische Unternehmen García & Sucesores S.L. in Málaga einzuholen.

Aufgabe:

Sie haben dieses Gespräch aufgezeichnet und fertigen jetzt für Ihren Vorgesetzten, Herrn Brandauer, eine entsprechende Notiz in Deutsch an.

6 La entrega

6.1 Nociones básicas

El vendedor cumple el pedido cuando expide la mercancía y la hace llegar al destinatario de acuerdo con las condiciones del contrato. En todo negocio de exportación deben tomarse en consideración los Incoterms que pueden ser aplicables.

Rotulación y embalaje

Antes de proceder al transporte de la mercancía, ésta debe ser minuciosamente embalada y preparada para el desplazamiento. Los **envases y embalajes** son un importantísimo factor del buen fin del negocio, sobre todo en la exportación transatlántica de productos de toda índole. Además de estar bien embalada, la mercancía debe ser **rotulada** de forma clara y visible con todas las marcas y **declaraciones requeridas por el cliente**. Es posible que también se tengan que incluir otras **declaraciones exigidas por la legislación del país de destino**, como por ejemplo indicación de peligro por razón de la sustancia (toxicidad, sustancias radioactivas o químicas, etc.), detalles de índole medioambiental u otras.

Embalaje

- marcadores de embarque
- símbolos de precaución

Transporte

El transporte, con independencia de si los costes corren al cargo del comprador o del vendedor, se le encarga a una **empresa especializada**, según la índole del trayecto (transporte aéreo, marítimo, por carretera, ferroviario, etc.). Es frecuente y recomendable asegurar la mercancía, de modo que junto con el contrato que cierra el negocio, las partes deben tomar en consideración los **contratos de transporte y de seguro** de las mercancías.

Transporte

- aéreo
- marítimo
- ferroviario
- por carretera

En determinados casos el comprador solicita del vendedor el envío de un **aviso de expedición**, mediante el cual recibe información de cuándo la mercancía ha salido o, en caso de un contrato ex fábrica, cuándo puede ser recogida.

Facturación

La factura más importante es, sin duda, la **factura comercial**, con base en la cual el comprador efectuará el pago. En el comercio internacional, la factura de exportación más usual debe incluir:

- nombre y dirección del comprador
- fecha y número de factura
- fecha y número de referencia del pedido
- cantidad y descripción de la mercancía
- número de bultos, peso y marcas o rotulación

INCOTERMS

- gastos y riesgo del transporte
- comprador/vendedor

- precio por unidad e importe total con posibles descuentos o recargos adicionales
- otros detalles relevantes sobre el medio de transporte, condiciones de pago y demás términos del contrato

Factura pro forma. Esta modalidad de factura suele usarse bien como oferta o como requerimiento de pago previo. También se usa en aquellas remesas en consignación para venta por un agente, o en el caso en que la mercancía se expide a examen, de forma que el comprador la recibe a prueba y, gozando de su conformidad, da por ejecutado el contrato. Por último, también encuentra aplicación esta factura pro forma en la exportación a países cuya legislación restringe la circulación de capitales, en cuyo caso se adjunta como requisito para obtener la licencia de importación de la autoridad competente.

Factura consular. Esta factura se utiliza para la exportación sobre todo a los países centro y sudamericanos así como a EEUU, a partir de unos formularios predeterminados, que sirven para dar fe consular de la legalidad de un negocio. Sirve para el ingreso fronterizo de la mercancía en el país de destino.

Factura aduanera. Esta factura es complementaria de la factura original y sirve para concretar el importe final resultante de la aplicación de las tarifas o derechos arancelarios que el país de destino impone a la mercancía.

Extracto de cuenta. Si existe una línea de crédito entre el comprador y el vendedor, dicho extracto, que se expide periódicamente, sirve para informar al comprador del balance o saldo resultante de los pedidos formulados en el período que se considera.

Cargos y abonos en cuenta. Si el extracto de cuenta o la factura no corresponde al balance calculado por una de las partes a causa de una omisión o de un error (mercancía defectuosa, descuento adicional, envío parcial, etc.), no será necesario devolver el extracto o rectificar la factura o expedirla nuevamente, sino que se procede a emitir una nota de cargo o abono, cuyo importe carga o abona el saldo existente entre el comprador y el vendedor.

6.2 Modelos de correspondencia

6.2.1 Notificación de envío según 4.2.1

E-Mail

Von: export@overbeck-scharniere.de	An: compras@estanterías-miguel.es
Betreff: Salida del envío (AB 34-5758)	

Estimado Sr. Hurtado:

Con referencia a nuestro mensaje de..., notificamos por esta vía la expedición de su pedido, que ha salido hoy a las 12 horas, remitido por mensajería.

Su pedido le será servido en dos paquetes numerados, correspondiendo el número 1 a las bisagras y el número 2 a las referencias de tornillería. El número de expedición es el AB 34-5758, que consta en el albarán unificado. En el paquete número 2 incluimos también un juego completo de catálogos.

Rogamos acuse de recibo y verificación de su conformidad a este primer envío de prueba.

Muy atentamente,
Departamento de Exportación
Hans Meyer

6.2.2 Notificación al cliente de la entrega a la naviera en respuesta a 3.2.5 y 4.2.4

Sociedad Venezolana de Exportación S.A.
Apartado de Correos 56702 · Caracas 1070 · Venezuela

Mirabell GmbH
Sr. R.P. Hollweg,
Gerente
Leuchtenbacher Kirchweg 45
70523 Stuttgart
Alemania

Caracas, 13 de agosto de 20...

Asunto: Su pedido de 21 de mayo de 20... de bombas de refinería

Estimado Sr. Hollweg:

Tal y como le indicamos en nuestra confirmación de pedido del 29 de mayo, procedemos mediante la presente a comunicarle el embarque de la mercancía a bordo del buque "Starlight" según las condiciones estipuladas, en embalaje marítimo de alta seguridad.

La documentación con el conocimiento de embarque sin incidencias ha sido entregada en tiempo y forma a nuestro banco, por lo que solicitamos procedan al pago acordado.

Una vez ingresada la maquinaria en su ubicación definitiva, se desplazará por parte de nuestra empresa un técnico instalador que certificará la puesta a punto de los instrumentos de refinería y bombeo, de acuerdo con la garantía que ofrecemos a nuestros clientes. A tal efecto rogamos nos indiquen el momento en que el cargamento sea trasladado del puerto destinatario de Hamburgo a su sede social en Stuttgart.

En espera de sus noticias, me complace mandarle muy atentos saludos.

Guillermo Espadas

Guillermo Espadas
Jefe de Ventas

6.2.3 Notificación de entrega del pedido

FAX

A: Sra. Isabel Gutiérrez Ventas
Bodegas Firmamento, Huesca

Nº de fax: +34 974 552342

Nº págs.: 1

De: Alexander Stehr
Südspezialitäten GmbH, Bremen

Bremen, 22 de noviembre de 20...

Nº de fax: +49 421 5590873

Asunto: Nuestro pedido del 8 de agosto de 20... Nº 390 871

Estimada Sra. Gutiérrez:

Hemos recibido con fecha de hoy la mercancía correspondiente a nuestro pedido de la semana pasada. Ha llegado todo puntualmente y a nuestra plena conformidad.

Procederemos al pago a 30 días de acuerdo con sus condiciones generales.

Les rogamos que en el próximo envío nos incluyan un juego completo de los folletos que han editado en lengua alemana, por habérsenos acabado ayer.

Sin otro particular, un cordial saludo,

Alexander Stehr
Alexander Stehr
Prokurist

6.2.4 Remisión de extracto de cuenta

Papierwaren Gennadi Kaufmann KG *Saalestr. 4 39126 Magdeburg*

Papelerías Reunidas S.L.
A la atención de Sra. María Antonia Azcue
Avenida de la Paz 36
E-49009 Bilbao (Vizcaya)

Magdeburg, 9 de enero de 20...

Asunto: Nuestro extracto de cuenta del último trimestre de 20...

Estimada Sra. Azcue:

Le deseamos una feliz entrada de año, y como viene siendo habitual, me complace remitirle en la tabla adjunta un extracto detallado de nuestros intercambios y la facturación generada.

Como podrá comprobar, hemos incluido nuestros dos últimos envíos de 28 de noviembre de 20... y de 17 de diciembre de 20..., de los cuales sólo nos han notificado la recepción del primero.

Rogamos nos confirme la última entrega, verifique todas las posiciones y proceda al pago del saldo del ejercicio pasado para nuestro cierre contable.

Dándole las gracias por una pronta gestión, le mandamos un saludo muy cordial.

Atentamente,
Gennadi Kaufmann
Gennadi Kaufmann

Anexo: extracto de cuenta

6.2.5 Extracto de cuenta

Papierwaren Gennadi Kaufmann KG *Saalestr. 4 39126 Magdeburg*

Papelerías Reunidas S.L.
Avenida de la Paz 36
E-49009 Bilbao (Vizcaya)

Fecha	Concepto	Debe €	Haber €	Saldo €
06/10	último extracto			3.600,00
05/11	factura 3624	900,00		4.500,00
09/11	transferencia		2.000,00	2.500,00
23/11	factura 3695	783,22		3.283,22
24/11	abono en cuenta(1)		89,00	3.194,22
16/12	factura 3708	1.321,50		4.515,72
22/12	transferencia		2.500,00	2.015,72

Saldo deudor: 2.015,72

(1) corresponde al descuento por volumen acumulado.

Sírvanse abonar el saldo antes del 20 de enero 20...

6.2.6 Factura comercial

Editorial Libros, S.L
Monteleón, 7
28024 Madrid (España)
Tel: +34 91 3795249 . Fax: 91 3795203
e-mail: libros@libros.es
C.I.F.: B-80063346

Factura

Nº: A/3261
Fecha: 14-02-05
Nº Albarán: 289
Forma pago: TRANSFERENCIA BANCARIA 90 días

EDITORIAL
Libros

DATOS DEL CLIENTE: 002113

N.I.F.: DE130002447

NOMBRE
MAX HUEBER VERLAG Gmbh § Co KG

DIRECCIÓN DE ENVIO
Max Hueber Straße, 4

POBLACIÓN
ISMANING

CÓDIGO POSTAL
D-85737

PAÍS
ALEMANIA

CÓDIGO	DESCRIPCIÓN	CANTIDAD	PRECIO	DTO.	IMPORTE
LIB8643X	Negocios sin prisas. Libro	400	10,58	55,00	1.904,40
LIB864XX	Negocios sin prisas. DVD	400	18,27	50,00	3.654,00

Bases de I.V.A	% I.V.A	Cuotas de I.V.A
5.558,40	-	-

Portes	
Neto	5.558,40
Total I.V.A.	-
Gtos. Financieros	-

FORMA DE PAGO: TALÓN O TRANSFERENCIA BANCARIA
CCC 0023 1006 76 0923071247
SWIFT CODE: ESPCESMM
IBAN: ES43 0030 1006 7609 2307 1247

Total factura euros 5.558,40

Total factura **EUR** ***5.558,40***

6.3 Fraseología

6.3.1 Notificación de la entrega

Nos complace informarles que:	Wir freuen uns, Ihnen mitzuteilen, dass
a) las mercancías pedidas están listas para el transporte.	a) die bestellten Waren transportbereit sind.
b) los artículos de su pedido nº... están listos para ser recogidos en nuestra fábrica.	b) die Artikel Ihres Auftrages Nr. ... in unserer Fabrik abholbereit sind.
c) les serán enviados en los próximos días.	c) Ihnen innerhalb der nächsten Tagen zugesandt werden.
d) las mercancías les fueron expedidas esta mañana por mensajería/paquetería urgente.	d) die Waren Ihnen heute morgen per Sonderkurier/Eilzustellung zugegangen sind.
e) su pedido fue entregado a los agentes de transporte...	e) ihr Auftrag dem Spediteur ... übergeben wurde.
f) hemos embarcado su máquina LHJ 24 a bordo del buque "Estrella" que partió de Hamburgo el...	f) wir Ihre Maschine LHJ 24 an Bord des Schiffes "Estrella" verschifft haben, das am ... aus Hamburg ausgelaufen ist.

6.3.2 Envío de la factura/del extracto de cuenta y/o de los documentos de embarque

En el anexo les enviamos: a) el extracto de cuenta del mes de junio de 20... b) nuestra factura nº... c) una copia de la nota de entrega y nuestra factura nº...	In der Anlage übersenden wir Ihnen: a) den Kontoauszug für den Monat Juni 20... b) unsere Rechnung Nr. ... c) Kopie des Lieferscheins und unsere Rechnung Nr. ...
Les agradeceríamos nos enviaran su transferencia cuanto antes.	Für eine baldige Überweisung wären wir Ihnen dankbar.
Hemos entregado los documentos de embarque como sigue: – factura referente a... – conocimiento limpio a bordo (por triplicado) – póliza/certificado de seguro – certificado de origen	Wir haben die Verschiffungsdokumente wie folgt übergeben: – Rechnung bezüglich ... – reines Bordkonnossement (in 3-facher Ausfertigung) – Versicherungspolice/-Zertifikat – Ursprungszeugnis
El importe de la factura es pagadero al contado con un descuento del 2%.	Der Rechnungsbetrag ist bar mit 2 % Skonto zahlbar.

6.3.3 Términos de embalaje y embarque

1. TIPOS DE EMBALAJE

Holzkiste	caja de madera
Lattenkiste	caja enrejada de madera
Pappkarton	caja de cartón
Sack	saco
Trommel	bidón metálico
Fass	barril
Palette	paleta
Container	contenedor

2. VARIOS

Hartpappekiste, Panzerkarton	cartón reforzado
Pappschachtel	cartón
Faltschachtel	cartón plegable
Pappe	papel
Wellpappe	papel ondulado
Jutesack	saco de yute
Fünffacher Papiersack	saco de papel de cinco capas
Korbflasche	garrafa
Metallband, Stahlband	cinta o fleje metálico
Kunststoffband	cinta plástica
Stahlbandumreifung	cierre con cinta de acero
Kiste mit Stahlbandumreifung	caja con cinta metálica
Packpapier	papel de embalar
Wachspapier	papel encerado
Kunststoff-Folie	lámina de plástico
Metallfolie	lámina metálica
Styropor-Formteile	relleno de estiropor
Füllmaterial	material de relleno
Trockenmittel	material desecante
Wasserdichtes/Wasserfestes Material	material impermeable
Recyclebarer/nicht recyclebarer Kunststoff	plástico reciclable/no reciclable
Unweltfreundliches Material	material no contaminante
Biologisch abbaubare Verpackung	embalaje biodegradable
Wegwerftasche	bolsa no retornable

3. MARCADORES DE EMBARQUE

Kennmarke des Empfängers	datos del destinatario
Auftragsnummer	número de pedido
Bestimmungshafen	puerto de destino
Nummer des Kollos und Gesamtzahl der Kolli	número de bultos y cantidad de bultos
Gewicht	peso
Abmessungen	medidas
Ursprungsbezeichnung	indicación de origen

6.3.4 Símbolos de precaución

veneno | *Gift*

líquido inflamable | *entzündbare Flüssigkeit*

material radioactivo | *radioaktive Substanz*

frágil – cristal | *Vorsicht Glas – zerbrechlich*

protéjase de la humedad | *vor Nässe schützen*

arriba | *oben*

protéjase del calor | *vor Hitze schützen*

mantener refrigerado | *kühl aufbewahren*

sin ganchos | *nicht haken*

6.4 Ejercicios

6.4.1 Cuestiones sobre el tema

a. ¿Qué condiciones debe cumplir el vendedor al ejecutar su pedido?
b. ¿Qué debe hacer antes de proceder al transporte de la mercancía?
c. ¿Cuáles son las medidas de precaución que el vendedor debe adoptar?

d. ¿Cuáles son los tipos básicos de factura? Defínalos.
e ¿Qué es un extracto de cuenta?
f. ¿Cuándo se cargan y abonan importes en cuenta?

6.4.2 Traduzca el siguiente texto al español.

Die traditionellen Vertriebswege haben sich in den letzten Jahren entscheidend verändert. Dies ist auf den Fortschritt der Kommunikationstechnologie und nicht zuletzt auf eine erweiterte Logistik zurückzuführen. Durch ständige Konzentrations- und Globalisierungsprozesse können die traditionellen Zwischenhändler häufig umgangen oder ganz ausgelassen werden. Direkter Einkauf und direktes Marketing tragen dazu bei, dass sich die Trennlinien zwischen Groß- und Einzelhändlern zunehmend verwischen. Hinzu kommt noch der elektronische Handel über das Internet, der heute erst am Anfang steht und sicherlich in der Zukunft noch erheblich zunehmen wird.

6.4.3 Ejercicio de sustitución sobre respuesta múltiple

El texto siguiente sirve de introducción al tema "Principales canales de distribución en Alemania". Contiene 30 espacios en blanco.
1) Complételos seleccionando la palabra o frase adecuada.
2) Traduzca este texto oralmente para aprender las cuestiones comerciales referentes al tema.

PRINCIPALES CANALES DE DISTRIBUCIÓN

Se denominan canales de distribución a las diferentes vías _ (1) _ comercialización que puede elegir _ (2) _ empresa para la venta de sus productos o servicios en un determinado mercado. Su tipología resulta _ (3) _ variada, y viene condicionada tanto por el mercado que se considere _ (4) _ por el sector económico en el que se _ (5) _.

Los principales canales _ (6) _ los siguientes:

Comercio mayorista

Es el escalón de la intermediación comercial que sirve _ (7) _ puente _ (8) _ el fabricante y el comercio minorista, que _ (9) _ vende _ (10) _ consumidor final. En general, asume las

1) ❑ a	2) ❑ cada	3) ❑ por	4) ❑ así	5) ❑ opere
❑ sin	❑ ninguna	❑ muy	❑ menos	❑ trabajaría
❑ de	❑ otra	❑ tras	❑ como	❑ venda
6) ❑ verían	7) ❑ por	8) ❑ entre	9) ❑ mañana	10) ❑ al
❑ venían	❑ de	❑ para	❑ antes	❑ del
❑ serían	❑ en	❑ sobre	❑ luego	❑ con

funciones de compra en grandes volúmenes y almacenamiento de la mercancía, que luego distribuye de una forma más puntual y en _ (11) _ cantidades al comercio minorista. Suelen contar con capital y recursos elevados, lo que _ (12) _ permite mantener gran cantidad de mercancía _ (13) _ su almacén, suficiente _ (14) _ responder con agilidad a la demanda del pequeño comercio.

Comercio minorista especializado

Canal de distribución formado _ (15) _ empresas comerciales que desarrollan una actividad consistente en la venta de _ (16) _ clase de artículos, en _ (17) _ de un sector o familia de productos, adquiridos previamente del comercio mayorista o importados _ (18) _ del fabricante, a los consumidores finales.

Grandes superficies

Establecimientos comerciales que cuentan _ (19) _ una amplia superficie de venta, generalmente _ (20) _ régimen de autoservicio, dedicados a la venta al consumidor de un amplio surtido de productos, _ (21) _ agroalimentarios como de consumo en general. Estos puntos de venta se _ (22) _ situados en general en _ (23) _ zonas urbanas periféricas y suelen _ (24) _ dotados de equipamientos adicionales, como grandes aparcamientos, cafeterías, zonas _ (25) _ ocio, etc.

Grandes almacenes

Establecimientos comerciales, ubicados generalmente en el centro de _ (26) _ núcleos urbanos, _ (27) _ ofrecen al consumidor final _ (28) _ gama variada de productos de los sectores de "alimentación" y de "no alimentación", presentados _ (29) _ diversos departamentos especializados. Suelen tener una estructura "vertical", _ (30) _ la superficie comercial ubicada en diferentes plantas.

11) ❑ mínimas ❑ singulares ❑ menores
12) ❑ la ❑ le ❑ lo
13) ❑ sobre ❑ de ❑ en
14) ❑ para ❑ por ❑ según
15) ❑ sin ❑ sobre ❑ por

16) ❑ toda ❑ ninguna ❑ cualquier
17) ❑ general ❑ particular ❑ total
18) ❑ rápidamente ❑ directamente ❑ seguramente
19) ❑ al ❑ de ❑ con
20) ❑ sin ❑ más ❑ en

21) ❑ tanto ❑ cuanto ❑ poco
22) ❑ buscan ❑ pierden ❑ encuentran
23) ❑ unas ❑ todas ❑ las
24) ❑ ser ❑ venir ❑ estar
25) ❑ para ❑ desde ❑ de

26) ❑ los	27) ❑ que	28) ❑ poca	29) ❑ con	30) ❑ con
❑ todos	❑ mientras	❑ mucha	❑ en	❑ para
❑ unos	❑ cuales	❑ una	❑ hasta	❑ cuya

6.4.4 Ahora traduzca al alemán el siguiente texto, que es la continuación del texto anterior.

Venta a distancia o por catálogo

Canal de distribución en el que las ventas al consumidor se realizan mediante pedidos formulados a partir de un catálogo previamente distribuido a los potenciales compradores. Dicho producto se sirve luego al domicilio del comprador en un determinado plazo. La gran ventaja de este tipo de venta para el fabricante o exportador es la de ser compatible con las demás vías de distribución, mientras que para el consumidor existe la desventaja de no poder examinar el producto hasta que ha sido adquirido, por lo que se suelen añadir determinadas garantías a los derechos del comprador, como la devolución en un cierto plazo, el reintegro del precio, el derecho de examen y desistimiento, etc.

Venta por Internet

Variante a distancia mediante la cual los productos o servicios son ofertados a través de Internet y adquiridos por el consumidor final a partir de un catálogo electrónico. El anonimato propio del medio exige también en este caso una regulación específica, protectora de los derechos del consumidor, tanto en cuanto a las garantías del producto como en cuanto a las necesidades de privacidad de las diversas modalidades de pago.

6.4.5 Escriba un memorándum.

Situation:

Sie arbeiten bei der Mirabell GmbH in Stuttgart. Ihr Chef, Herr Hollweg, ist zur Zeit auf Geschäftsreise.

Aufgabe:

Fassen Sie für die Akte das unter 6.2.2 erhaltene Schreiben der Sociedad Venezolana de Exportación S.A. kurz für die Akte zusammen. Wichtig ist vor allem festzuhalten, was getan werden muss, sobald die Raffineriepumpen bei Ihnen eintreffen.

6.4.6 Escriba una carta, un fax o un correo electrónico a partir de los detalles siguientes:

6.4.6.1 Geschäftsfall

Situation:

Die Firma Mamberger GmbH, Rüsselsheimer Str. 34, 60326 Frankfurt/Main, Fax-Nr.: +49 69 42098745, E-Mail-Adresse: mamberger@t-online.de, hatte der spanischen Firma Bormeneo y Asociados S.L., Avenida de Goya 76, 50010 Zaragoza, Fax-Nr.: +34 976 252542, E-Mail-Adresse: bormeneo@terra.es, telefonisch einen Auftrag auf 1.000 Flaschen Schaumwein (cava) für eine Großveranstaltung erteilt.

Aufgabe:

Bestätigen Sie diesen Auftrag schriftlich und geben Sie folgende Anweisungen bezüglich der Lieferung:

- Der Schaumwein ist in grünen 0,75 Liter Flaschen, gemäß beiliegendem Zeichnungsmuster abzufüllen.
- Die anzubringenden Etiketten müssen in Deutsch beschriftet und mit dem Firmenlogo der Mamberger GmbH versehen sein (Muster anbei).
- Die 1.000 Flaschen sind fortlaufend zu nummerieren und mit dem grünen Punkt zu kennzeichnen.
- Die Lizenzgebühr für den grünen Punkt wird in Deutschland entrichtet.
- Bei der Verpackung dürfen nur 6 Flaschen in je einen Karton gepackt werden.
- Die Kisten müssen die Aufschrift tragen: Vorsicht Glas – zerbrechlich.
- Anlieferung der Flaschen: Am Veranstaltungstag und -ort 12 Stunden vor Beginn der Veranstaltung zwecks rechtzeitiger Kühlung.

6.4.7 Conversación telefónica

Situation:

Sie arbeiten bei der Mirabell GmbH in Stuttgart. Das Schreiben unter 6.2.2 ist bei Ihnen eingegangen und Sie haben gemäß 6.4.5 ein entsprechendes Memorandum verfaßt. Die Pumpen sind pünktlich bei Ihnen eingetroffen.

Aufgabe:

Ihr Chef bittet Sie, dringend Herrn Espadas anzurufen, damit der Monteur die Pumpen umgehend fachmäßig installieren kann. Zur Sicherheit soll dieses Gespräch aufgezeichnet und darüber eine schriftliche Aktennotiz angefertigt werden.

7.1 Nociones básicas

El pago supone el cumplimiento del contrato de compraventa por parte del comprador, y tiene como presupuesto la recepción conforme del producto o servicio que fue objeto del negocio.

Pago anticipado
En caso de que el vendedor no esté seguro de si el cliente es solvente o si hay dificultades económicas o políticas entre los países de las partes contratantes, sólo entregará la mercancía si media un pago anticipado. Es la única seguridad que tiene si existe cualquier problema financiero.

Pago inmediato
El momento del pago depende de las condiciones pactadas: en algunos casos se ha convenido realizar el pago de forma anticipada, o bien inmediata.
En estos casos se suele conceder un **descuento por pronto pago**, y la confirmación de la recepción de la mercancía o servicio sirve al tiempo como **notificación del pago**. En todo caso, antes de remitir esa confirmación, el comprador ha de verificar que la mercancía o servicio del negocio se ha recibido de forma completa, puntual y adecuada. Si no fuera así, procede realizar una reclamación ante el vendedor (véase el capítulo 9).

Pago a plazos
En otros casos, lo cual es más habitual, el vendedor ha concedido un cierto plazo para el pago del precio que se estipuló. Esto ocurre, en la mayoría de los casos, cuando se trata de un buen cliente o de un comprador fijo, cuya solvencia y fiabilidad están aseguradas. Además, en la vida de los negocios es usual conceder a los buenos clientes una línea crediticia.
Antes de efectuarse el pago, el comprador comprobará también si la **documentación mercantil** remitida por el vendedor (factura, extracto de cuenta etc.) es correcta en todos sus términos. De lo contrario, avisará al vendedor y solicitará corrección de la misma.

Modalidades de pago
Existen distintas modalidades. Las más habituales son: el **cheque**, la **transferencia bancaria** (que los bancos efectuan entre sí en general por **SWIFT** = the Society for Worldwide Interbank Financial Telecommunication), la **letra de cambio**, el **giro postal internacional** o **la carta de crédito documentario**, que es el método más seguro en las transacciones comerciales internacionales.
Una modalidad reciente que disfruta cada vez de mayor aceptación es la fórmula de pago por **banca electrónica**. En este caso el cliente, a través de Internet, y por un sistema cifrado de acceso al sistema bancario, puede realizar transacciones electrónicas, entre ellas pagos por transferencia. En el comercio internacional, las empresas que realizan con frecuencia negocios con el extranjero están incorporando de forma generalizada a su división financiera distintas vías electrónicas para realizar los pagos que requiere el curso diario de los negocios.

Moneda aplicable

Los negocios internacionales, sean de importación o exportación, requieren en muchos casos operar con distintas monedas, y atender al tipo de cambio. En este caso, el pago debe ajustarse a las reglas del negocio de divisas, aunque hay que indicar que la inmensa mayoría de las transacciones se realizan en monedas de aceptación universal, como el dólar, el yen o el euro.

Procedimiento del pago

1) Verificación del producto o servicio
2) Pago inmediato o a plazos
3) Modalidades más utilizadas:
   - cheque
   - transferencia bancaria (SWIFT)
   - letra de cambio
   - carta de crédito (documentario)
   - pago electrónico (por Internet)
4) Moneda aplicable:
   Según lo convenido en el contrato de compraventa
   (en general monedas de aceptación universal, como el yen, el dólar, el euro, etc.)

7.2 Modelos de correspondencia

7.2.1 Notificación al proveedor de apertura de una cuenta bancaria instrumental para realizar pagos

E-Mail

Von: wala.elektronik@t-online.de | **An:** informatica-valencia@terra.es

Betreff: Apertura de cuenta bancaria

A la división financiera.

Estimados señores:

Mediante la presente notificamos la apertura de una cuenta bancaria en la ciudad de Valencia, bajo las siguientes coordenadas:

Entidad: Deutsche Bank S.A.
Sucursal N° 28
Plaza Ayuntamiento N° 1
N° de cuenta: 17046958 134085

En el futuro, y de acuerdo con lo convenido en nuestra última reunión durante la Feria de Hannover, realizaremos todos los pagos a su empresa mediante esta cuenta bancaria.

Un cordial saludo,
Günther Mittermaier
Einkaufsleiter

7.2.2 Confirmación de entrega y notificación de pago conforme 6.2.4

Papelerías Reunidas S.L.
Avenida de la Paz 36
49009 Bilbao (Vizcaya)

Papierwaren Gennadi
Kaufmann KG
Saalestr. 4
39126 Magdeburg
Alemania

Bilbao, 15 de febrero de 20...

Asunto: Su extracto de cuentas del último trimestre de 20... y su carta de 9 de enero de 20...

Estimado señor Kaufmann:

Me complace, de acuerdo con la solicitud de su carta, confirmar la recepción conforme de su último envío. Hemos verificado todas las posiciones del extracto, que coinciden con nuestra contabilidad, y procedido al pago del saldo del ejercicio pasado. Su entrada en cuenta se producirá en la próxima semana. Para nuestro control contable les rogamos acuse recibo del ingreso de la transferencia.

Un saludo muy cordial,

María Antonia Azcue
María Antonia Azcue

7.2.3 Error en la factura: Petición de rectificación

FAX

An: Sr. Jaime de Barreiro
Departamento Contable
Sociedad Gráficas Catalanas, Vigo

Fax-Nr.: +34 986 34091722

Von: Wilfried Rayermann
Papierfabrik Mühlenbruch KG,
Düsseldorf

Fax-Nr.: +49 211 983756

Betr.: Su factura n° 250983/2004

Estimado Sr. De Barreiro:

Al verificar la factura de referencia, cuya recepción por mensajería confirmamos, hemos constatado que han olvidado aplicar el descuento por pronto pago (2%) que convinimos en nuestra reunión anual de septiembre pasado. Por dicha razón, el importe de la factura no coincide con nuestra previsión de pago.

Le rogamos se sirva comprobar los datos y remitirnos con la mayor brevedad posible la factura corregida contemplando el descuento citado, a fin de que podamos proceder al pago sin dilación.

Sin otro particular, muy atentamente,

Wilfried Rayermann
Wilfried Rayermann
División Financiera

7.2.4 Discrepancia en el extracto de cuenta

E-Mail

Von: paula.weinmann@stoehr-gmbh.de | **An:** j.l.delaoliva@onoline.es
Betr.: Su extracto de cuenta del mes de junio de 20...

Estimado Sr. De la Oliva:

Hemos examinado el último extracto de cuenta que nos remitió, con fecha del 7 de julio pasado, correspondiente a junio, y hemos detectado las siguientes discrepancias con nuestro registro contable:

a) La factura n° 774928 aparece reflejada por un importe de 1.687,28 €. Deseamos indicar que dicha factura fue expedida por su contabilidad por un importe de 1.647,28 €.
b) En el apunte contable de fecha 13 de junio Vds. han olvidado aplicar el descuento por volumen (un 3%) al importe de 5.422,40 €.

Le rogamos inscriba a nuestro favor un apunte por el importe de 162,67 € y tenga a bien corregir el balance de junio.

Atentamente,
Paula Weinmann
Stöhr GmbH

7.2.5 Divergencia entre cantidad servida y facturada

Licores Barragán S.L.
Paseo de Pereda, 143
39001 Santander
España

Dittmann & Bachmeier GmbH
A la atención del señor Schauerte
Brennerei und Likörfabrik
Habichthof 27
24939 Flensburg
Alemania

Santander, 30 de octubre de 20...

Asunto: Su envío de licor de cereza del mes pasado

Estimado Sr. Schauerte:

Confirmamos la recepción de la mercancía correspondiente a nuestro pedido de 28 de abril, que llegó por vía marítima la semana pasada.

La documentación que acompaña el envío contiene una factura que detalla la cantidad servida, 45 cajas de 12 botellas de litro del citado licor. Al proceder a desembalar la mercancía, hemos podido comprobar que el envío contenía sólo 43 cajas, y así lo hicimos constar a la empresa consignataria que nos confirmó el embarque de esa mercancía. Debemos por ello indicar que la factura emitida debe ser corregida, al no corresponder la cantidad servida con el importe facturado.

Les rogamos expidan una nueva factura, donde se recoja la cantidad efectivamente servida.

Adjuntamos a esta carta la documentación del consignatario que permite comprobar el envío de únicamente 43 cajas.

Esperando su nueva factura, le saludamos atentamente,

Eduardo Barragán
Eduardo Barragán
Jefe de Compras, Licores Barragán S.L.
Anexo

7.3 Fraseología

7.3.1 Recepción de la mercancía, de la factura, etc.

Acusamos recibo de la mercancía pedida y les agradecemos su pronta entrega.	Wir bestätigen den Empfang der bestellten Ware und danken Ihnen für die prompte Lieferung.
Hemos recibido su factura N°... por la cuantía de...	Wir haben Ihre Rechnung Nr. ... über die Summe von ... erhalten.
Su extracto de cuenta para el mes de julio de 20... llegó ayer y coincide exactamente con nuestra contabilidad.	Ihr Kontoauszug für den Monat Juli 20... ist gestern angekommen und entspricht genau unserer Abrechnung.

7.3.2 Procedimiento de pago (véanse también las condiciones de pago bajo 2.3.4)

Nos complace comunicarles que ordenamos la transferencia del importe de... a su cuenta con el Banco de...	Wir freuen uns Ihnen mitzuteilen, dass wir die Überweisung des Betrages von ... auf Ihr Konto bei der ... Bank veranlasst haben.
Hemos ordenado el pago por importe de ... a través del Banco de... a) como primer plazo, según lo convenido en nuestro contrato. b) como pago a cuenta de nuestro pedido N°... c) en liquidación de su extracto de cuenta del 5 de agosto. d) rogándoles abonen este importe en nuestra cuenta. e) y les rogamos nos envíen una confirmación a su debido tiempo.	Wir haben die Zahlung des Betrages von ... durch die ... Bank angewiesen a) als erste Rate, wie in unserem Vertrag vereinbart. b) als Anzahlung für unseren Auftrag Nr. ... c) im Ausgleich Ihres Kontoauszuges vom 5. August. d) und bitten Sie, diesen Betrag unserem Konto gutzuschreiben. e) und wir bitten Sie, uns zu gegebener Zeit eine Bestätigung zu schicken.
Rogamos giren letra a favor de nuestra empresa a 90 días vista por el importe de... y una vez que la hayamos recibido la aceptaremos y devolveremos.	Bitte ziehen Sie auf unsere Firma einen Sichtwechsel mit 90 Tagen über den Betrag von ... und sobald wir ihn erhalten haben, werden wir ihn akzeptieren und zurückschicken.

7.3.3 Errores y divergencias

Deducimos de nuestro extracto de cuenta del 8 de julio que Vds. han aplicado un 3% de descuento.	Wir entnehmen unserem Kontoauszug vom 8. Juli, dass Sie einen Nachlass von 3% angewandt haben.
Al examinar su factura N°... del... hemos comprobado que se han equivocado en la suma total.	Bei der Prüfung Ihrer Rechnung Nr. ... vom ... haben wir festgestellt, dass Sie sich bei der Gesamtsumme geirrt haben.
Su extracto de cuenta mensual/trimestral muestra un crédito/débito incorrecto.	Ihr monatlicher/vierteljährlicher Kontoauszug zeigt einen unkorrekten Guthaben-/Lastschriftsaldo.
Lamentamos tener que informarles que no podemos pagar su factura N°... del... porque el importe total no corresponde con nuestra contabilidad. Les rogamos nos envíen la factura corregida.	Wir bedauern Ihnen mitteilen zu müssen, dass wir Ihre Rechnung Nr. ... vom ... nicht begleichen können, da der Gesamtbetrag nicht mit unserer Buchhaltung übereinstimmt. Wir bitten Sie, uns die berichtigte Rechnung zuzusenden.

7.4 Ejercicios

7.4.1 Cuestiones sobre el tema

a. ¿Cuáles son las tres posibilidades que el comprador tiene para efectuar el pago del producto o servicio recibido?
b. ¿Qué debe hacer el comprador antes de proceder al pago de la mercancía recibida o del servicio prestado?
c. ¿Cuáles son las modalidades de pago más comunes en el comercio exterior?
d. ¿Cómo se realizan las transacciones de pago electrónicas?
e. ¿Por qué es necesario en muchos casos operar con distintas monedas en el comercio de importación o exportación?
f. ¿En qué divisas se realiza la mayoría de las transacciones internacionales?

7.4.2 Ejercicio de gramática (concordancia temporal)

Ejemplos:

1) Me **doy** cuenta de que **llueve**/que **ha llovido**
2) Me **di** cuenta de que **llovía**/que **había llovido**

3) **Dice** que **viene/vendrá**
4) **Dijo** que **venía/vendría**

5) **No creo** que **vengas**/que **hayas venido**
6) **No creía** que **vinieras**/que **hubieras venido**

Traduzca las frases siguientes al español:

1) Wir bitten Sie, uns die Waren sofort zuzusenden.
2) In unserem Schreiben haben wir Sie gebeten, uns die Waren vor Ende der nächsten Woche zu schicken.
3) Wir glauben nicht, dass Ihnen für diesen Betrag eine Gutschrift gewährt werden kann.
4) Er glaubte nicht, dass die Angelegenheit des Kunden erledigt worden war.
5) Der Lieferant stellt fest, dass die Anfrage des Kunden nicht bearbeitet werden kann.
6) Wir haben gestern festgestellt, dass die Rechnung noch nicht bezahlt worden ist.
7) Der Chef sagt, dass wir heute keine Überstunden machen müssen.
8) Der Chef sagte, dass im nächsten Monat kein Angestellter Urlaub nehmen könne, da sehr viel zu tun sei.

7.4.3 Ejercicio de selección de vocabulario

El texto siguiente contiene 20 espacios en blanco. Complete las frases con una palabra de la lista. Tenga en cuenta que dicho listado contiene 23 vocablos, de los cuales 3 no encajan en el sentido del texto.

artículos *banca* *cambio* *cantidad* *pagadera* *características*
convertible *cuya* *firma* *monetaria* *pagar* *tercero* *ejecutiva*
fecha *lugar* *otra* *ubicación*
diferencia *importe* *mismo* *partir* *caso* *persona*

La letra de cambio

La Ley 19/1985, de 16 de julio, cambiaria y del cheque, publicada en el Boletín Oficial del Estado N° 172, de 19 de julio, establece en su capítulo primero, ____________ 1 a 13, las ____________ de la emisión y de la forma de la letra de cambio.

En el texto original de la Ley todavía se habla de "pesetas". La legislación posterior establece ya que la mención en otros preceptos a la unidad ____________ "peseta" se entenderá referida a la moneda europea "euro" a ____________ de su puesta en circulación.

Reproducimos a continuación algunos artículos:

"**Artículo 1°**. La letra de ____________ deberá contener:

1. La denominación de letra de cambio inserta en el ____________ título, expresada en el idioma empleado para su redacción.
2. El mandato puro y simple de ____________ una suma determinada en pesetas o moneda extranjera ____________ admitida a cotización oficial.
3. El nombre de la ____________ que ha de pagar, denominada librado.
4. La indicación del vencimiento.
5. El ____________ en que se ha de efectuar el pago.
6. El nombre de la persona a quien se ha de hacer el pago o a ____________ orden se ha de efectuar.
7. La ____________ y el lugar en que la letra se libra.
8. La ____________ del que emite la letra, denominado librador."

"**Artículo 5°**. La letra de cambio podrá ser ____________ en el domicilio de un ____________, sea en la localidad en que el librado tiene su domicilio, sea en ____________ localidad.

En este ____________ , el pago se reclamará del tercero, salvo que se exprese que pagará el propio librado."

"**Artículo 7°**. Cuando en una letra de cambio figure escrito el ____________ de la misma en letra y en números, será válida la cantidad escrita en letra, en caso de ____________.

La letra de cambio cuyo importe esté escrito varias veces por suma diferente, ya sea en letra, ya sea en números, será válida por la ____________ menor."

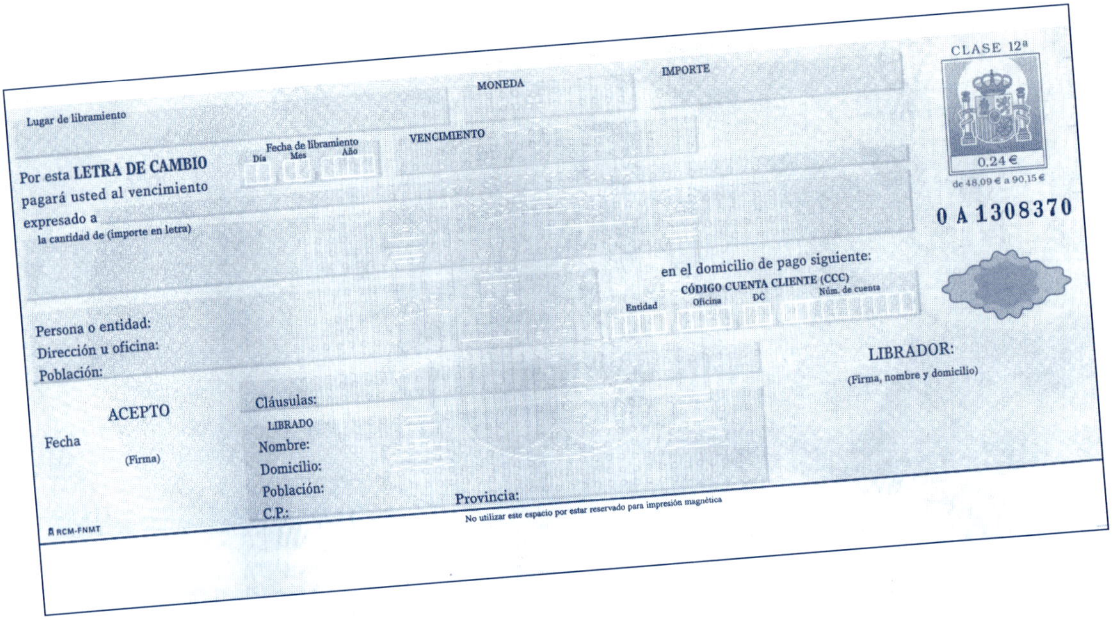

Lugar de libramiento | MONEDA | IMPORTE | CLASE 12ª

Fecha de libramiento: Día, Mes, Año | VENCIMIENTO

Por esta **LETRA DE CAMBIO** pagará usted al vencimiento expresado a

la cantidad de (importe en letra)

0,24 € de 48,09 € a 90,15 €

0 A 1308370

en el domicilio de pago siguiente:
CÓDIGO CUENTA CLIENTE (CCC)
Entidad | Oficina | DC | Núm. de cuenta

Persona o entidad:
Dirección u oficina:
Población:

LIBRADOR:
(Firma, nombre y domicilio)

ACEPTO
Fecha
(Firma)

Cláusulas:
LIBRADO
Nombre:
Domicilio:
Población:
C.P.:
Provincia:

RCM-FNMT

No utilizar este espacio por estar reservado para impresión magnética

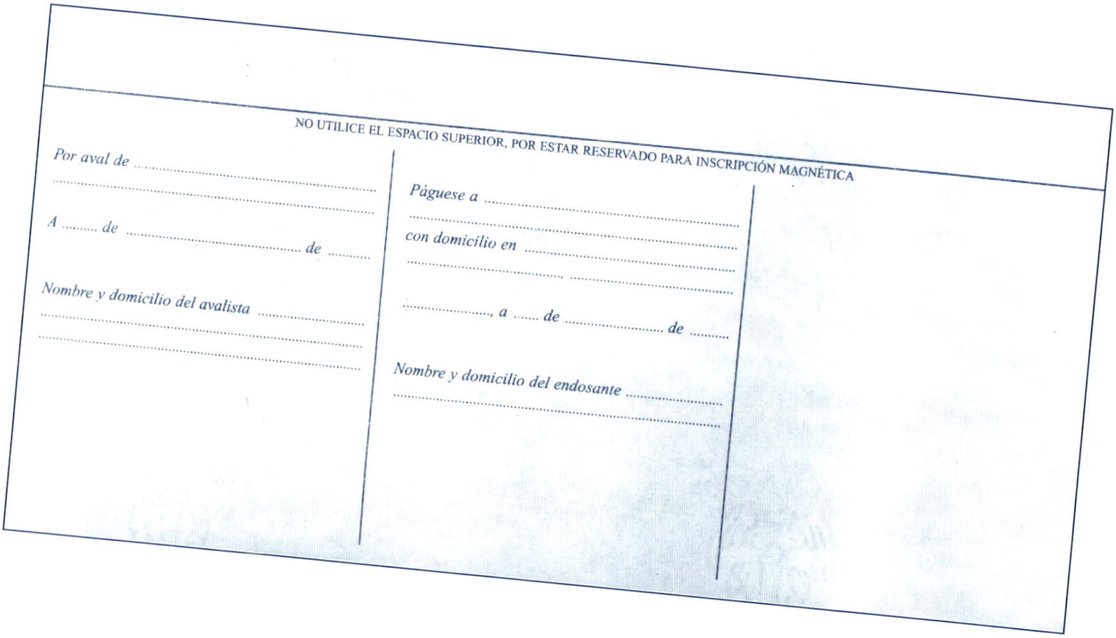

NO UTILICE EL ESPACIO SUPERIOR, POR ESTAR RESERVADO PARA INSCRIPCIÓN MAGNÉTICA

Por aval de ....
....

A .... *de* .... *de* ....

Nombre y domicilio del avalista ....
....
....

Páguese a ....
....

con domicilio en ....
....

.........................., *a* .... *de* .... *de* ....

Nombre y domicilio del endosante ....
....

7.4.4 Traduzca el texto de 7.4.3 al alemán.

7.4.5 Escriba un memorándum.

Situation:

Sie arbeiten in der Brennerei und Likörfabrik Dittmann & Bachmeier GmbH. Ihr Chef, Herr Schauerte, ist mehrere Tage in einer wichtigen Angelegenheit unterwegs.

Aufgabe:

Fassen Sie für ihn und für die Buchhaltung das unter 7.2.5 erhaltene Schreiben der Licores Barragán S.L. in Deutsch kurz zusammen.

Weisen Sie besonders darauf hin, dass ohne die Ausstellung einer neuen Rechnung keine Bezahlung erfolgen wird.

7.4.6 Escriba una carta, un fax o un correo electrónico a partir de los detalles siguientes:

7.4.6.1 Geschäftsfall 1

Situation:

Ihr Unternehmen, die Klang & Stimme GmbH, Möllentordamm 43, 13597 Berlin, Tel.Nr.: +49 30 4509 87126, Fax-Nr. +49 30 4509 87214, E-Mail-Adresse: klangstimme@berlin.de, hat von der Castro & Hijos, Ponsich, 59, 08820 Prat de Llobregat (Barcelona), Tel.Nr. +34 93 789012, Fax-Nr. +34 93 789013, E-Mail-Adresse: castro-hijos@llobregat.es, 3.000 CDs erhalten, die pünktlich am Ende des letzten Monats geliefert wurden.

Aufgabe:

Schreiben Sie an Castro & Hijos z.Hd. von Herrn Castro jr. eine Mitteilung unter Berücksichtigung folgender Punkte:

- Bezug auf Ihren Auftrag KJS 324/20...
- Sendung ist eingetroffen.
- Sie sind mit den CDs sehr zufrieden, Klang und Qualität sind hervorragend.
- Rechnungsbetrag in Höhe von 4.750,00 € wurde heute auf das Konto der Firma beim Banco Espírito Santo in Llobregat überwiesen.
- Sie sind sicher, dass sich die CDs gut verkaufen werden.
- Da Sie bald eine Nachbestellung planen, fragen Sie an, ob in diesem Fall ein Mengenrabatt und Zahlungsziel gewährt werden.

7.4.6.2 Geschäftsfall 2

Situation:

Die Firma Lübkemann & Schrater GmbH, Normenweg 11, 22145 Hamburg, Tel.: +49 40 23098510, Fax-Nr.: +49 40 23098515, E-Mail-Adresse: luebkemann.schrater@abit.de, hat von der argentinischen Gesellschaft Comercial Argentina S.A., Av. del Perú, 240, 1043 Buenos Aires, Tel.Nr.: +54 1 27098743, Fax-Nr.: +54 1 27098722, E-Mail-Adresse: comercial.argentina@sudamerica.ar, mit der sie regelmäßigen Geschäftsverkehr und daher ein vierteljährliches Zahlungsziel vereinbart hat, einen Kontoauszug für das 3. Quartal des laufenden Jahres erhalten. Dieser Auszug stimmt nicht mit ihrer Buchhaltung überein.

Aufgabe:

Verfassen Sie eine schriftliche Nachricht unter Berücksichtigung folgender Punkte:

- Richten Sie Ihr Schreiben an Sr. Manzanares, der Ihre Kontoauszüge bearbeitet.
- Beziehen Sie sich auf den Auszug Nr. 490213/gpa vom 3. Quartal.
- Bevor Sie auf dem üblichen Weg das Geld überweisen, bitten Sie um folgende Korrekturen:

a) Es fehlt die Gutschrift Nr. 24 vom 20. August in Höhe von 240,50 US$, die Ihnen für eine fehlende Position vergütet werden sollte.

b) Bei Position 24 (Lieferung von Maschinenteilen) wurde vergessen, den Mengenrabatt von 5 % abzuziehen. Der Betrag belief sich auf 36,50 US$.

- Die fehlende Gesamtgutschrift beläuft sich auf 277,00 US$.
- Sie sind einverstanden, wenn diese Gutschrift mit dem Kontoauszug für das 4. Quartal verrechnet wird.
- Sie bitten um kurze schriftliche Bestätigung.

7.4.7 Conversación telefónica

Situation:

Sie arbeiten in Wuppertal. Sie haben kürzlich eine Überweisung von dem spanischen Kunden García Hermanos S.L. in Valladolid in Begleichung Ihrer Rechnung Nr. 4098 214 erhalten. Sie haben festgestellt, dass der Kunde laut Kaufvertrag noch die Transportkosten von 160,00 € und die Bankgebühren von 15,00 € bezahlen muss.

Aufgabe:

Ihr Chef bittet Sie, die Buchhaltung der García Hermanos S.L. anzurufen und entsprechend zu informieren. Fertigen Sie von diesem Gespräch eine Aktennotiz an, damit die Sache für die Unterlagen festgehalten wird.

Problemática en la entrega 8

8.1 Nociones básicas

	Situación normal cumplimiento	**Situación problemática** incumplimiento
a) por el tiempo:	entrega puntual	entrega retrasada
b) por la integridad:	entrega total o completa	entrega parcial o incompleta
c) por el estado:	entrega limpia o correcta	entrega defectuosa o viciada

La entrega es una de las obligaciones básicas del vendedor en el contrato de compraventa. El retraso en la entrega o la no prestación de ésta constituyen el incumplimiento del contrato de compraventa por parte del vendedor, salvo en los casos de fuerza mayor.
Si no se han dado estas circunstancias excepcionales, el comprador tendrá derecho a exigir del vendedor, en su caso mediante reclamación ante los tribunales, una **compensación** por los perjuicios derivados de ese **incumplimiento**. En algunas ocasiones, ya en la redacción del contrato ambas partes acuerdan el importe de esa **indemnización** para el caso de incumplimiento (**pena convencional).**

El incumplimiento por retraso en la entrega

No entregar las mercancías en el plazo previsto contractualmente equivale al incumplimiento total, de forma que el comprador puede pedir el cumplimiento o la resolución del contrato, con indemnización en ambos casos de los **daños** y **perjuicios** causados.
Si el vendedor incumple el plazo de la entrega y el comprador todavía está interesado en las mercancías, notificará al vendedor que el pedido se cancela si las mercancías no se entregan en un **cierto plazo** o en una **determinada fecha**.

El incumplimiento por entrega parcial

En el supuesto de que el vendedor se haya obligado a entregar una cantidad determinada en un plazo fijo y sólo entregue una parte, el comprador no está obligado a recibir esa parte, ni aun bajo promesa de que se le entregará el resto. Pero si el comprador acepta la entrega parcial, la venta queda consumada en cuanto a la mercancía percibida, aunque el comprador tiene derecho a pedir el cumplimiento o la **resolución** del contrato respecto de las mercancías pendientes de entrega.

Actuación del vendedor en caso de incumplimiento

La respuesta del vendedor frente al cliente en estos casos suele ser, lógicamente, la disculpa, acompañada de una explicación relativa a las causas del retraso o del parcial cumplimiento. En todo caso, si surgen dificultades para hacer la entrega, el vendedor debe informar al comprador inmediamente sin esperar a la **reclamación** del comprador.

Ante dichas dificultades, que pueden generar retrasos o entregas parciales, el vendedor puede realizar algunas **concesiones**, como la reducción del precio o alguna ventaja similar, para inducir al comprador a aceptar esta situación.

Mercancía no recibida
En algunas ocasiones el cliente indica no haber recibido la entrega de una mercancía que fue ya enviada, pero no ha llegado a su destino, por lo cual procede investigar dónde se encuentra. Dicha **investigación** puede aclarar si solamente se retrasó, se mandó a una dirección errónea o se perdió en tránsito. También puede ocurrir que haya llegado y el receptor de la mercancía no haya notificado al comprador la correcta entrega de la misma (**fallos administrativos**, **error informático** de almacenamiento, etc.).

8.2 Modelos de correspondencia

8.2.1 Retraso en la entrega de la mercancía

Correo electrónico

De: compras@neumáticos-general.es	**Para:** export@reifen.schneider.de
Asunto: Retraso en el servicio. Pedido n° 50210/20...	

Estimado señor Mann:

De acuerdo con la confirmación que nos remitieron sobre el pedido de referencia, la mercancía debería haber llegado esta mañana a nuestro almacén.

Rogamos nos informen urgentemente si ha surgido alguna incidencia. Necesitamos la mercancía de forma inmediata o de lo contrario sufriremos un grave perjuicio económico respecto a nuestros clientes.

Quedo a la espera de su pronta respuesta por esta vía.

Atentamente,
Ruiz Delgado
Departamento de Compras

8.2.2 Queja a un suministrador por repetidos retrasos en el servicio de la mercancía

Luminarias Cesaraugusta S.L.
Calle de los Angeles, 49 bajos, 50074 Zaragoza

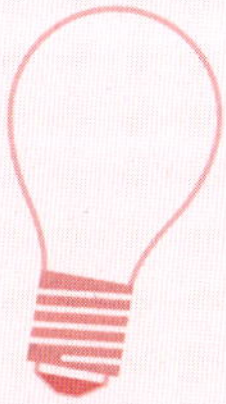

Beleuchtungssysteme Dinkelmeyer KG
Holzhauser Str. 24
32425 Minden, Westf
Alemania

Zaragoza, 25 de octubre de 20...

A la atención de Gerencia

Estimado Sr. Dinkelmeyer:

Mediante la presente nos dirigimos a su empresa para poner en su conocimiento que en los últimos siete meses se vienen produciendo reiterados casos de notable retraso del servicio a nuestros pedidos. Dicha actuación nos crea graves complicaciones en la relación con nuestros clientes, ya que nos impide atender puntualmente sus pedidos y planificar de forma ordenada los turnos de instalación de los sistemas eléctricos de iluminación que entrañan alguna complejidad.

En los 10 años que dura nuestra relación comercial, siempre habíamos recibido por parte de su empresa un servicio impecable, correspondido con una rigurosa puntualidad en nuestro régimen de pagos. Deseamos indicarle que no estamos dispuestos a seguir tolerando la irregularidad en las entregas como tónica general de nuestras compras, y le rogamos adopte las medidas oportunas para que el servicio recupere la normalidad acostumbrada.

Quedan pendientes de servicio dos pedidos girados a su empresa en el trimestre pasado, es decir, el pedido n° 189044A y el pedido n° 189057B. Si estos pedidos no nos llegan en la fecha confirmada, nos veríamos lamentablemente obligados a terminar nuestra relación comercial, aun considerando que sus productos gozan de gran aceptación en este mercado.

Le saluda muy atentamente,

Salomón Bielsa
Salomón Bielsa
Luminarias Cesaraugusta S.L.

8.2.3 Reclamación por entrega parcial (véanse las cartas 1.2.4, 2.2.4 y 3.2.4)

Textiles de Levante S.A.
Avenida de Roma 47
46021 Valencia
España

Gutenberger Nähmaschinen
GmbH & Co KG
z.Hd. Herrn Dipl.-Ing.
Hermann Unterberg
Verkaufsleiter
Postfach 45 93 70
70178 Stuttgart
Alemania

Valencia, 2 de marzo de 20...

Asunto: Nuestro pedido del 3 de noviembre de 20... y su confirmación del 15 de noviembre 20...

Estimado Sr. Unterberg:

Confirmamos la recepción del pedido de referencia, haciendo constar que la entrega no ha sido completa. Después de haber examinado atentamente la mercancía desembalada, no se encontró el juego de agujas para máquina cosedora (N° de ref. BD 17 AJ), que pensamos no se embaló con el resto del pedido.

Todo el resto ha sido recibido conforme. Rogamos nos remitan con la máxima urgencia (transporte aéreo) en los próximos 10 días un envío complementario con la mercancía restante, sin coste para nosotros. Sírvanse asimismo notificarnos la compañía de mensajería que se encargará de este envío.

Por nuestra parte, abonaremos en las condiciones convenidas el importe total del pedido.

Quedamos a la espera de su confirmación cuanto antes y les saludamos atentamente,

María Dolores del Campo
María Dolores del Campo
Directora de Producción

8.2.4 Proveedor se excusa por un incumplimiento parcial en respuesta a 8.2.3 (véase también 7.2.3)

FAX

An: Doña María Dolores del Campo
Directora de Producción

Von: Dipl.-Ing. Hermann Unterberg
Verkaufsleiter

Datum: Stuttgart, 8 de marzo de 20...

Anzahl der Seiten: 1

Betr.: Su reclamación del 2 de marzo de 20...

Estimada Sra. Del Campo:

Hemos investigado la expedición de la mercancía y verificado que el juego de agujas que Vds. reclaman efectivamente no se incluyó en el envío. Queremos presentarle por ello nuestras más sinceras excusas.

A fin de paliar en lo posible el perjuicio causado les remitimos hoy por mensajería urgente, vía aérea, sin costes, el suministro restante, que será expedido por la empresa LGA Kurierdienste, bajo el n° de referencia X9PQ 322. La fecha prevista de entrega es el día 5 de marzo antes de las 12 horas. Les rogamos nos confirmen la recepción de la mercancía.

Agradeciendo su notificación del pago, y en el deseo de mejorar nuestro servicio al cliente, le remitimos adjunto un vale de descuento por importe de 500,00 € para las sucesivas compras de maquinaria o accesorios que tengan a bien realizar a nuestra empresa.

Nos excusamos una vez más por este incidente y aprovechamos para transmitirles el testimonio de nuestra más distinguida consideración.

Muy atentamente,
H. Unterberg
H. Unterberg
Verkaufsleiter

8.3 Fraseología

8.3.1 Reclamaciones y quejas con referencia a retrasos y la ejecución imperfecta de la entrega

La mercancía pedida todavía no ha llegado.	Die bestellte Ware ist noch nicht angekommen.
Debemos llamar su atención sobre el hecho de que los artículos se encuentran en demora de entrega desde hace una semana.	Wir müssen Sie darauf aufmerksam machen, dass die Artikel seit einer Woche überfällig sind.
No nos podemos explicar el retraso en la entrega de nuestros artículos, ya que Vds. nos habían prometido un envío puntual.	Wir können uns die verspätete Lieferung unserer Artikel nicht erklären, zumal Sie uns eine pünktliche Zusendung zugesagt hatten.

8.3.2 Respuesta del vendedor y explicaciones sobre el retraso o la ejecución imperfecta de la entrega

Lamentamos el retraso en la entrega y haremos lo posible para que Vds. reciban las mercancías cuanto antes.	Wir bedauern die Verzögerung in der Lieferung und werden unser Möglichstes tun, damit Sie die Waren so bald wie möglich erhalten.
El retraso en la entrega se debió a un accidente de tráfico que tuvo lugar en la región de...	Die Verzögerung in der Lieferung ist auf einen Verkehrsunfall zurückzuführen, der sich in der ... Gegend ereignet hat.
La escasez de mano de obra en nuestra región/una huelga en nuestra fábrica/un error debido a... fue la razón de este lamentable retraso.	Die Knappheit an Arbeitskräften in unserer Gegend/ein Streik in unserer Fabrik/ein Fehler wegen ... war der Grund für diese bedauerliche Verzögerung.
Al recibir su carta del... hemos inmediatamente contactado con nuestra agencia de transporte, que nos aseguró que los artículos en demora les serán enviados dentro de... días.	Bei Erhalt Ihres Schreibens vom ... haben wir sofort mit unserer Spedition Kontakt aufgenommen, die uns versichert hat, dass die verspäteten Artikel Ihnen innerhalb von ... Tagen zugesandt werden.
Nuestro agente de transporte se vio incapaz de reservar el espacio en el buque necesario para este envío y tenemos que esperar hasta que el próximo barco zarpe con dirección a...	Unser Spediteur war nicht in der Lage, den für diese Lieferung notwendigen Schiffsraum zu buchen, und wir müssen warten, bis das nächste Schiff mit Kurs auf ... ausläuft.

Debido a un retraso en el envío de las materias primas requeridas para la fabricación de sus artículos, no podremos ejecutar su pedido a tiempo.	Auf Grund einer Verspätung in der Lieferung der Rohstoffe für die Herstellung Ihrer Artikel sind wir nicht in der Lage, Ihren Auftrag rechtzeitig auszuführen.
Un defecto en nuestra cadena de producción ha ocasionado una paralización de nuestra fabricación y estamos haciendo lo imposible para recuperar las horas de trabajo perdidas.	Ein Defekt unseres Produktionsfließbandes hat einen Stillstand in unserer Herstellung bewirkt und wir tun wirklich alles, um die verlorenen Arbeitsstunden aufzuholen.
Hemos revisado y verificado nuestro embalaje marítimo, pero no podemos encontrar ninguna deficiencia.	Wir haben unsere seemäßige Verpackung überprüft und erneut untersucht, aber wir können keine Unzulänglichkeit finden.

8.3.3 Advertencias del comprador en caso de que el problema no sea resuelto

Si Vds. no envían la mercancía dentro de... días, rescindiremos el contrato de compra.	Wenn Sie uns die Ware nicht innerhalb von ... Tagen schicken, werden wir vom Kaufvertrag zurücktreten.
Tenemos que requerir el envío inmediato de estos artículos; de lo contrario será éste el último pedido que les pasemos.	Wir müssen Sie um sofortige Zusendung dieser Artikel bitten, andernfalls ist dies der letzte Auftrag, den wir Ihnen erteilen.
Si la mercancía no nos llega antes del día..., la encargaremos a uno de sus competidores.	Wenn wir die Ware nicht bis zum ... erhalten, werden wir sie von einem Ihrer Konkurrenten anfordern.
Llamamos la atención sobre el hecho de que si la mercancía no está en nuestras manos antes del..., les cargaremos todos los gastos que este retraso nos ocasione.	Wir machen Sie auf die Tatsache aufmerksam, dass, falls die Ware nicht bis zum ... in unserem Besitz ist, wir Ihnen alle Kosten, die diese Verzögerung uns verursacht, in Rechnung stellen werden.
Les hacemos responsables de todos los daños y perjuicios que este retraso nos provoque.	Wir machen Sie für alle Schäden und und den entgangenen Gewinn verantwortlich, den diese Verzögerung hervorruft.

8.4 Ejercicios

8.4.1 Cuestiones sobre el tema

a. ¿Qué ocurre si la entrega se retrasa o no se presta de forma completa o parcial?
b. ¿Qué derecho tiene el comprador en estos casos?
c. ¿Qué se entiende por una pena convencional?
d. ¿Qué hace el comprador si, a pesar del incumplimiento del plazo por parte del vendedor, todavía está interesado en las mercancías?
e. ¿Cómo se comportará el vendedor en caso de incumplimiento?
f. ¿Qué se puede hacer en el caso de que la mercancía no haya sido recibida por el cliente, pero fue enviada por el suministrador?

8.4.2 Traduzca el siguiente texto al español.

Lösung von Konflikten im Falle der Nichterfüllung eines Vertrages

Die Konflikte, die sich bei der Auslegung oder Ausführung von internationalen Verträgen ergeben können, werfen das Problem der Auswahl des zuständigen Gerichtes auf, dem man die Verträge ausdrücklich unterwerfen sollte.

Man muss zunächst feststellen, dass es keine internationale Gerichtsbarkeit privaten Rechts gibt. Wenn ein Rechtsstreit zwischen zwei Geschäftspartnern unterschiedlicher Nationalität erfolgt, wird dieser in der Regel vor dem Gericht ausgefochten, das vertraglich als Gerichtsstand festgelegt wurde, sei es im Land des Lieferanten, sei es im Land des Käufers.

Eine andere Maßnahme zur Vermeidung künftiger Rechtsstreitigkeiten in Handelssachen kann die vertragliche Festlegung einer außergerichtlichen Stelle sein, die darauf spezialisiert ist, solche Handelskonflikte zu lösen, wie zum Beispiel das Internationale Schiedsgericht der Internationalen Handelskammer in Paris. usw.

8.4.3 Ejercicio de sustitución sobre respuesta múltiple

El texto siguiente sirve de introducción al tema "Obligaciones del comprador y del vendedor en la venta internacional". Contiene 30 espacios en blanco.
1) Complete las frases con la palabra adecuada.
2) Traduzca este texto oralmente para aprender el vocabulario comercial referente al tema.

La compraventa internacional

El contenido _(1)_ contrato puede estructurarse diferenciando las distintas obligaciones de _(2)_ partes.

Las principales obligaciones del vendedor _(3)_ :

- Transmitir la propiedad de la cosa _(4)_ .
- Entregar la cosa vendida _(5)_ los términos pactados.
- Conservar y custodiar la cosa _(6)_ se ha obligado a entregar, _(7)_ responsable de los riesgos de la cosa _(8)_ el momento de su entrega.
- Entregar _(9)_ comprador los títulos de propiedad de la cosa.
- Prestar garantía o saneamiento en _(10)_ de evicción (saneamiento por evicción = Gewährleistung für Sachmängel).

Las principales obligaciones _(11)_ comprador son:

- Pagar el precio en el lugar _(12)_ el tiempo pactado.
- Prestar _(13)_ garantías pactadas en caso de precio aplazado.
- Recibir la cosa _(14)_ .
- Pagar intereses pactados en caso de precio aplazado.
- Abonar los gastos de transporte, _(15)_ pacto _(16)_ contrario.

1) ❑ al ❑ sin ❑ del

2) ❑ los ❑ las ❑ unas

3) ❑ son ❑ están ❑ constan

4) ❑ vendida ❑ prestada ❑ cedida

5) ❑ de ❑ en ❑ para

6) ❑ sin ❑ con ❑ que

7) ❑ estando ❑ viendo ❑ siendo

8) ❑ hasta ❑ hacia ❑ aunque

9) ❑ le ❑ al ❑ la

10) ❑ lugar ❑ caso ❑ cuanto

11) ❑ del ❑ para ❑ de

12) ❑ o ❑ con ❑ y

13) ❑ estas ❑ las ❑ unas

14) ❑ compre ❑ compró ❑ comprada

15) ❑ menos ❑ salvo ❑ además

16) ❑ en ❑ con ❑ por

El régimen de transmisión de _(17)_ riesgos _(18)_ :

En la compraventa de _(19)_ determinada, el riesgo es del vendedor hasta _(20)_ se pone la cosa _(21)_ disposición del comprador. _(22)_ la compraventa de cosa genérica, el riesgo _(23)_ transmite _(24)_ comprador a partir del _(25)_ en que la cosa vendida _(26)_ cierta o determinada con marcas o señales que la _(27)_.

En _(28)_ caso, el régimen de transmisión del riesgo puede modificarse _(29)_ acuerdo de las partes, _(30)_ por ejemplo utilizando los incoterms.

17) ❑ los ❑ ellos ❑ unos

18) ❑ será ❑ estaría ❑ viene

19) ❑ artículo ❑ mesa ❑ cosa

20) ❑ si ❑ que ❑ no

21) ❑ por ❑ a ❑ con

22) ❑ según ❑ del ❑ en

23) ❑ le ❑ nos ❑ se

24) ❑ por el ❑ al ❑ con el

25) ❑ punto ❑ tiempo ❑ momento

26) ❑ fuera ❑ está ❑ viniera

27) ❑ visualicen ❑ identifiquen ❑ concreten

28) ❑ ningún ❑ poco ❑ todo

29) ❑ contra ❑ sobre ❑ por

30) ❑ como ❑ delante ❑ mediante

8.4.4 Escriba un memorándum.

Situation:

Sie arbeiten bei der Firma Beleuchtungssysteme Dinkelmeyer KG in Minden, Westf. Ende Oktober erhält Ihre Firma den Brief unter 8.2.2 von der spanischen Gesellschaft Cesaraugusta S.L., mit der Sie gute Geschäftskontakte unterhalten. Ihr Chef, Herr Dinkelmeyer, ist beunruhigt über den Tenor dieses Briefes.

Aufgabe:

Fassen Sie für Ihren Chef den Brief in deutscher Sprache so zusammen, dass Ton und Inhalt desselben zum Ausdruck kommen und Ihr Chef genau weiß, was der Kunde ausdrücken will.

8.4.5 Escriba una carta, un fax o un correo electrónico a partir de los detalles siguientes:

8.4.5.1 Geschäftsfall 1 (continuación del ejercicio 8.4.4)

Situation:

Sie haben unter 8.4.4 die Aktennotiz für Herrn Dinkelmeyer verfasst.

Aufgabe:

Ihr Chef bittet Sie, den entsprechenden Antwortbrief an Luminarias Cesaraugusta S.L. (Adresse siehe 8.2.2) zu Händen von Herrn Bielsa zu schreiben. Berücksichtigen Sie dabei die folgenden Punkte:

- Bestätigen Sie den Erhalt des Schreibens.
- Drücken Sie Ihr außerordentliches Bedauern über die in den letzten 7 Monaten aufgetretenen Verzögerungen in der Lieferung aus.
- Grund: Wiederholter Ausfall einer ihrer wichtigsten Produktionsmaschinen
- Erhebliche Schwierigkeiten bei der Reparatur durch schlechten Wartungsservice seitens Ihres Maschinenlieferanten (jetzt Probleme gelöst).
- Trotz dieser Schwierigkeiten wurden Lieferfristen nur um wenige Tage überschritten (Überstunden, Sonntagsarbeit).
- Sichere Zusage, dass die noch offen stehenden Aufträge (Nrn. siehe Brief 8.2.2!) pünktlich ausgeführt werden.
- Zusicherung, dass alle künftigen Aufträge pünktlich ausgeführt werden.
- Nochmalige Entschuldigung.

8.4.5.2 Geschäftsfall 2

Situation:

Die venezolanische Gesellschaft Telefónica de Venezuela S.A., Torre Financiera, Avenida Urdaneta, Esquina de Carmelitas, Caracas 1010, Venezuela, Fax-Nr.+582 709 24130, E-Mail-Adresse: telefonica.sa@org.ve, hatte bei der deutschen Firma Globaltechnik AG, Schwanallee 43, 45037 Marburg, Fax-Nr.: +49 6421 398750, E-Mail-Adresse: globaltechnik@online.de, eine Maschine vom Typ 985 PH im Wert von 350.500,00 US$ bestellt. Lieferzeit: Ende April 20...

Aufgabe:

Schreiben Sie als Exportsachbearbeiter(in) an die venezolanische Gesellschaft und teilen Sie ihr Folgendes mit:

- Die Maschine ist versandbereit und sollte am 24. März mit der MS „Cristóbal Colón" in Hamburg verladen werden.
- Ihr Spediteur, die Fa. See- und Luftfracht GmbH, Gießen, informiert Sie heute, dass aus stautechnischen Gründen (por razones técnicas de carga) die Maschine wieder entladen werden musste.
- Das nächste Schiff, die MS „Santa Maria", wird voraussichtlich erst Anfang April aus Hamburg in Richtung Venezuela auslaufen.
- Ankunftszeit daher nicht vor Mitte Mai, da die Reise durch verschiedene Anlegestopps (atraques) mit Sicherheit nicht unter 6 Wochen dauern wird.
- Bitten Sie den Kunden um Verständnis, da Sie auf diese Verspätung leider keinen Einfluss nehmen konnten.

8.4.6 Conversación telefónica

Situation:

Sie sind Karin Kramer und arbeiten bei der Bürosysteme Schneider GmbH in Bielefeld und hatten vor ca. 3 Wochen die Firma Multicines S.A. in Torreblanca mit 500 Kinostühlen (asientos de cine) beliefert. Gestern haben Sie einen Anruf von Herrn Gutiérrez erhalten, der Ihnen sehr ungehalten mitgeteilt hat, dass die Reihen nicht der vorgeschriebenen Raumplanung entsprechen. Er will bis spätestens heute wissen, wie die falsch gelieferten Sitze schnellstens nachgeliefert werden. Ihr Chef, der kein Spanisch beherrscht, bittet Sie, Herrn Gutiérrez anzurufen.

Aufgabe:

Führen Sie dieses Gespräch unter der Rolle A:

- Verlangen Sie nach Herrn Gutiérrez.
- Entschuldigen Sie sich für die unzureichende Lieferung.
- Klären Sie genau ab, was in der Lieferung fehlt.
- Fragen Sie nach der Eröffnung des Kinos.
- Nach Rücksprache mit der Produktionsabteilung können Sie eine Nachlieferung der jeweils 2 Sitze pro Reihe im rechten Flügel (a la derecha) in einer Woche zusagen.
- Sie werden per Fax bestätigen, ob in 6 Tagen geliefert werden kann.
- Selbstverständlich übernehmen Sie alle Kosten für Transport und Lieferung.

Suchen Sie einen Gesprächspartner für Rolle B, Herrn Gutiérrez:

- Drücken Sie Ihren Unmut über die unzureichende Lieferung aus.
- Dadurch könnte die rechtzeitige Eröffnung des Kinos gefährdet werden.
- Der Kinosaal hat 23 Sitzreihen (filas de asientos) mit einem Mittelteil (cuerpo central) und 2 Flügeln (alas). Die zentralen Sitze und der linke Flügel sind richtig geliefert und bereits installiert worden. Im rechten Flügel fehlen jedoch 2 Sitze pro Reihe.
- Die Eröffnung (inauguración) ist in 10 Tagen geplant.
- Wann können die fehlenden Sitze spätestens geliefert werden?
- 7 Tage ist zu knapp. Sie müssen auf 6 Tagen bestehen, da die Sitze noch installiert werden müssen und der Teppichboden (moqueta) auch noch zu verlegen ist.
- Falls nicht in 6 Tagen geliefert wird, werden Sie alle Überstunden (horas extraordinarias) und Nachtarbeit der deutschen Firma in Rechnung stellen.
- Alle Kosten für Transport und Lieferung sind ebenfalls von der deutschen Firma zu tragen.
- Verlangen Sie die schriftliche Bestätigung aller Punkte per Fax.

Zur Selbstkontrolle hören Sie dann auf der CD die vorgeschlagene Lösung.

8.4.7 Aktennotiz über das Telefongespräch 8.4.6

Fertigen Sie in deutscher Sprache zur Kontrolle für die Akten einen kurzen Vermerk über das obige Telefongespräch an.

9 Reclamaciones y su atención

9.1 Nociones básicas

Reclamaciones relativas a mercancías entregadas o servicios prestados

Una vez realizada la entrega, cuando el comprador no está conforme con la mercancía entregada o el servicio prestado, procede formular la correspondiente reclamación al vendedor. Las **reclamaciones** pueden referirse a la **identidad**, la **cantidad** o la **calidad** del suministro recibido; en definitiva, el producto o servicio puede no coincidir con la descripción del pedido, o ser de distinta calidad, o también diferir en cuanto a la cantidad suministrada. Obviamente, la mercancía puede también presentar daños que afecten a la integridad del pedido requerido.

Tipo de reclamaciones sobre la mercancía entregada o el servicio prestado

a) por razón de identidad	No coincide con el pedido Diferente mercancía Servicio distinto al solicitado
b) por razón de cantidad	La mercancía entregada o el servicio prestado no corresponden con el volumen pedido.
c) por razón de calidad	La mercancía o el servicio son de inferior calidad a la solicitada.
d) por razón de integridad	La mercancía viene dañada. El servicio ha sido prestado de forma imperfecta.

Cuando alguna de estas circunstancias se produce por un error del vendedor en el tipo o la calidad de la mercancía, el comprador tendrá derecho a **rescindir el contrato**, poniendo los suministros a disposición del vendedor, y si ha realizado algún pago anticipado, también tendrá derecho a reclamarlo. También puede ocurrir que el comprador en este caso siga teniendo interés en la mercancía o servicio objeto del pedido y podrá exigir la **sustitución** o **reposición** de la mercancía dañada. Tratándose de deficiencias menores, esa sustitución puede cambiarse por reducción proporcional en el precio inicialmente acordado. En todo caso debe ser siempre subsanado el perjuicio sufrido por el comprador al recibir la mercancía dañada o la prestación inadecuada del servicio.

La práctica comercial ordinaria en el ámbito de los productos técnicos suele establecer que el fabricante concede al cliente una **garantía de suministro** y **funcionamiento** durante un período fijo, que viene plasmada en un documento que se entrega con la mercancía. En los términos de esa garantía, el fabricante se compromete a **reparar** o **reemplazar** el producto que no haya sido entregado correctamente o que tras su entrega presente alguna deficiencia en su apariencia o su funcionamiento.

Respuestas a reclamaciones por parte del proveedor
a) Aceptación de la reclamación
b) Propuesta de compromiso (aceptación parcial)
c) Negativa a la reclamación

Constituye un interés básico de todo aquel que pone en el mercado un producto o un servicio conseguir la plena satisfacción del cliente. Por eso es de la mayor importancia atender adecuadamente las reclamaciones justificadas que reciba en el desenvolvimiento de su negocio. La primera tarea consistirá en **investigar el origen** de la reclamación y verificar si está fundada. Según el resultado de esa indagación, el vendedor **rechazará** o **aceptará** la reclamación, o bien intentará encontrar una **solución satisfactoria** para ambas partes. Pero siempre deberá informar puntualmente al cliente, tomando una postura clara sobre la reclamación.

Si el vendedor constata que la reclamación está justificada, deberá **reconocerlo**, ofrecer sus excusas y sobre todo aportar una solución rápida y beneficiosa para el cliente. Si el vendedor considera que no está justificada, podrá rechazar la reclamación, aunque tratándose de un cliente importante que considera de buena fe que la reclamación tiene sustancia, parece recomendable buscar un **compromiso** no perjudicial para ninguna de las partes.

Cuando la mercancía ha sido correctamente embalada y empaquetada, el daño o pérdida durante su tránsito se producen sólo en circunstancias muy excepcionales. En este caso, los interlocutores serán la **compañía de transporte** y la **sociedad de seguros** que puedan haber intervenido.

En casos de discrepancia entre el vendedor y el comprador sobre la calidad de la mercancía recibida o del servicio prestado, debe sustanciarse el asunto en los **tribunales** o en una **corte de arbitraje** (según la instancia que se haya previsto en el contrato de compraventa) donde a efectos probatorios el **dictamen** de un **perito neutral** determinará quién de ellos tiene razón.

9.2 Modelos de correspondencia

9.2.1 Reclamación relativa a la identidad de la mercancía

Correo electrónico

De: t.fernandez@polisport.es **Para:** h.mueller@sportbekleidung-hansen.de
Asunto: Reclamación: pedido n° 4976/20...

Estimado Sr. Mueller:

Deseo confirmarle la recepción del pedido de referencia. Sin embargo, debo informarle de que, al desembalar la mercancía, hemos podido comprobar que no se trataba de los chándals que habíamos pedido. Al consultar el catálogo hemos constatado que nos han servido 50 cajas de las camisetas que aparecen con referencia n° 672, cuando nuestro pedido se refería al n° 678. Entendemos que se trata de un error de su departamento de expedición y le rogamos una rápida subsanación del fallo en el envío.

Las cajas suministradas están en nuestro almacén a su disposición, pero no pueden permanecer allí de forma indefinida.

Quedo a la espera de sus prontas noticias.
Teodoro Fernández de Guzmán

9.2.2 Reclamación sobre la calidad del servicio prestado

FAX

A: EDV Consulting GmbH
Atención: Dipl.Ing. Ingmar Sträther

N° de fax: +49 711 89 63 40 **Nº págs.:** 1

De: Carpintería Metálica y Laminados S.L. **Fecha:** 19 de julio de 20...

N° de fax: +34 976 44 22 18

Asunto: Programa B 68 de gestión empresarial integrada

Estimado Sr. Sträther:

Después de varios días de rodaje con el nuevo programa, que estamos utilizando de acuerdo con el curso para usuarios que nos impartió el Sr. Wasmeyer de su empresa, estamos teniendo enormes dificultades de gestión en algunos departamentos de nuestra firma.

El programa no registra de forma automática los pedidos que se atienden, así que resulta muy difícil controlar las existencias de almacén. Por otro lado, el cálculo de las nóminas no está adaptado a la legislación española, por lo que las retenciones a los trabajadores son superiores a lo requerido y no hemos podido emitirlas de forma electrónica. Por último, la conexión vía Internet con nuestros clientes para el trámite de pagos por banca electrónica no cumple los requisitos de seguridad que exige el banco con el que trabajamos desde hace 52 años.

Por estos motivos, nos vemos obligados a solicitar la presencia de un experto de su empresa que subsane los fallos registrados en el programa e instruya a nuestro personal en su funcionamiento, tal y como prevé el contrato que firmamos hace 9 meses.

Teniendo en cuenta que las unidades afectadas son vitales para la marcha diaria de nuestra empresa, le ruego nos dé una contestación rápida y satisfactoria a este requerimiento.

Muy atentamente,
María del Carmen Rocasol Fabregat
María del Carmen Rocasol Fabregat
Gerente

9.2.3 Reclamación relativa a la cantidad de la mercancía

Marcos Echevarría & Cia.
Pedro Ávila Camacho, 162
11560 México, D.F.

Gabler & König AG
A la atención del Sr. Klötzer
Königsallee 420
40189 Düsseldorf
Alemania

Mexico, D.F., 8 de enero de 20...

Asunto: Nuestro pedido N° 908VB del 30.11.20...
Reclamación

Estimado Sr. Klötzer:

Deseamos confirmar la recepción de la partida solicitada de material de laboratorio de alta precisión que nos ha sido remitida por su empresa.

El volumen que habíamos solicitado, y que nos fue confirmado en su fax de 7.12.20... no ha arribado de forma íntegra, y de las 50 cajas previstas sólo hemos recibido 48. Les rogamos verifiquen la expedición del pedido y nos indiquen la forma de proceder a la reposición de las 2 cajas restantes.

Pongo en su conocimiento que la mercancía iba destinada a un instituto toxicológico para el inicio de una serie masiva de ensayos clínicos de vacunación, por lo que nos urge mucho obtener una respuesta rápida a esta reclamación.

En espera de sus noticias que solicitamos a la mayor brevedad posible, le saluda muy atentamente

Lic. Alejandro Almendrado y Gallastegui
Lic. Alejandro Almendrado y Gallastegui
Director de Suministros

9.2.4 Respuesta positiva a la reclamación sobre identidad de la mercancía según 9.2.1

E-Mail

Von: h.mueller@sportbekleidung-hansen.de | **An:** t.fernandez@polisport.es

Betreff: Su reclamación sobre el pedido n° 4976/20...

Estimado Sr. Fernández:

Habiendo revisado con urgencia el trámite del pedido de referencia, hemos verificado que su reclamación está plenamente justificada, pues en nuestro departamento de expedición se produjo un error entre dos pedidos destinados a Alemania. Con la máxima prontitud, saliendo hoy mismo, recibirán las mercancías correspondientes a su pedido, previsiblemente en el plazo de 24 horas.

Quiero rogarles que pongan la mercancía servida por error a disposición del transportista, quien la retirará de su almacén.

Lamentamos haberle causado inconvenientes por este error, que esperamos poder subsanar con la máxima rapidez. Como compensación a las molestias ocasionadas, les aplicaremos, sobre todos los descuentos anteriores, una prima adicional del 5%.

Quedo a la espera de sus noticias, en la confianza de haber podido solucionar esta situación.

Muy atentamente,
Heinrich Müller
Exportleiter

9.2.5 Respuesta a la reclamación sobre la calidad del servicio prestado con propuesta de compromiso (véase 9.2.2)

An: Carpintería Metálica y Laminados S.L.
Atención: Sra. Gerente Carmen Rocasol

Fax-Nr.: +34 976 44 22 18

Betreff: Su reclamación de 19 de julio de 20...
Programa B 68 de gestión empresarial integrada

FAX

EDV Consulting GmbH
Fax: +49 711 89 63 40

Datum: 21 de julio de 20...

Estimada Sra. Rocasol:

Acusamos recibo de su fax sobre nuestros servicios, que hemos estudiado en profundidad.

Deseo indicarle, en primer término, que constituye objetivo principal de nuestra empresa, dedicada a la asesoría informática integral, conseguir que los sistemas desarrollados e instalados lo sean a la más completa satisfacción de nuestros clientes. Por este motivo, nuestro equipo técnico tuvo ayer, bajo mi dirección, una amplia conversación con el Sr. Wasmeyer, que instaló el sistema en su empresa e impartió el curso de iniciación a sus colaboradores.

Hemos analizado la programación, y llegamos a la conclusión, en cuanto al primer punto de su queja, de que los pedidos se registran siempre de forma automatizada. Si esto no sucede, debe tratarse de algún error de alimentación de datos por parte de sus colaboradores.

En cuanto al cálculo de las nóminas, hemos verificado la tasa de retención de los trabajadores y comprobado que, efectivamente, se corresponde con los descuentos previstos en la legislación laboral alemana, por lo que procederá su adaptación a la normativa española, que asumimos sin dilación.

En cuanto a la conexión por Internet para pago electrónico, nos hemos puesto en contacto con la sucursal alemana de su banco, cuyo técnico nos ha precisado todos los requisitos de seguridad que vienen utilizando para el tráfico de pagos e ingresos. Se trata de una muy simple codificación, que se añadiría al programa, y que les acoplaremos sin coste.

Nuestra propuesta consistiría en mandar la semana próxima al Sr. Wasmeyer a su empresa, quien instalaría de nuevo el sistema con las deducciones del derecho laboral español y prepararía el servidor informático para los pagos electrónicos según requiere su entidad bancaria. Estaríamos dispuestos a volver a impartir un curso para los usuarios del sistema en el apartado del registro de pedidos, hasta conseguir el más idóneo funcionamiento del sistema. Nos parece razonable sugerir que Vds. asuman únicamente los gastos de alojamiento del Sr. Wasmeyer, cubriendo nosotros el resto de los gastos.

Le ruego nos indique si esta propuesta obtiene su conformidad y, en su caso, a partir de qué fecha podríamos fijar la instalación y los cursos para usuarios.

Aguardo su respuesta y le saludo muy atentamente,

Ingmar Sträther
Dipl.Ing. Ingmar Sträther
Projektleiter

9.2.6 Respuesta negativa a la reclamación sobre cantidad de la mercancía (véase 9.2.3)

Gabler & König AG
Königsallee 420
40189 Düsseldorf

Marcos Echevarría & Cia.
A la atención del Lic. Alejandro
Almendrado y Gallastegui
Pedro Avila Camacho, 162
11560 México, D.F.
MEXICO

Düsseldorf, 15 de enero de 20...

Asunto: Su reclamación de 8 de enero de 20...
Su pedido n° 908VB

Estimado Sr. Almendrado:

Acusamos recibo de su carta sobre reclamación de cantidad, que hemos considerado con atención.

De su estudio, sin embargo, resulta que tanto la expedición como el rotulado de la mercancía se realizó de forma impecable por el departamento correspondiente de nuestra empresa, tal y como consta en la documentación que hemos recibido de la naviera. Como Vd. sabe por la copia que le remitimos por fax, el conocimiento de embarque fue limpio y sin incidencias.
Teniendo en cuenta que el contrato se realizó en condiciones CIF, no podemos responder por las dos cajas que Vds. afirman no haber recibido.

Sugerimos que, en vía de reclamación, se dirijan a la naviera que se encargó del transporte de las cajas o a la entidad aduanera por la que tuvo que pasar la mercancía al entrar en su país.

Sin otro particular, le saludo muy atentamente,

Hans-Jürgen Klötzer
Hans-Jürgen Klötzer
Vertriebsleiter Gabler & König AG

9.3 Fraseología

9.3.1 Reclamaciones y quejas relativas a mercancías entregadas o servicios prestados

Lamentamos tener que informarles de que, al abrir las cajas, nos hemos dado cuenta del pésimo estado de estos artículos.	Wir bedauern Ihnen mitteilen zu müssen, dass wir uns beim Öffnen der Kisten vom miserablen Zustand dieser Artikel überzeugen mussten.
La cantidad suministrada en exceso queda a disposición de Vds., y esperamos sus instrucciones al efecto.	Die zu viel gelieferte Menge steht Ihnen zur Verfügung, und wir erwarten Ihre diesbezüglichen Anweisungen.
Una parte de las mercancías sufrió daños durante el transporte.	Ein Teil der Waren wurde während des Transports beschädigt.
No podemos hacer uso de los artículos suministrados, por su mala calidad.	Wegen der schlechten Qualität der gelieferten Artikel können wir keinen Gebrauch von ihnen machen.
Las cajas de madera en las que venían los artículos se encontraban en pésimo estado.	Die Holzkisten, in denen die Artikel geliefert wurden, befanden sich in einem katastrophalen Zustand.
Creemos que los daños sufridos por las balas de tejido se deben a un embalaje marítimo defectuoso.	Wir glauben, dass die an den Stoffballen aufgetretenen Schäden auf eine fehlerhafte seemäßige Verpackung zurückzuführen sind.
No vemos otra solución que a) devolverles la mercancía. b) anular el pedido. c) exigir indemnización por incumplimiento del contrato. d) emprender medidas judiciales contra Vds. e) pasar el asunto a nuestro abogado. f) adoptar otras medidas. g) dirigirnos a otro suministrador.	Wir sehen keine andere Lösung als a) die Ware zurückzugeben. b) den Auftrag zu stornieren. c) eine Entschädigung wegen Nichterfüllung des Vertrages zu verlangen. d) gerichtliche Schritte gegen Sie einzuleiten. e) die Sache unserem Anwalt zu übergeben. f) andere Maßnahmen zu ergreifen. g) uns an einen anderen Lieferanten zu wenden.
Si esta propuesta no les conviene, les devolveremos los artículos con portes a su cargo.	Wenn dieser Vorschlag Ihnen nicht zusagt, werden wir die Artikel unter Frachtnachnahme an Sie zurückschicken.

9.3.2 Atención de las reclamaciones

Lamentamos recibir su reclamación de que a) Vds. no están satisfechos con nuestro envío. b) el suministro no corresponde a sus exigencias. c) existía una falta de peso/de calidad/en el número de los artículos enviados. d) los artículos enviados no corresponden a la cantidad/calidad exigida. e) el servicio no fue prestado a su entera satisfacción.	Wir bedauern, Ihre Beschwerde zu erhalten, dass a) Sie mit unserer Lieferung nicht zufrieden sind. b) die Lieferung nicht Ihren Erfordernissen entspricht. c) ein Fehlgewicht/ein Qualitätsfehler/ ein Fehler in der Anzahl der gelieferten Artikel bestand. d) die gelieferten Artikel nicht der geforderten Menge/Qualität entsprechen. e) die erbrachte Dienstleistung Sie nicht ganz zufriedengestellt hat.
Estamos haciendo indagaciones a fin de examinar este error y nos pondremos nuevamente en contacto con Vds.	Wir sind dabei, Nachforschungen anzustellen um diesen Fehler zu untersuchen und werden uns wieder mit Ihnen in Verbindung setzen.
Hemos dado instrucciones a nuestro servicio de..., que se pondrá directamente en contacto con Vds.	Wir haben unserer ... Abteilung Anweisungen gegeben, damit sie sich direkt mit Ihnen in Verbindung setzt.
Nuestro transportista/la sociedad de seguro enviará a un inspector para examinar los daños ocurridos/las cajas dañadas/los tejidos rotos/la máquina averiada.	Unser Spediteur/die Versicherungsgesellschaft wird einen Inspektor schicken um die aufgetretenen Schäden/die beschädigten Kisten/die zerrissenen Stoffe/die beschädigte Maschine zu untersuchen.
Comprendemos perfectamente que les haya ocasionado inconvenientes recibir una mercancía deteriorada.	Wir verstehen sehr wohl die Unannehmlichkeiten, die dadurch entstanden sind, dass sie eine beschädigte Ware erhalten haben.
Para no causarles más trastornos a) proponemos enviarles un nuevo envío la próxima semana por flete aéreo. b) estamos dispuestos a indemnizarles por este daño. c) En caso de que Vds. estén dispuestos a quedarse con los artículos, les concederemos un descuento del 5% sobre el precio.	Um Ihnen nicht noch mehr Unannehmlichkeiten zu bereiten, a) schlagen wir vor, Ihnen nächste Woche per Luftfracht eine neue Sendung zukommen zu lassen. b) sind wir bereit, Sie für diesen Mangel zu entschädigen. c) Falls Sie bereit sind, die Artikel zu behalten, schlagen wir Ihnen einen 5%igen Nachlass auf den Preis vor.

9.3.3 Rechazo de responsabilidad

No podemos asumir responsabilidad alguna por demoras/retrasos en la entrega.	Wir können keinerlei Haftung für Verspätungen in der Lieferung übernehmen.
Como caducó el plazo de garantía, no vemos ninguna posibilidad de reparar su máquina, libre de gastos.	Da die Garantiezeit abgelaufen ist, sehen wir keine Möglichkeit, Ihre Maschine kostenlos zu reparieren.
Estamos seguros que hay un mal entendido por parte de Vds.	Wir sind sicher, dass Ihrerseits ein Missverständnis besteht.
Su reclamación es absolutamente injustificada.	Ihre Reklamation is völlig unberechtigt.
Lamentamos tener que comunicarles que no podemos aceptar sus objeciones.	Wir müssen Ihnen leider mitteilen, dass wir Ihre Einwände nicht akzeptieren können.

9.4 Ejercicios

9.4.1 Cuestiones sobre el tema

a. ¿Qué hace el comprador si no está conforme con la mercancía recibida o el servicio prestado?
b. ¿A qué puede referirse una reclamación?
c. ¿Qué ocurre si se trata de un error por parte del vendedor?
d. ¿En qué caso es usual otorgar al comprador una garantía de suministro y funcionamiento durante un período fijo?
e. ¿Qué hace el vendedor si recibe una reclamación de su cliente? Enumere las tres posibilidades.
f. Si el daño se produce durante el transporte, ¿a quién se dirige la reclamación?
g. ¿A quién se dirigen el comprador y el vendedor en caso de discrepancias entre ellos?

9.4.2 Ejercicio de gramática (uso del imperativo)

Ejemplos:

enviar	¡envía! ¡envíe Vd.! ¡no envíes! ¡no envíe Vd.!	¡enviad! ¡envíen Vds.! ¡no enviéis! ¡no envíen Vds.!

transferir	¡transfiérelo! ¡transfiéralo Vd.! ¡No lo transfieras! ¡No lo transfiera Vd.!	¡transferidlo! ¡transfiéranlo Vds.! ¡No lo transfiráis! ¡No lo transfieran Vds.!
decir	¡Dímelo! ¡Dígamelo Vd.! ¡No me lo digas! ¡No me lo diga Vd.!	¡Decídmelo! ¡Díganmelo Vds.! ¡No me lo digáis! ¡No me lo digan Vds.!

Traduzca las siguientes frases al español:

1) Senden Sie mir bitte die Muster per Kurier. Senden Sie sie mir nicht mit der Post!
2) Schreibt uns den Brief auf Spanisch. Schreibt ihn uns nicht auf Deutsch, weil unsere Kunden ihn dann nicht verstehen.
3) Haben Sie die Reklamation Ihres Kunden verstanden? Wenn Sie sie nicht verstanden haben, schicken Sie sie uns noch heute!
4) Überweise mir den Betrag in Dollar. Überweise ihn mir bitte nicht in Euro!
5) Sagen Sie es mir ehrlich, wenn Sie mit unserer Lieferung nicht zufrieden sind!
6) Wir haben Ihre Sendung Nr. 3098 noch nicht erhalten. Mahnen Sie sie nicht bei der Spedition an (reclamar una cosa a alguien), sondern bei der Reederei!
7) Prüft nicht die Waren, sondern die Verpackung und die Dokumentation. Prüft sie nicht erst morgen, sondern noch heute!
8) Haben Sie diese Übung verstanden? Wenn Sie sie nicht verstanden haben, wiederholen Sie sie, aber wiederholen Sie sie nicht sofort, sondern lassen Sie sich etwas Zeit!

9.4.3 Ejercicio de selección de vocabulario

El texto siguiente contiene 20 espacios en blanco. Complete las frases con la palabra correcta del listado. Tenga en cuenta que dicho listado contiene 23 vocablos, de los cuales 3 no encajan en el sentido del texto.

averiguar certificados comprador dichas devolución especificaciones disposición empresas entregadas gastos inventar jurisdicción derecho legislación material ocasionados parcial proceso productos responsabilidad retraso servicio penalización

Extracto de unas condiciones generales de compra

Recepción

Las mercancías deberán ser ________________ y los servicios prestados de acuerdo con las condiciones particulares y las ________________ técnicas indicadas en el pedido, entregando los certificados de fabricación y calidad correspondientes.

Asimismo, se deberá entregar copia de los ________________ de acreditación que sean de aplicación según la ________________ vigente sobre prevención de riesgos laborales, así como la "ficha de seguridad del producto" en caso de tratarse de ________________ químicos.
De no cumplirse ________________ condiciones, el comprador se reserva el ________________ a la no aceptación del material o servicio contratado, de forma total o ________________, en el plazo máximo de 15 días hábiles, responsabilizándose el proveedor de los perjuicios ________________ o de las penalizaciones a que hubiere lugar.

Los materiales defectuosos, si los hubiera, estarán a ________________ del proveedor durante los 7 días hábiles siguientes al del aviso de la anomalía, declinándose cualquier ________________ sobre los mismos una vez transcurrido este plazo. Finalizado dicho plazo se procederá a la ________________ al proveedor con los ________________ de carga y transporte a cargo del mismo. Esta devolución motivará la no aceptación total o parcial de la entrega del proveedor, no admitiéndose factura sin previo abono o reposición correcta del ________________ devuelto.

El ________________ se reserva el derecho de efectuar, si lo estima oportuno, visitas periódicas al centro de producción del proveedor para comprobar el ________________ de fabricación, estado y calidad de los materiales solicitados. Para ambas gestiones, el comprador podrá delegar, si lo cree conveniente, en ________________ especializadas.

Cláusula penal

En caso de ________________ no justificado en la entrega del material o ________________ u otras obligaciones sujetas a plazo, si el comprador no hiciera uso de la resolución del contrato, se aplicará una ________________ del 1% por semana o fracción sobre el valor total del pedido y hasta un máximo del 10%.

9.4.4 Traduzca el texto del ejercicio 9.4.3 al alemán.

9.4.5 Escriba una carta, un fax o un correo electrónico a partir de los detalles siguientes:

9.4.5.1 Geschäftsfall 1

Situation:

Sie arbeiten für die Firma Modewarenimport KG, Postfach 397601, 79104 Freiburg, Fax-Nr. +49 761 243098, E-Mail-Adresse: modewaren@freiburg.de. Sie beziehen von der Firma Serpa S.A., Flor Baja 32, 42002 Soria, Tel.Nr. +34 75 340174, E-Mail-Adresse: tejidos.serpa@soria.es, regelmäßig Kunstseidenstoffe. Die letzte Sendung aus Spanien gab zu Beanstandungen Anlass.

Aufgabe:

Schreiben Sie an den spanischen Lieferanten eine Beschwerde und berücksichtigen Sie dabei folgende Punkte:

- Die Sendung ist pünktlich angekommen.
- Leider sind 10 der 85 Kunstseidenballen (balas de seda artificial) nicht in Ordnung.
- Beanstandung: Die Kunstseide ist an manchen Stellen zu lose gewebt und verzieht sich dadurch.
- Diese 10 Ballen können daher nicht zu Blusen und Kleidern verarbeitet werden.
- Mit getrennter Post schicken Sie ein Muster der fehlerhaften Kunstseide an den Hersteller.
- Bitten Sie um umgehende, kostenlose Nachsendung der Ballen frei Haus.
- Wenn die gleiche Farbe und Qualität (Nr. 2406 BV) nicht geliefert werden kann, bitten Sie um Zusendung eines möglichst ähnlichen Materials.
- Da der Stoff für die bevorstehende Sommerkollektion bestimmt ist, ist eine Nachlieferung per Luftfracht bis ... erforderlich.

9.4.5.2 Geschäftsfall 2

Situation:

Sie arbeiten bei der Produktimport KG, Frankfurter Straße 211, 63263 Neu-Isenburg, Fax-Nr.: +49 6102 5438311, E-Mail-Adresse: produktimport@schneider.de.
Sie importieren regelmäßig über einen spanischen Importeur Erdnüsse aus Kuba.
Der spanische Importeur heisst: Ribas y Mansart, San Andrés, 45, 08080 Barcelona, Fax-Nr. +34 93 570128, E-Mail-Adresse: pedro.carpintero@ribas-mansart.es. Die letzte Sendung Erdnüsse enthält einige Säcke, die offensichtlich Erdnüsse aus früheren Ernten beinhalten. Daher hatten Sie bei dem spanischen Importeur einen Minderwert von 20% geltend gemacht. Die spanische Firma schickt Ihnen daraufhin ein Fax, in dem sie sich weigert, eine entsprechende Minderung des Kaufpreises vorzunehmen.
Im Falle von Streitigkeiten sieht der Kaufvertrag ein Schiedsverfahren nach den Regeln der „Hamburger freundschaftlichen Arbitrage“ vor.

Aufgabe:

Beantworten Sie das Fax von Herrn Pedro Carpintero der Ribas y Mansart unter Berücksichtigung der folgenden Punkte:

- Beziehen Sie sich auf den oben beschriebenen Sachverhalt.
- Weisen Sie auf die Schiedsklausel (cláusula arbitral) in Ihrem Kaufvertrag hin.
- Sie haben infolgedessen Frau Gabriele Schneidewind, Hamburg, zu ihrer Schiedsrichterin (jueza arbitradora) bestellt.
- Fordern Sie den spanischen Importeur auf, innerhalb einer Woche seinerseits einen Schiedsrichter zu benennen.
- Der/Die Schiedsrichter/in muss im Gebiet der Bundesrepublik Deutschland seinen/ihren Wohnsitz und Aufenthaltsort haben.

9.4.6 Mensaje de contestador

Situation:

Sie sind Mitarbeiter/in des Herrn Dipl.Ing. Sträther, Projektleiter bei der EDV Consulting GmbH. in der Angelegenheit 9.2.2 und 9.2.5 dieses Kapitels finden Sie am 22. Juli 20... eine Nachricht der Frau Rocasol von der Firma Carpintería Metálica y Laminados S.L. auf dem Anrufbeantworter vor.

Aufgabe:

Fassen Sie für Ihren Chef und die Unterlagen den wesentlichen Inhalt dieser Mitteilung schriftlich in Deutsch zusammen.

10.1 Nociones básicas

Mecanismos de reclamación ante el retraso
- reclamación propia (correspondencia)
- recurso a una empresa de gestión de cobro
- contrato de factoring
- reclamación judicial

Mecanismos de aseguramiento ante el impago
- seguro de crédito a la exportación

Retrasos en el pago e impagos

El pago es la **obligación principal** del comprador en el contrato de compraventa. Se produce retraso en el pago cuando, habiendo cumplido el vendedor todas las obligaciones derivadas del contrato, el comprador no satisface en el plazo convenido el precio del producto o servicio adquirido. El retraso en las ventas con pago aplazado puede producirse por las siguientes causas: por **falta de diligencia** en el trámite y cumplimiento de la obligación, o bien por **imposibilidad,** si el comprador se ve expuesto a serias **dificultades financieras** o **insolvencia**.

Una vez constatado el incumplimiento del comprador, el vendedor puede utilizar diferentes mecanismos para obtener el pago, de los cuales el más extremo es el recurso a los tribunales. Pero antes de recurrir a la **vía judicial**, el vendedor suele operar por distintas vías: en algunos casos se encomienda la **gestión del cobro** a una empresa especializada en estos servicios, la cual cobra unos honorarios y una cierta comisión si la recuperación del crédito llega a buen fin. También es posible transferir los derechos derivados de esa deuda, mediante el contrato de **factoring**. En este caso el vendedor transmite la deuda a una empresa de factoring, por un importe variable según el riesgo, siempre inferior al crédito, de forma que la empresa de factoring deviene **acreedora** del comprador.

Con carácter preventivo, ante los retrasos en el pago o el efectivo impago por un cliente, puede acudirse al **seguro de crédito**, que permite asegurar el cobro de las ventas mediante una **póliza de crédito**. Es muy utilizado en el comercio de exportación. Los riesgos asegurados por las compañías de seguro de crédito suelen ser de carácter empresarial. Existen también en determinados países los denominados "**riesgos políticos**", cuya cobertura, total o parcial, en último término suelen asumir los Estados a través de las compañías públicas; en España, por ejemplo, lo hace **CESCE** (Compañía Española de Seguros de Crédito a la Exportación, S.A.).

Otras consecuencias

Puede asociarse además a la reclamación otro conjunto de consecuencias negativas para el deudor, como podrían ser la notificación a la **asociación sectorial**, la reclamación ante una **cámara de comercio** u **otra institución**, la **supresión de ciertos beneficios crediticios** de que gozaba el cliente, etc. Al final, en definitiva, queda siempre abierta la vía judicial ordinaria para la reclamación de los créditos vencidos y no pagados.

La posición del deudor

En los supuestos de **insolvencia**, esto es, cuando el comprador que demora el pago no puede satisfacer la deuda por tener dificultades financieras, debe **notificarlo** al acreedor antes de que éste le reclame el pago, con lo que de esta manera demuestra su buena fe. En este caso puede solicitar un nuevo plazo, adelantar un pago parcial, o aceptar una letra de cambio que le gire el vendedor.

10.2 Modelos de correspondencia

10.2.1 Mensaje enviado como recordatorio de pago

Correo electrónico X

De: queserias-oscenses@terra.es	Para: feinkostimport.gmbh@t-online.de
Asunto: Nuestro envío de quesos del 15 de agosto de 20…	

Estimado Sr. Holzenbrink:

Una breve nota para indicarle que a fecha de hoy no se ha recibido en nuestra unidad contable ingreso relativo a la partida de referencia, que como recordará, quedaron Vds. en liquidar a fines del pasado mes de agosto.

En caso de que hayan tramitado ya la transferencia a nuestro favor, les ruego tengan este mensaje por no recibido.

Reciban un saludo muy cordial.

Ismael Serna Feliú
Jefe de Exportación

10.2.2 Recordatorio indirecto de deuda pendiente

FAX

Para: Heimtextilien Günther Röder KG
Atención: Sr. Paul Herberger

Nº de fax: +49 221 68 09 731

Nº de páginas: 3

De: Hilaturas de Algodón S.A.

Nº de fax: +34 91 45 98 730

Fecha: 13 de septiembre de 20...

Asunto: Oferta de lencería para el hogar

Estimado Sr. Herberger:

Me complace remitir adjunta, en respuesta a su petición telefónica de ayer, una oferta completa que hemos preparado con una estampación específica utilizando las telas que nos remitió como muestra. En el anexo detallamos las medidas correspondientes a todos los modelos que nos pidió, y la forma de presentación del producto con las etiquetas en lengua alemana. Dicha oferta detalla los precios por unidad, a los que se aplicarán las condiciones habituales que tenemos para todas las ventas a su empresa. Quedamos a su disposición para cualquier consulta que pueda plantearse sobre dicha oferta.

Aprovechamos la ocasión para indicarle que en la última revisión de su cuenta de cliente hemos comprobado que está abierta la factura correspondiente al último suministro cuya recepción conforme nos confirmaron. Al estar ya vencida, no dudamos de que se trata de un retraso involuntario de su división contable, y contamos con que será saldada a la mayor brevedad posible.

Estamos a la espera de sus noticias, y le mando un saludo muy cordial.

Atentamente,
Julián Renieblas
Julián Renieblas

Anexos

10.2.3 Reclamación del pago

Morales & Pinto S.L.
Atención: Sr. Pelaez
Ramblas, 198
03002 Alicante
Spanien

Multimedia GmbH
Coburger Str. 84
28219 Bremen

Bremen, 20 de octubre de 20...

Asunto: Nuestra factura Nº 2397 del 15 de agosto de 20...
Nuestra carta de 7 de octubre de 20...

Estimado Sr. Peláez:

Con referencia a nuestra carta de 7 de octubre, en la que le recordábamos la existencia del pago pendiente relativo a la factura de referencia, deseamos expresarle que a la fecha del corriente no hemos recibido ingreso alguno por parte de su empresa.

Le rogamos adopte todas las medidas necesarias para proceder al pago sin la menor dilación.

Si hay algún problema en su empresa o una omisión por nuestra parte, no dude en notificárnoslo con prontitud.

Sin otro particular, quedo a la espera de sus noticias.

Frank Meurer
Frank Meurer
Finanzen

10.2.4 Reclamación de pago: última oportunidad

Morales & Pinto S.L.
Atención: Sr. Pelaez
Ramblas, 198
03002 Alicante
Spanien

Multimedia GmbH
Coburger Str. 84
28219 Bremen

Bremen, 10 de noviembre de 20...

Estimados Sres.:

Después de haberles notificado varias veces la existencia de un saldo abierto a nuestro favor correspondiente a la factura Nº 2397 por el montante de 7.450,00 €, no hemos recibido todavía el pago de dicho importe ni una respuesta explicativa de su comportamiento moroso.

Si hasta el 20 de noviembre no han satisfecho íntegramente el pago de la cantidad que nos adeudan, procederemos sin más al recurso a la vía judicial ordinaria para la reclamación de nuestros derechos, poniendo el asunto en manos de nuestro asesor jurídico.

Atentamente,
Frank Meurer
Frank Meurer
Finanzen

10.2.5 Solicitud de nuevo plazo de pago

FAX

Para: Pharma Kremer GmbH & Co KG
Atención: Sra. Siegried Kremer

Nº de fax: +49 201 45 09 83

Nº de páginas: 1

De: Laboratorios Ensayos B S.L.

Nº de fax: +34 96 426 39 77

Fecha: 26 de septiembre de 20...

Asunto: Solicitud de aplazamiento

Estimada Sra. Kremer:

A la vista de su factura Nº XL 24/77-80 de 28 de agosto de 20... deseamos solicitarle un aplazamiento de 15 días a partir de su vencimiento, que se producirá el día 29 de septiembre de 20..., de acuerdo con las condiciones acordadas, que constan en el anexo a nuestro pedido de fecha 13 de junio pasado.

Las circunstancias familiares que Vds. conocen han motivado en nuestra división financiera un conjunto de incidencias que debemos subsanar con urgencia; tenemos una declaración fiscal trimestral pendiente, que será verificada con inspección de Hacienda, y por otro lado estamos realizando un nuevo inventario tasado, que venía siendo necesario desde que nos cambiamos de almacén a finales de julio. Todas estas circunstancias han originado un retraso en la llevanza contable de los libros de nuestra empresa, que nos obliga a paralizar, durante un plazo que pretendemos sea breve, los flujos de pago pendientes.

Ante esta situación, y en la convicción de que Vds. tendrán comprensión por lo sucedido dado que somos clientes de su casa desde hace 45 años, les rogamos nos confirmen dicho aplazamiento, que consideramos como excepcional.

Dándole las gracias por anticipado, quedo a la espera de sus noticias.

Con muy atentos saludos,
María Ana Sancristóbal
María Ana Sancristóbal
Jefe de Compras

10.2.6 Reclamación de deuda por el abogado

Alejandro Estébanez Perlines
Notario Público
Colón 840
Talcahuano/CHILE
Fono/Fax: +56 (41) 67 30 53
E-Mail: notario.perlines@netline.cl

Papenburg Weinimport GmbH
Atención: Sr. Wilhelm Papenburg
Deichstr. 30
20459 Hamburg
Alemania

Talcahuano, 2 de marzo de 20...

Su deuda pendiente con Viña Robledo
(factura N° 4509-B0079 de 20 de diciembre de 20..)

Muy Sr. mío:

En nombre de la empresa Viña Robledo de Santiago de Chile, a petición expresa de la misma, me dirijo a Vds. en reclamación de la deuda de referencia, por un importe total de 27.450 €.

Dicho débito se hizo pagadero con fecha 6 de enero, de acuerdo con las condiciones de suministro, sin que a su vencimiento se haya satisfecho cantidad alguna. Con posterioridad mi representada se ha dirigido a Vds., con recordatorio de 10 de enero del corriente, y dos misivas posteriores de reclamación del crédito, fechadas a 7 de febrero y 25 de febrero respectivamente, remitidas ambas con acuse de recibo.

Dado que hasta la fecha su empresa ha omitido el pago pendiente, he recibido el mandato de Viña Robledo de instar por la vía judicial la recuperación del importe debido. Sirva esta carta como intimación definitiva del pago, en fase previa a la actuación procesal. Si en el plazo de 7 días a partir del recibo de la presente no se sirven abonar el crédito, serán demandados ante el tribunal competente de Hamburgo por nuestro despacho corresponsal en dicha ciudad, el bufete Rademeister & Partner, con quienes tenemos un contrato de cooperación.

Atentamente,
Alejandro Estébanez Perlines
Alejandro Estébanez Perlines
Abogado. Colegiado N° 7412

10.3 Fraseología

10.3.1 Recordatorios

Permítame recordarle la factura N°... de... todavía no ha sido saldada.	Erlauben Sie mir, Sie an Ihre Rechnung Nr. ... vom ... zu erinnern, die noch nicht beglichen wurde.
Lamentamos deber comunicarles que su cuenta muestra un saldo deudor pendiente.	Wir bedauern, Ihnen mitteilen zu müssen, dass auf Ihrem Konto ein Sollsaldo besteht.
Quisiéramos recordarles que a) aún no hemos recibido el importe de nuestra factura N°... del... b) no hemos recibido la transferencia relativa a las mercancías suministradas según su pedido N°... c) no ha tenido entrada el ingreso del saldo referente a nuestro extracto de cuenta para el mes de... por importe de...	Wir möchten Sie daran erinnern, dass a) wir noch nicht den Betrag unserer Rechnung Nr. ... vom ... erhalten haben. b) wir die Überweisung für gemäß Ihrem Auftrag Nr. ... gelieferte Waren nicht erhalten haben. c) der Saldo bezüglich unseres Kontoauszugs für den Monat ... über den Betrag von ... noch nicht eingegangen ist.
Por si nuestra factura/nuestro extracto de cuenta se hubiese extraviado, adjuntamos una copia.	Falls unsere Rechnung/unser Kontoauszug verloren gegangen ist, fügen wir eine Kopie bei.

10.3.2 Requerimiento de pago

La copia de la factura va incluida y a) le agradeceríamos nos mandara su transferencia inmediatamente. b) le quedaríamos muy agradecidos por el envío del importe por transferencia bancaria.	Die Kopie der Rechnung ist beigefügt und a) wir wären Ihnen dankbar, wenn Sie uns Ihre Überweisung sofort zukommen ließen. b) wir wären Ihnen für die Übersendung des Betrages per Banküberweisung dankbar.
Dado que Vds. siempre liquidan sus facturas puntualmente, nos preguntamos si han olvidado nuestra factura del...	Da Sie Ihre Rechnungen immer pünktlich bezahlen, fragen wir uns, ob Sie unsere Rechnung vom ... vergessen haben.
De existir una razón por la que Vd. retiene el pago, rogamos nos lo comunique.	Falls ein Grund dafür besteht, dass Sie die Zahlung zurückhalten, bitten wir um Mitteilung.
Como este importe está ya pendiente hace más de... semanas, a) esperamos que Vd. lo pague en los próximos días.	Da dieser Betrag seit mehr als ... Wochen offen steht, a) hoffen wir, dass Sie in ihn in den nächsten Tagen bezahlen.

b) no nos queda otro remedio que suspender el trato preferente de suministrarle con aplazamiento de pago. c) tenemos que insistir en reclamar el pago a más tardar hasta el...	b) bleibt uns keine andere Wahl als die Vorzugsbehandlung, Sie mit Zahlungsziel zu beliefern, einzustellen. c) müssen wir auf Zahlung bis zum ... bestehen.
Dado que no hemos recibido contestación a nuestra correspondencia previa, a) nos vemos obligados a tomar medidas legales contra Vd. b) tomaremos medidas para obtener el pago por vía judicial. c) remitiremos el asunto a nuestro departamento jurídico/a una agencia de cobro/a nuestros abogados.	Da wir auf unsere vorhergehende Korrespondenz keine Antwort erhalten haben, a) sehen wir uns genötigt, gerichtliche Schritte gegen Sie zu unternehmen. b) werden wir Maßnahmen ergreifen, um die Zahlung auf dem Rechtsweg einzutreiben. c) werden wir die Sache unserer Rechtsabteilung/einer Inkassoagentur/unseren Anwälten übergeben.

10.3.3 Respuesta del deudor

Hemos recibido su carta del... en que nos solicitan paguemos el importe de...	Wir haben Ihr Schreiben vom ... erhalten, mit welchem Sie uns bitten, den Betrag von ... zu bezahlen.
Estamos atravesando una época de negocios muy difícil, por lo que les rogamos nos otorguen un plazo adicional de pago de 4 semanas.	Wir befinden uns zur Zeit in einer sehr schwierigen Geschäftsperiode, weshalb wir Sie bitten, uns zusätzliche 4 Wochen Zahlungsfrist zu gewähren.
Adjuntamos un cheque por importe de... como pago inicial y les rogamos tengan la amabilidad de concedernos 15 días para el pago restante de...	Wir fügen einen Scheck über ... als Anzahlung bei und bitten Sie um die Gefälligkeit, uns noch 15 Tage für die ausstehende Zahlung von ... zu gewähren.
Debido a la insolvencia de uno de nuestros mejores clientes nos encontramos temporalmente en una situación financiera desfavorable, por lo que nos vemos obligados a a) rogarles nos concedan una prórroga para el pago de su factura Nº... /su extracto de cuenta Nº... b) pedirles una prórroga del plazo de pago. c) preguntarles si sería posible diferir la fecha de vencimiento de su letra de cambio Nº...	Auf Grund der Insolvenz eines unserer besten Kunden befinden wir uns vorübergehend in einer unangenehmen finanziellen Lage. Deshalb sehen wir uns genötigt, a) Sie zu bitten, uns für die Bezahlung Ihrer Rechnung Nr. .../Ihres Kontoauszuges Nr. ... Aufschub zu gewähren. b) Sie um die Verlängerung der Zahlungsfrist zu bitten. c) Sie zu fragen, ob es möglich wäre, das Fälligkeitsdatum Ihres Wechsels Nr. ... zu verlängern.

La razón por la cual todavía no hemos pagado su factura Nº... de... es que Vds. acordaron concedernos un crédito por plazo de un mes.	Der Grund, warum wir Ihre Rechnung Nr. ... vom ... noch nicht bezahlt haben ist, dass Sie uns einen Kredit für die Dauer eines Monats gewährten.
El pago debería efectuarse a través de nuestro banco y parece que hubo un error en la transferencia.	Die Zahlung sollte durch unsere Bank erfolgen, und es scheint, dass ein Fehler bei der Überweisung aufgetreten ist.
Como el pago ya está en curso, hacemos caso omiso de su carta monitoria.	Da die Zahlung schon auf dem Wege ist, betrachten wir Ihre Mahnung als gegenstandslos.

10.4 Ejercicios

10.4.1 Cuestiones sobre el tema

a. ¿Cuándo se produce retraso en el pago?
b. ¿Cuáles son las causas principales del impago?
c. ¿Qué mecanismos diferentes puede utilizar el vendedor para obtener el pago de su deuda?
d. ¿Qué se entiende por "factoring"?
e. ¿Cómo se puede asegurar el riesgo del pago en el comercio exterior?
f. ¿Qué otras consecuencias puede tener el impago de un deudor?
g. ¿Qué debe hacer el deudor si se da cuenta de que no puede satisfacer su deuda a tiempo?

10.4.2 Traduzca el siguiente texto al español.

Das Factoring-Geschäft

Der Factoring-Vertrag bietet dem Unternehmen ein Paket an spezialisierten Dienstleistungen, die global oder einzeln innerhalb einer einzelnen Vertragsverbindung in Anspruch genommen werden können.

Man unterteilt das Factoring in Dienstleistungen der Verwaltung und der Finanzierung. Die Verwaltungsaufgaben beinhalten die Untersuchung und Information über Käufer bzw. Schuldner, Fakturierungseinzelheiten, Verwaltung und Abrechnung der Kredite gegenüber den Käufern sowie das Inkasso der ausstehenden Forderungen. Die finanziellen Dienstleistungen schließen für den Faktor die Auswahl bzw. Klassifierung der Käufer ein, den Schutz des Kreditrisikos angesichts der möglichen Insolvenz des Schuldners und in einigen Fällen auch die Abdeckung des politischen Risikos. Schließlich gewährt der Faktor dem die Schuld Abtretenden einen Kredit auf die Schuld und trägt auch das volle Risiko hierfür.

10.4.3 Ejercicio de selección múltiple

El siguiente texto contiene 30 espacios en blanco. Complételos seleccionando la palabra o frase adecuada.

El arbitraje comercial

Las partes _(1)_ un contrato pueden prever _(2)_ hipotética existencia de conflictos _(3)_ el futuro, tanto en la interpretación de cláusulas contractuales dudosas _(4)_ en su ejecución, y establecer la forma de solucionarlos contractualmente. _(5)_ al legítimo derecho de solicitar de un juez estatal _(6)_ se imparta justicia, las partes _(7)_ desear que _(8)_ determinada persona _(9)_ institución solucione _(10)_ conflictos. El árbitro _(11)_ , en consecuencia, juez que dictará la solución _(12)_ apropiada al caso, y su relación _(13)_ las partes no es _(14)_ que la propia voluntad de éstas de someter a su decisión los conflictos.

La nacionalidad o internacionalidad de un arbitraje no afecta sustancialmente _(15)_ la institución en _(16)_ . El árbitro decide el conflicto de la _(17)_ manera, tenga o no tenga carácter _(18)_ . La internacionalidad del conflicto comercial _(19)_ a arbitraje puede provenir de _(20)_ vías:

1) ☐ del ☐ de ☐ al

2) ☐ sola ☐ lo ☐ la

3) ☐ en ☐ con ☐ sin

4) ☐ tan ☐ donde ☐ como

5) ☐ sobre ☐ frente ☐ desde

6) ☐ quien ☐ cual ☐ que

7) ☐ pueden ☐ puedan ☐ puedes

8) ☐ alguno ☐ cualquiera ☐ una

9) ☐ e ☐ y ☐ o

10) ☐ mis ☐ sus ☐ tus

11) ☐ será ☐ estará ☐ tendrá

12) ☐ menos ☐ cuanto ☐ más

13) ☐ con ☐ para ☐ por

14) ☐ menos ☐ otra ☐ mayor

15) ☐ al ☐ a ☐ sobre

16) ☐ sí ☐ si ☐ ella

17) ☐ igual ☐ menos ☐ misma

18) ☐ general ☐ internacional ☐ individual

19) ☐ prometido ☐ dividido ☐ sometido

20) ☐ dos ☐ tres ☐ cuatro

- En virtud de _(21)_ partes que intervienen en el conflicto, _(22)_ son de distinta nacionalidad o _(23)_ diferentes residencias.
- Por el objeto _(24)_ litigio, pues puede _(25)_ bien suceder que _(26)_ de una misma nacionalidad, con _(27)_ una misma residencia, _(28)_ implicadas en una _(29)_ comercial de _(30)_ internacional.

21)	22)	23)	24)	25)
❑ pocas	❑ luego	❑ sueñan	❑ de la	❑ muy
❑ las	❑ si	❑ creen	❑ de los	❑ mucho
❑ mismas	❑ después	❑ poseen	❑ del	❑ mal

26)	27)	28)	29)	30)
❑ partidos	❑ incluso	❑ estarían	❑ opción	❑ carácter
❑ partes	❑ aparte	❑ estuvieron	❑ relación	❑ narrativa
❑ socios	❑ además	❑ estén	❑ sensación	❑ historia

10.4.4 Traduzca el texto del ejercicio 10.4.3 al alemán.

10.4.5 Escriba un memorándum.

Situation:

Sie arbeiten bei der Papenburg Weinimport GmbH in Hamburg. Ihr Chef, Herr Papenburg, gibt Ihnen den Brief unter 10.2.6.

Aufgabe:

Fassen Sie für Ihren Chef den Brief des chilenischen Anwalts in Deutsch zusammen. Achten Sie darauf, dass Sie auf die einzuhaltende Frist der letzten Zahlung hinweisen sowie auf die Tatsache, dass bei Nichtzahlung gerichtliche Schritte zu erwarten sind.

10.4.6 Escriba una carta, un fax o un correo electrónico a partir de los detalles siguientes:

10.4.6.1 Geschäftsfall 1

Situation:

Sie sind Frau Meyer-López und arbeiten als Spanischkorrespondentin bei der Pharma Kremer GmbH & Co KG. Ihre Chefin, Frau Siegried Kremer, gibt Ihnen das unter 10.2.5 erhaltene Fax zur Bearbeitung.

Aufgabe:

Schicken Sie an Laboratorios Ensayos B SL z.Hd. Frau María Ana Sancristóbal ein Fax und berücksichtigen Sie dabei folgende Punkte:

- Bestätigung des Faxes vom 26.09.
- Bestätigen Sie, dass Frau Sancristóbal zu Ihren treuesten Kunden gehört.
- Da die Rechnung Ende des Monats fällig ist, sind Sie ausnahmsweise damit einverstanden, noch 14 Tage zu warten.
- Wenn der Betrag pünktlich eingeht, verzichten Sie auch auf Zinsen oder Verzugsgebühren.
- Bitten Sie darum, nach Möglichkeit in Zukunft pünktlich zu zahlen, da Sie sonst auch Probleme mit Ihrer Buchführung bekommen.
- Sie hoffen, dass die Schwierigkeiten im Hause der spanischen Firma bald behoben sein werden.

10.4.6.2 Geschäftsfall 2

Situation:

Sie arbeiten bei der Christian Schimeczek Sportartikel GmbH, Nassauische Str. 24-26, 10717 Berlin, Tel.: +49 30 2498201, Fax: +49 30 2498202, E-Mail: sport.schimeczek@t-online.de.
Sie hatten der mexikanischen Gesellschaft Xavier Echevarría & Cia., Manuel Ávila Camacho, 67, 11560 México, D.F., México, Tel. +52 5 3398462, Fax: +52 5 3398462, E-Mail: deportes-echevarria@aol.com, am 15.10.20... eine Sendung Sportartikel geschickt, die diese Ihnen auf der Sportartikelmesse in München am 3.08.20.. in Auftrag gegeben hatte. Die Rechnung belief sich auf 10.500,00 $, zahlbar in drei Raten à je 3.500,00 $. Die erste Rate ging pünktlich am 5.11. ein. Auf die 2. und 3. Rate, die jeweils 3 Wochen später fällig waren, warten Sie heute, am 2.12.20.., noch immer.

1. Aufgabe:

Schicken Sie ein freundliches Erinnerungsschreiben an Echevarría.
- Bestätigen Sie dankend den Erhalt der 1. Rate.
- Falls die Überweisung inzwischen erfolgt ist, bitten Sie, das Erinnerungsschreiben als gegenstandslos zu betrachten.

2. Aufgabe:

Da Sie am 20.12. keine Reaktion auf Ihr Erinnerungsschreiben erhalten haben, schicken Sie eine Mahnung an Echevarría und berücksichtigen Sie dabei folgende Punkte:

- Bezugnahme auf die o.a. Rechnung
- Erinnerung, dass die 2. und 3. Rate in Höhe von jeweils 3.500,00 $ immer noch ausstehen
- Bitte um sofortige Begleichung
- Setzen Sie eine letzte Frist zum 1.01.20...
- Verweisen Sie auf die rechtliche Grundlage gemäß BGB § 284 (laut Kaufvertrag ist deutsches Recht anwendbar).
- Sollte diese letzte Frist ungenutzt verstreichen, werden Sie rechtliche Schritte einleiten oder ein Inkassoinstitut mit der Eintreibung der Forderung beauftragen.

10.4.7 Conversación telefónica

Situation:

Sie sind Frau Meyer-López und arbeiten bei der Pharma Kremer GmbH & Co KG. Nach Erhalt des Faxes unter 10.2.5 und seiner Beantwortung gemäß Anweisung unter 10.4.6.1 erhalten Sie 2 Tage später einen Anruf von Frau Ana María Sancristóbal.

Aufgabe:

Fassen Sie für Ihre Chefin, Frau Siegried Kremer, sowie für Ihre Akte eine Telefonnotiz in deutscher Sprache zusammen. Wichtig ist, dass daraus der neue Zahlungstermin hervorgeht.

11.1 Nociones básicas

Formas de distribución comercial

Cuando una empresa se decide a comenzar el negocio de exportación, debe establecer cuál es la forma de distribución que más le conviene. Existen muchas modalidades para el establecimiento de negocio en el extranjero, cada una de las cuales tiene diferentes costes y fórmulas de gestión:

El agente comercial es un empresario que actúa en nombre y por cuenta de la firma representada, vendiendo el producto de esa compañía. Por su actividad profesional el representante percibe una **comisión,** esto es, un porcentaje sobre las ventas realizadas. Si este agente garantiza también el cobro de los pedidos, percibe además una comisión adicional en contraprestación (**comisión de garantía**). La representación comercial puede concederse de forma compartida o en exclusiva para un area geográfica. En este caso, según la legislación alemana, todos los pedidos originados en esta zona generarán comisión para el agente.

El **consignatario** es un empresario que recibe del exportador mercancías para su venta en consignación, para lo cual las mantiene y administra en un almacén regulador. El consignatario vende la mercancía en nombre propio y por cuenta ajena, percibiendo por todo ello una comisión sobre las ventas. La mercancía no vendida puede ser devuelta por el consignatario o también existe la posibilidad de que éste disponga de ella según las instrucciones del exportador, sin que ello le ocasione gastos adicionales.

En otros casos, el exportador busca un interlocutor comercial independiente que sea su cliente. El **distribuidor comercial** compra la mercancía **en nombre** y **por cuenta propios**, y la revende a otros operadores comerciales, obteniendo un **margen comercial** que él determina, ya que corre con el **riesgo** del negocio. El distribuidor puede tener la **exclusiva** en una zona determinada o compartir con otros las ventas del fabricante exportador.

Cuando existe la voluntad de introducirse en un mercado de una forma más intensa, la empresa exportadora suele designar un **delegado comercial** para este área. Es un empleado de la empresa destinado en dicho país, que trabaja en la **delegación comercial** y percibe un salario de la **matriz**, generalmente complementado con una **cantidad variable** en función de las ventas.

La apertura de una **sucursal** constituye el siguiente paso en la implantación de la empresa en el extranjero. Supone un establecimiento autónomo y permanente, con una dirección y cierto grado de libertad en la gestión y en las relaciones con terceros, pero no tiene patrimonio propio ni personalidad jurídica independiente de la matriz.

Por último, la forma más estable de establecerse en un mercado extranjero por parte de una empresa exportadora es la inauguración de una **sociedad filial**. Para ello se requiere fundar una compañía con **personalidad jurídica propia**, **gerencia autónoma**, aunque reportando a la matriz, contabilidad separada y régimen propio de tributación. El tipo social elegido variará según la finalidad de dicha empresa, y deberá regirse por la normativa del país donde se implanta.

I. Profesionales del comercio

Figura comercial	En nombre	Por cuenta	Riesgo	Ingresos	Denominación en alemán
Agente comercial	ajeno	ajena	ajeno	comisión	Kommissionär (Handelsvertreter)
Agente comercial con garantía de cobro	ajeno	ajena	propio	comisión de ventas + comisión de garantía	Delkrederekommissionär (Handelsvertreter)
Agente consignatario	propio	ajena	ajeno	comisión	Konsignatar
Distribuidor comercial	propio	propia	propio	margen comercial	Vertragshändler (Vertriebsfirma)
Delegado comercial	ajeno	ajena	ajeno	salario fijo + comisión	Handelsdelegierter

II. Entidades comerciales

	Delegación comercial	Sucursal	Filial
Inscripción Registro Mercantil	No	Obligatoria	Obligatoria
Contabilidad local	Sí, (para recuperar el IVA)	Obligatoria	Obligatoria
Facturación propia	No	Aconsejable	Sí
Contrato de sociedad	No	No	Obligatorio
Razón social diferenciada	No	No	Sí, posible
Representación	No	Sí, director de la matriz	Gerente o apoderado

11.2 Modelos de correspondencia

11.2.1 Búsqueda de un distribuidor para Alemania

Correo electrónico

De: lamparas-ursino@teleline.es	**Para:** ankner.consult@isis.de
cc: Catálogo de exportación	
Asunto: Su anuncio en la revista „Highlight" de 7/20...	

Estimados Sres.:

En respuesta al anuncio de referencia, donde solicitaban remisión de oferta de lámparas de bronce con cristal tallado, ofreciendo una distribución exclusiva para Alemania, Suiza y Austria, nos complace remitir adjunto nuestro catálogo de exportación. Más información sobre nuestra empresa la pueden obtener del portal www.ursino.es.

Actualmente exportamos con regularidad a Estados Unidos y Canadá, países árabes y Reino Unido, y tenemos mucho interés en ampliar nuestras ventas a los países de habla alemana.

Si el producto responde a su expectativa, podríamos negociar un contrato de distribución, fijando un período de prueba de 6 meses.

A la espera de sus noticias, atentamente,

Felipe Ursino
Director de Exportación

11.2.2 Respuesta a una oferta de representación

FAX

Para: Schuhvertretungen Karl Schleyer & Co. KG
Heilbronn
Fax: +49 7131 349082

De: Calzados Antecuir S.A.
Alicante
Fax: +34 96 209485

Nº de págs: 2

Fecha: 11 de octubre de 20...

Asunto: Su solicitud de representación de 6 de octubre de 20...

Estimado Sr. Schleyer:

Confirmamos mediante la presente la recepción de su candidatura para el puesto de agente comercial en exclusiva en la región de Baden-Wuerttemberg para la distribución de nuestros fabricados, que habíamos anunciado en la revista "Der Schuhkurier".

Hemos examinado con atención su curriculum vitae y la documentación adjunta que nos remitió y desearíamos completar estos datos con algunas informaciones que ahora vamos a especificar:

- ¿Desde cuándo existe su agencia en Alemania?
- ¿Qué infraestructura posee su oficina? Rogamos indique si dispone de sala de muestras y, en su caso, un pequeño almacén.
- ¿Cuántas personas componen su equipo de ventas?
- ¿Con qué frecuencia visita a su cartera de clientes?
- ¿Qué medidas publicitarias suele recomendar o utilizar?
- ¿Podría hacerse cargo del cobro de sus pedidos?
- ¿Qué ferias internacionales visita habitualmente?

Le rogamos nos detalle estos puntos a fin de que podamos tomar una decisión en breve para comenzar a trabajar ya en el próximo ejercicio.

Agradeciendo por anticipado su contestación, quedamos a la espera de sus noticias, con un atento saludo

Antonio Vargas Felipez
Antonio Vargas Felipez
Jefe de Ventas

11.2.3 Consignatario solicitando instrucciones del principal

E-Mail

Von: suedfrucht.baumann@freenet.de	**An:** limoncoop-levante@ono.es
Betr.: Resto de existencias. Instrucciones de disposición	

Estimado Felipe:

Como sabes, la campaña del limón se está cerrando con bastante éxito, y en los dos últimos meses hemos podido distribuir prácticamente toda la mercancía que hemos venido recibiendo. Sin embargo, quedan en el almacén seis palets de limones verdes del calibre más pequeño que nos está resultando muy difícil colocar. No resultan competitivos porque la oferta de Brasil del mismo producto es mucho más barata. Dado que este producto se vende básicamente a la gastronomía y es bastante perecedero, creo procedente ofertarlo a precio de remate, con el fin de vaciar el almacén.

Te ruego nos indiques tu opinión sobre este asunto o nos des instrucciones en contrario. Pienso que no debemos mantener por más tiempo dichas existencias.

Un saludo,
Manfred

11.2.4 Aviso de la matriz al delegado comercial

Confección Infantil Nines S.A. *Avda. de Francia 24 E-46021 Valencia*

Sr. Arthur Rauthenach
Kaiser-Friedrich-Ring 18
40547 Düsseldorf
Alemania

Valencia, 10 de abril de 20...

Asunto: Su informe trimestral I/20...

Estimado Sr. Rauthenach:

Acuso recibo del informe de referencia y me pongo en comunicación con Vd. para manifestarle nuestro desacuerdo con la marcha de los negocios en la delegación que Vd. dirige.

Desde el último trimestre del pasado año venimos constatando en las tablas de facturación que nos remite una excesiva concentración en unos pocos clientes, así como un descenso paulatino de las ventas en el sur de Alemania, particularmente grave en la región de Munich y alrededores. Como recordará, en la última reunión que tuvo en Valencia nuestro departamento de exportación con todos los delegados comerciales destacados en los principales mercados, se fijó como objetivo prioritario de política comercial la diversificación de clientes, para minimizar riesgos, así como la distribución homogénea de las ventas dentro de cada mercado.
Hemos observado que las ventas en Alemania tienden a concentrarse cada vez más en unos pocos operadores comerciales, en su mayoría del área de Renania-Westfalia, al tiempo que cae la facturación global.

Debemos advertirle que no nos parece adecuada la gestión comercial que está llevando, y creemos que es poco lucrativo abordar los esfuerzos de ventas en el canal de la venta por catálogo.

El mes próximo se desplazará a Düsseldorf nuestro responsable de expansión internacional, Sr. Marueco, quien le transmitirá detalladas instrucciones sobre su actividad en los próximos meses. Debemos indicarle que, a la vista de los elevados costes fijos que soportamos y el desarrollo del negocio en esa delegación, nos planteamos muy seriamente su cierre, para reasumir las ventas desde España.

Le rogamos nos indique por esta vía su postura sobre los puntos abordados, señalando también la fecha más adecuada para la visita de inspección del Sr. Marueco.

Atentamente,
Juan Hernández de la Oliva
Juan Hernández de la Oliva
Gerente

11.2.5 Contestación del delegado comercial a la matriz

Confección Infantil Nines S.A. *Kaiser-Friedrich-Ring 18 D-40547 Düsseldorf*

Don Juan Hernández de la Oliva, Gerente
Confección Infantil Nines S.A.
Avda. de Francia 24
46021 Valencia
Spanien

Düsseldorf, 17 de abril de 20...

Asunto: Su carta de 10 de abril de 20...

Estimado Sr. Hernández:

Contesto a su escrito de referencia lamentando, en primer lugar, el descontento de la empresa con la marcha de los negocios en Alemania. Deseo responder de forma sistemática a las diferentes cuestiones que Vd. me plantea en su carta, para que pueda hacerse una idea aproximada de la situación actual en este mercado.

Con relación a la facturación, la evolución desfavorable de las ventas se debe a la coyuntura general del mercado alemán, con una grave crisis de demanda, que afecta a todos los bienes de consumo. A esta crisis se suma una tendencia general en toda Europa, pues como Vd. sabe cada vez nacen menos niños en Alemania. Por otro lado, debo indicarle que la disposición al gasto en ropa infantil de las familias alemanas es muy inferior al que se da en el sur de Europa.

Respecto a la política comercial, es rigurosamente cierto que tenemos menos clientes que el año pasado, y que las ventas se están concentrando en unos pocos clientes, pero debe tenerse en cuenta que, en la situación actual, el comercio minorista especializado, donde se alcanzan los mejores márgenes, apenas formula pedidos, concentrándose la demanda en las grandes cadenas filialistas y en el comercio por catálogo. Ello ha motivado que el esfuerzo comercial de esta delegación se haya dirigido en el primer trimestre casi exclusivamente a los grupos de compra de este canal, sin olvidar que es deseable introducir los productos de más alto precio en el comercio estacionario. En la reunión de coordinación que Vd. cita se impartieron directrices de política comercial, pero con la necesaria adaptación a las circunstancias de cada mercado. Por eso, sin haber abandonado los objetivos fijados, hemos decidido potenciar las ventas en esta difícil fase transitoria del mercado.

Me complacerá mucho recibir al Sr. Marueco el mes próximo, para cuya visita propongo la segunda semana, dado que tengo durante la misma algunas entrevistas que pueden ser muy interesantes. Estaré plenamente a su disposición para que pueda examinar toda la documentación de esta delegación y verificar los objetivos y planes de actuación.

Le ruego me confirme la fecha exacta de la visita del Sr. Marueco y aprovecho para saludarle muy atentamente,

Arthur Rauthenach

Arthur Rauthenach
Delegado Comercial

11.2.6 Envío de propuesta de contrato

Dipl.-Kaufmann Patrick Neuss
Deichstr. 25-27
20459 Hamburg
Alemania

Fragancias Aloe S.A.
Paseo de Gracia 127
08008 Barcelona

Barcelona, 12 de junio de 20...

Asunto: Propuesta de contrato

Estimado Sr. Neuss:

De acuerdo con nuestra conversación telefónica de la semana pasada, me complace remitir adjunta nuestra propuesta de contrato para la representación comercial de nuestra empresa en Alemania. Según nos indica nuestro asesor jurídico, es conveniente que el derecho aplicable y el foro competente sean los del lugar donde actuará el representante, en este caso Alemania.

Por eso, el contrato deberá traducirse al alemán, en su versión auténtica. Si el articulado goza de su conformidad, le rogamos nos envíe las dos copias firmadas, de las cuales recibirá una a vuelta de correo con la firma de nuestra empresa.

A la espera de sus noticias, reciba un saludo muy cordial.

Ricard Masnou
Ricard Masnou
Gerente

Anexo: contrato de representación

11.2.7 Propuesta de contrato de representación

CONTRATO DE REPRESENTACIÓN COMERCIAL

1.
La empresa Fragancias Aloe S.A. (representada), con sede en Barcelona, Paseo de Gracia 127, otorga a Dipl.-Kaufm. Patrick Neuss (representante), Deichstr. 25-27, Hamburgo (Alemania), la representación para las zonas de Schleswig-Holstein, Mecklenburgo-Antepomerania, Hamburgo, Bremen y Baja Sajonia para la venta de su surtido completo.

2.
El representante deberá velar por los intereses de la representada y realizar la gestión de ventas con la diligencia de un buen hombre de negocios.
Deberá informar a la representada de todos los asuntos relevantes para el fomento del negocio y notificarle sin dilación todos los pedidos recibidos, respetando la política de precios y las condiciones de pago y suministro de la representada.

3.
La representada pondrá a disposición del representante sin cargo alguno muestras de producto, documentación comercial y material promocional suficiente para realizar su labor, libre de derechos de aduana y sin gastos de transporte.

4.
El representante, en el ejercicio de su actividad, sólo podrá cobrar sumas de los clientes cuando haya sido expresamente autorizado para ello por la representada.

5.
La comisión queda fijada en el 8,7% de las ventas facturadas en todos los negocios de la representada con clientes del área geográfica especificada en el párrafo 1 de este contrato.

6.
La representada reembolsará al representante los gastos ocasionados por envíos postales de paquetería o mensajería correspondientes al envío de muestras y documentación comercial a los clientes.

7.
El contrato de representación entrará en vigor el 1 de julio de 20... y se celebra por un plazo de 18 meses, de los cuales los 6 primeros meses se consideran período de prueba. El contrato será prolongado por un período igual al inicialmente convenido, si no fuese rescindido 6 meses antes de finalizar su período de vigencia mediante carta certificada con acuse de recibo.

8.
En los apartados no específicamente contemplados en este contrato se aplicará la normativa mercantil alemana relativa a la representación comercial y demás legislación complementaria.

9.
En todos los conflictos jurídicos sobre la sustancia de este contrato será jurisdicción competente la del domicilio del representante.

10.
Toda adición o modificación a este contrato requerirá para su eficacia jurídica la forma escrita. En caso de discrepancia interpretativa entre la versión alemana y la traducción española de este contrato, tendrá preferencia el tenor literal del texto original alemán.

En Hamburgo, a 27 de junio de 20...

____
La representada

____
El representante

11.3 Fraseología

11.3.1 Búsqueda de agentes/distribuidores/intención de abrir sucursal/filial

Estamos buscando un agente para nuestros productos en la zona de...	Wir suchen einen Vertreter für unsere Produkte in dem Gebiet ...
Por medio de... nos hemos enterado de que Vds. están interesados en representarnos en...	Durch ... haben wir erfahren, dass Sie daran interessiert sind, uns in ... zu vertreten.
Dado que tenemos la intención de exportar nuestros artículos a su país, nos gustaría entrar en contacto con un agente comercial que conozca el mercado local.	Da wir die Absicht haben unsere Artikel in Ihr Land zu exportieren, würden wir gern mit einem Handelsvertreter Kontakt aufnehmen, der den örtlichen Markt kennt.
Teniendo un vivo interés en ampliar nuestra exportación a España/países latinoamericanos, buscamos un representante activo y enérgico con experiencia en el ramo.	Da wir großes Interesse daran haben, unseren Export nach Spanien/in lateinamerikanische Länder zu erweitern, suchen wir einen aktiven und energischen Vertreter, der in der Branche gut eingeführt ist.
Tenemos la intención de establecer una sucursal propia en...	Wir haben die Absicht in ... eine eigene Filiale zu errichten.

11.3.2 Búsqueda de agencia/sucursal/filial; respuesta a ofertas

Estaríamos interesados en vender sus artículos a comisión/comisión de garantía o en consignación.	Wir wären daran interessiert, Ihre Artikel auf Kommissions-/Delkrederekommissions-/Konsignationsbasis zu verkaufen.
Somos conocidos importadores y distribuidores de..., con puntos de venta en la mayoría de las ciudades importantes de nuestro país.	Wir sind bekannte Importeure und Vertriebshändler von ... mit Filialen in fast allen wichtigen Städten unseres Landes.
Conocemos la situación local y tenemos la experiencia necesaria para abrir este mercado a sus productos.	Wir kennen die örtliche Situation und haben die nötige Erfahrung, um diesen Markt für ihre Produkte zu öffnen.
Ya tenemos la representación exclusiva de otras empresas y poseemos oficinas centrales en...	Wir haben bereits die Exklusivvertretung für andere Unternehmen und verfügen über ein zentrales Büro in ...
Dado que trabajamos como agentes para un gran número de casas comerciales de su ramo, sin duda tenemos la posibilidad de servirles de agentes exclusivos.	Da wir als Vertreter für eine große Anzahl von Handelshäusern Ihrer Branche arbeiten, zweifeln wir nicht daran, dass wir Sie als Exklusivvertreter bedienen können.

11.3.3 Correspondencia entre agente y exportador

Estamos dispuestos a aceptar su oferta de representación si a) nos conceden una comisión del 10% sobre todas las ventas en... b) Vds. nos conceden la representación exclusiva en Alemania. c) ambas partes contratantes correrán a partes iguales con los gastos de publicidad. d) Vds. nos proveen de suficiente ayuda técnica.	Wir sind bereit, Ihr Vertretungsangebot anzunehmen, wenn a) Sie uns eine Provision von 10 % auf alle Verkäufe in ... gewähren. b) Sie uns die Exklusivvertretung für Deutschland gewähren. c) beide Vertragsparteien die Werbekosten zu gleichen Teilen tragen. d) Sie uns ausreichende technische Hilfe geben.
Dado que Vd. dispone de experiencia en este ramo, quisiéramos ofrecerle nuestra representación para...	Da Sie über Erfahrung in dieser Branche verfügen, möchten wir Ihnen unsere Vertretung für ... anbieten.
En caso de que Vd. estuviera dispuesto a actuar como agente de garantía, estaríamos de acuerdo en aumentar su comisión al 12 %.	Falls Sie bereit wären, als Delkredere-Vertreter zu arbeiten, wären wir einverstanden, Ihre Provision auf 12 % zu erhöhen.
Vd. venderá nuestros productos en consignación y nos enviará mensualmente liquidaciones de ventas.	Sie werden unsere Produkte auf Konsignationsbasis verkaufen und uns monatliche Verkaufsabrechnungen schicken.
Vd. transmitirá las reclamaciones inmediatamente después de haber ejecutado las respectivas investigaciones.	Sie werden uns die Reklamationen sofort übermitteln, nachdem Sie die entsprechenden Nachforschungen ausgeführt haben.
Les enviamos adjunto nuestro contrato de representación, rogándoles nos lo devuelvan después de firmar la copia.	Wir schicken Ihnen anbei unseren Vertretungsvertrag und bitten Sie, ihn uns nach Unterschrift der Kopie zurückzugeben.
Lamentamos deber indicarles que a) se está haciendo cada vez más difícil vender sus artículos en nuestro país. b) la venta de sus mercancías ha demostrado ser más difícil de lo esperado. c) existe una creciente competencia en este mercado. d) resulta necesario reducir sus precios. e) estamos encontrando dificultades en la venta de sus productos.	Wir bedauern Ihnen mitteilen zu müssen, dass a) es immer schwieriger wird, Ihre Artikel in unserem Land zu verkaufen. b) der Verkauf Ihrer Waren sich schwieriger gestaltet als erwartet. c) eine wachsende Konkurrenz in diesem Markt besteht. d) es unvermeidlich scheint, Ihre Preise zu reduzieren. e) wir uns beim Verkauf Ihrer Produkte Schwierigkeiten gegenüber sehen.

11.4 Ejercicios

11.4.1 Cuestiones sobre el tema

a. ¿Por qué razón se necesita un distribuidor en el país de exportación?
b. ¿Qué se entiende por una comisión?
c. ¿Qué diferencia existe entre un agente comercial y un consignatario?
d. ¿Qué ventajas y desventajas tiene un distribuidor que compra las mercancías por cuenta propia?
e. ¿Qué diferencia existe entre un agente/distribuidor/consignatario por un lado y un delegado comercial?
f. ¿Cuándo se decidirá una empresa a establecer una entidad comercial inscrita en el Registro Mercantil?
g. Describa las principales diferencias jurídicas entre una sucursal y una filial.

11.4.2 Ejercicio de traducción español/alemán.

Situation:

Gehen Sie zurück zu 11.2.6 und versetzen Sie sich in die Lage des Herrn Dipl.-Kaufmanns Patrick Neuss. Dieser erteilt Ihnen nunmehr folgende Aufgabe: Traduzca al alemán el contrato de representación (ejercicio 11.2.7)

11.4.3 Traduzca el siguiente texto al español.

Qualität des Produkts, Normung, Zertifizierung und technische Regelung

Auf allen Märkten, auch auf Auslandsmärkten, konkurriert man nicht nur mit Preisen, sondern vor allem mit Qualität, was mit sich bringt, dass exportierende Gesellschaften eines Landes die Spielregeln akzeptieren müssen, welche für die progressive Anwendung der technischen Normen eingeleitet werden, damit ein Produkt von höchster Qualität und Sicherheit hergestellt werden kann.

Im internationalen Handel werden die Zertifikate, welche die Qualität und Sicherheit eines Produkts garantieren, immer wichtiger für den Käufer. Ein Zertifikat, das vom Hersteller selbst ausgestellt wird, erzeugt bei dem Käufer nicht das gleiche Vertrauen wie ein Zertifikat, das von einer neutralen angesehenen Organisation ausgestellt wurde, sei sie öffentlich oder privat.

Sobald diese von der Gesellschaft unabhängigen Institutionen die Herstellung des Produkts rigorosen Kontrollen unterworfen haben, zertifizieren sie diese, das heißt, sie bescheinigen, dass wir uns auf das Produkt verlassen können, denn es erfüllt seinen Zweck in geeigneter Weise. Wenn die Organisation staatlich ist und in Anwendung einer obligatorischen technischen Vorschrift handelt, spricht man von amtlicher Bestätigung.

11.4.4 Escriba un memorándum.

Situation:

Sie arbeiten im Büro des Dipl.-Kaufmanns Patrick Neuss in Hamburg. Ihr Chef hat den Handelsvertretungsvertrag unter 11.2.7 erhalten.

Aufgabe:

Er bittet Sie, ihm eine Kurzfassung des Inhalts in deutscher Sprache vorzulegen. Es geht ihm vor allem um die ausdrückliche Erwähnung seiner Rechte und Pflichten, die sich aus dem Vertrag ergeben.

11.4.5 Escriba una carta, un fax o un correo electrónico a partir de los detalles siguientes:

11.4.5.1 Geschäftsfall 1

Situation:

Sie haben das Schreiben unter 11.2.2 der Firma Calzados Antecuir S.A., Alicante erhalten.

Aufgabe:

Beantworten Sie dieses als Karl Schleyer unter Berücksichtigung der folgenden Punkte:
- Dank für das in Sie gesetzte Vertrauen
- Beantwortung der noch existierenden Fragen wie folgt:
- Ihre Firma existiert seit 15 Jahren.
- Sie haben in Hamburg ein Büro von 150 m^2, einen Vorführraum und ein Lager von 500 m^2 in einem verkehrstechnisch gut angebundenen Vorort von Hamburg.
- Sie beschäftigen insgesamt 20 Leute, von denen 6 als Außendienstler ausschließlich für den Verkauf verantwortlich sind.
- Ihre Kunden werden, je nach Wichtigkeit, zwischen 6 und 12x im Jahr besucht.
- Für eine Werbekampagne müssten Sie die Produkte von Calzados Antecuir näher kennen lernen; eventuell lassen sich die Schuhe aber auch in andere Werbemaßnahmen ihrer Firma einbinden.
- Einziehung der Forderungen ist kein Problem; sie können dann monatlich mit dem Mutterhaus abrechnen.
- Im Jahr besuchen Sie im Durchschnitt 4 Schuhmessen in Deutschland, Italien und Spanien.
- Sie sind bereit, zu näheren Verhandlungen nach Alicante zu kommen.

11.4.5.2 Geschäftsfall 2

Situation:

Sie arbeiten bei der Mähringer GmbH, Hochkreuzallee 56, 53175 Bonn, Fax-Nr.: +49 228 310765, E-Mail-Adresse: maehringer@t-online.de, welche sich mit dem weltweiten Import von Camping- und Freizeitartikeln beschäftigt. Sie importieren seit Jahren als selbständiger Vertragshändler die Produkte der Firma Herrera & Gómez, C/Ponzano, 37-39, 28010 Madrid, Tel.Nr. +34 91 4038794, Fax-Nr.: +34 91 4038795, E-Mail-Adresse: herrera-gomez@uniserve.es.

Aufgabe:

Schicken Sie dem spanischen Prinzipal ihren 4. Quartalsbericht für das laufende Jahr mit folgenden Einzelheiten:

- Nach schlechtem Jahresbeginn steigende Umsatzzahlen wegen des guten Weihnachtsgeschäftes (siehe Anlage)
- Besonders gut liefen die Wanderstiefel (botas de montaña) „Botas Carrera“ und der neue Rucksack „Mochila Montaña“.
- Für beide Produkte benötigen Sie dringend Nachschub. Bestellen Sie je 200 Paar Stiefel in allen gängigen Größen und 3.000 neue Rucksäcke.
- Zahlung erfolgt wie gewohnt per Überweisung 90 Tage nach Lieferung in Euro.
- Bitten Sie Ihren Prinzipal, Ihnen mit der nächsten Sendung weitere 10.000 neue Prospekte in deutscher Sprache zu schicken, da Ihr Vorrat so gut wie aufgebraucht ist.

11.4.6 Conversación telefónica

Situation:

Sie arbeiten bei der deutschen Firma Ludwig Haensch AG in Wuppertal. Ihr Chef, Herr Peter Haensch, Produktionsleiter, hat soeben einen wichtigen Anruf von Ihrer spanischen Niederlassung in Málaga (Haensch Ibérica S.A.) erhalten. Es handelt sich offenbar um ein größeres Problem an einer Laserschneidemaschine. Daher hat Herr Haensch das Gespräch aufgezeichnet.

Aufgabe:

Verfassen Sie für Ihre IT-Abteilung in deutscher Sprache eine Aktennotiz, aus welcher die Problematik des Falles und das zu ergreifende Prozedere genau hervorgehen.

Formas de cooperación empresarial

12.1 Nociones básicas

Es muy frecuente en la economía internacional que las empresas establezcan diversas formas de cooperación en las distintas áreas operativas: en el ámbito de la investigación y del desarrollo, en las políticas de distribución comercial, en la propiedad intelectual, en el sector de logística y transporte, etc.

Especialmente interesante resulta la **cooperación empresarial** entre compañías de diferentes países y entornos culturales, pues con un interés recíproco intercambian ventajas competitivas y refuerzan su posición mediante prestaciones complementarias. Algunos ejemplos característicos de cooperación empresarial entre firmas de diferentes países son:

Joint venture
Se trata de una fórmula de cooperación entre dos o más empresas con la finalidad de emprender un **negocio común**. Puede implicar en muchos casos el **establecimiento** y **fundación** de una nueva sociedad común, de capital compartido, **durante el período necesario** para dicho negocio. Existen muchas variantes: en algunos casos se trata de intercambiar capital por conocimiento del mercado, en otros una de las partes aporta un producto y la otra una red de distribución ya creada en un mercado determinado. La expresión "joint venture" se utiliza en general cuando varias empresas se asocian para un **fin compartido**.

Licencia
Se trata, si nos referimos al comercio internacional, de un contrato por el cual una de las partes, llamada **concedente**, otorga a otra, denominada **licenciatario**, la facultad que se define como licencia para usar, fabricar o vender un producto, un servicio, el resultado de un avance tecnológico (**know-how**) o bien cualquier **objeto de propiedad intelectual** (dibujos, marcas, diseños, etc.), a cambio de una retribución monetaria que se fijará previamente, conocida como **derechos de licencia** (royalties). Las fórmulas de abono de esta compensación son muy variadas: puede ser un pago anual, un porcentaje sobre las ventas realizadas o bien un acuerdo mixto que comprenda una retribución fija y una participación en los beneficios derivados del uso de la licencia.

Fusiones y adquisiciones
La forma más intensa de cooperación entre empresas es, sin duda, la **fusión plena** de varias sociedades mercantiles en una sola. La fusión suele realizarse de mutuo acuerdo entre empresas que pueden tener una dimensión o estructura similares. La **adquisición** de una empresa por otra supone que la mayor **absorbe** a la empresa de menor dimensión con el igual resultado de una fusión, pero en este caso procede distinguir entre la adquisición por acuerdo, también llamada **amistosa**, y la adquisición contra la voluntad de la empresa absorbida, también llamada **hostil**.

Las ventajas derivadas de una fusión o adquisición pueden ser de muy distinta naturaleza; se busca siempre la **sinergia organizativa**, la mejora de los productos, y el refuerzo de las debilidades de una empresa con las ventajas complementarias de la otra. Sin embargo, los riesgos no deben ser ignorados. Pueden darse, entre otros, fenómenos de deslocalización de procesos productivos, colisión de muy diferentes culturas empresariales y problemas de calidad del producto o servicio ofrecido.

Modalidades de la cooperación

Cooperación técnica
Cooperación comercial
Cooperación financiera
Intercambio de asistencia tecnológica, comercial o financiera

Tipología de algunas formas de cooperación empresarial

Joint venture
Licencia
Fusiones
Adquisiones
Agrupación Europea de Interés Económico (AEIE)*

* Instrumento de cooperación transnacional creado por el Derecho Comunitario en 1985 para favorecer la colaboración entre PYMES (pequeñas y medianas empresas) de distintos países europeos.

12.2 Modelos de correspondencia

12.2.1 Oferta de joint venture: negociaciones

Correo electrónico X

De: juguetes-didacta@telefonica.net	**Para:** gussdesign.meyerhofen@freenet.de
Asunto: Joint venture entre nuestras empresas	
Anexo: Bocetos para fabricación conjunta.	

Estimado Sr. Meyerhofen:

Queremos agradecerle su visita a nuestro stand de la feria de juguetes de Nuremberg de la pasada semana y remitirle en anexo a todo color nuestras últimas propuestas.

Estamos en principio conformes con su propuesta de colaboración empresarial y estamos dispuestos a aportar nuestros diseños y fórmulas de desarrollo al proyecto común que Vd. nos presentó. Tenemos algunas dudas sobre el régimen de financiación, pero consideramos viable la distribución de tareas entre su empresa y nuestro departamento de producción. Faltaría por aclarar el concepto de comercialización de los productos en los mercados americanos, pues como Vd. sabe, tenemos una filial comercial en Miami y un acuerdo marco con un gran distribuidor de Florida.

Si está conforme, me gustaría proponer una nueva entrevista sobre los puntos referidos, en la que tomarían parte nuestro gerente y el director comercial. Por otro lado, desearíamos examinar algunas muestras de producto acabado en materia de plástico sintético, pues Vd. sólo pudo enseñarnos algunas fotos. Le agradecería mucho nos remita unas cuantas muestras para poder valorar mejor los costes de desarrollo.

Para todo ello, confírmenos su disponibilidad para una entrevista en Stuttgart la primera semana del mes próximo. De este modo podríamos también, siguiendo su amable invitación, visitar su fábrica.

Quedo a la espera de sus noticias, y le mando atentos saludos.

Dr. Ing. Fernando Revilla Solanas
Consejero Delegado

12.2.2 Solicitud de licencia

Estuches & Derivados S.L.
Polígono Industrial Los Galgos s/n Apartado 213/Nave Z 03893 Pedreguer, Alicante

Bode & Salzmann oHG
Hansastr. 11-15
10239 Berlin
Alemania

A la atención de D. Daniel Bode, Gerente

Alicante, 14 de diciembre de 20...

Asunto: Solicitud de licencia para fabricación

Estimado Sr. Bode:

Somos una empresa de Alicante especializada en la producción de carteras para niños, estuches infantiles de lapiceros y otros artículos de equipamiento infantil para el colegio. Tenemos mucha experiencia en el ámbito de las licencias y hemos fabricado y distribuido con éxito distintos productos con motivos y personajes de empresas muy destacadas como Disney y Warner Brothers.

Desde hace dos meses se viene emitiendo en el segundo canal de televisión española, en la franja horaria de audiencia infantil, el programa "Pepito Chupete", que pensamos va a alcanzar en poco tiempo una gran popularidad entre los niños españoles. Con vistas a la campaña escolar siguiente, que dará comienzo el próximo mes de septiembre, tendríamos mucho interés en licenciar el personaje citado, para producir una línea de diez artículos. Se trataría de una cartera mochila, dos carteras de mano de diferentes tamaños, cinco estuches de contenido variable y dos bolsas de aseo, con los personajes del programa reproducidos en distintas escenas.

Nos ponemos en contacto con su empresa, titular de los derechos de este personaje para todo el mundo, para solicitar la licencia exclusiva para España en relación con los productos enumerados. Solicitamos indicación por su parte sobre la modalidad de retribución y los modelos de contratación.

Para conocer mejor a nuestra empresa, le invito a visitar nuestro portal en Internet, bajo la dirección www.estuderi.es, donde podrá consultar los datos más interesantes sobre nuestra competencia en este ramo.

Quedo a la espera de sus noticias.

Muy atentamente,
Antonio Gustavo Laorden Gil
Antonio Gustavo Laorden Gil
Director de Mercadotecnia

12.2.3 Notificación a la prensa de una fusión

FAX

A: Nota de prensa (agencias y prensa económica) (lista de distribución: ....)

Nº de páginas: 1

De: Mármoles Valenciana S.A., Gerencia
Levantina de Mármol S.A., Gerencia

Asunto: Fusión de nuestras empresas

Mediante la presente les comunicamos el cierre de las negociaciones en curso que culminan el proceso iniciado en febrero pasado. Habiéndose cerrado con éxito todos los puntos abordados, podemos anunciar que a partir del 1 de julio de 20... la nueva sociedad firmará bajo la razón social:

Mármoles Levante S.A.
Avenida Peris y Valero, 133
46018 Valencia
Nº de tel.: +34 96 3447721
Nº de fax: +34 96 3447722
correo electrónico: info@marmoles-levante.es

Para todas las cuestiones derivadas de esta fusión, pueden ponerse en contacto con el Sr. Rodríguez Fresneda, Adjunto a la nueva Dirección General, que les informará gustosamente de forma individualizada.

En Valencia, a 6 de mayo de 20...

12.2.4 Adquisición de la mayoría accionarial de una empresa

Correo electrónico

De: autorent@terra.es	**Para:** marketing.agentur@t-online.de
cc: felixberg.carorder@gorex.de	
Asunto: Reorientación de nuestras actividades de marketing	

Estimado Sra. Stürzelberg:

Hemos adquirido recientemente un paquete accionarial que nos asegura un 58% del capital social de la empresa alemana carOrder, dedicada a la venta por Internet de vehículos usados. Con fecha de 17 de junio de 20..., nuestro departamento de marketing asumirá todas las actividades de dirección comercial, publicidad y comunicación de esta firma, por lo cual deseamos renegociar los términos de colaboración con esta empresa y, al mismo tiempo, coordinar la comunicación publicitaria entre carOrder y nuestra empresa. Desearíamos que Vds. nos ayuden a replantear las actividades de marketing de nuestro grupo.

Tenemos la intención de viajar próximamente a Múnich, a la sede de carOrder, y desearíamos tratar este tema con Vds. en la reunión que se realizará entre el 10 y 15 de julio de 20... Esperamos que Vd. y el Sr. Schmieder puedan asistir a dicha reunión, en la que tomará parte también el Gerente de carOrder, el Sr. Felix Berg.

Les rogamos nos confirmen la asistencia a esta reunión de trabajo durante esa semana.

Atentamente,

Eduardo Mendoza
Gerente Autorent S.A.

12.3 Fraseología

Tenemos la intención de conceder/otorgar una licencia a una empresa en Alemania para fabricar nuestros productos.	Wir haben die Absicht, einer Gesellschaft in Deutschland eine Lizenz zur Herstellung unserer Produkte zu gewähren.
Nos hemos enterado de que Vds. estarían interesados en obtener una licencia de nuestra firma para vender estos artículos en su país.	Wir haben erfahren, dass Sie daran interessiert wären, eine Lizenz unseres Hauses für den Verkauf dieser Artikel in Ihrem Land zu erhalten.
Nuestra sociedad desearía obtener una patente del proceso técnico inventado por Vds. Por esta razón nos interesaría mucho trabajar con Vds. en una joint venture.	Unsere Firma würde gern ein Patent für das technische Verfahren, das Sie erfunden haben, erwerben. Aus diesem Grund wären wir sehr daran interessiert, mit Ihnen auf der Basis eines Joint Venture zusammen zu arbeiten.
Les agradecemos su respuesta detallada de... en la que especifican sus ideas sobre nuestra joint venture.	Wir danken Ihnen für Ihre Antwort vom ..., in welcher Sie Ihre Gedanken zu unserem Joint Venture aufführen.
Somos una cadena de venta por correspondencia, y nos especializamos en vender nuestros productos por catálogo o Internet. Estamos buscando empresas adecuadas, con una gama de productos complementarios, interesadas en cooperar con nosotros.	Wir sind eine Versandhauskette und darauf spezialisiert, unsere Produkte per Katalog oder Internet zu verkaufen. Wir suchen geeignete Firmen mit einer Palette ergänzender Produkte, die an einer Zusammenarbeit mit uns interessiert wären.
Tenemos un "knowhow" especial en... y las correspondientes plantas de producción necesarias para fabricar estos productos.	Wir haben ein besonderes Knowhow für ... und die entsprechenden Produktionsstätten, um diese Produkte herzustellen.
Por razones de racionalización/diversificación hemos decidido fusionarnos con...	Aus Gründen der Rationalisierung/Diversifizierung haben wir uns entschlossen, mit ... zu fusionieren.
Nos complace informarles de que hemos adquirido el...% de las acciones de la empresa...	Wir freuen uns Ihnen mitzuteilen, dass wir ...% des Aktienkapitals der Gesellschaft ... erworben haben.
Luego que hayamos llegado a un acuerdo con dicha empresa en lo que se refiere a nuestra cooperación, les enviaremos una oferta de contrato.	Sobald wir mit besagter Firma bezüglich einer Zusammenarbeit einig geworden sind, werden wir Ihnen ein Vertragsangebot schicken.

12.4 Ejercicios

12.4.1 Cuestiones sobre el tema

a. ¿En qué áreas operativas existen formas de cooperación empresarial?
b. ¿Por qué muchas empresas realizan acuerdos de cooperación con empresas en el extranjero?
c. ¿Qué tipos de cooperación conoce? Ponga algunos ejemplos.
d. ¿Cuál es la diferencia entre una fusión de empresas y una adquisición?
e. ¿Cuales son las ventajas derivadas de una fusión o adquisición de empresas?

12.4.2 Ejercicio de gramática

El subjuntivo (I)

Rige en general el subjuntivo después de estas locuciones conjuntivas:

1. Expresión de condición: **a condición de que, bajo condición de que, con tal de que, siempre y cuando, en caso de que**
2. Expresión de comparación: **como si, lo mismo que si, igual que si**
3 Expresión de temporalidad: **antes de que, después de que, hasta que**
4. Expresión concesiva: **sin que, aunque**
5. Expresión de finalidad: **para que, a fin de que**

Ejemplos:

1. Le haré un buen descuento, a condición de que (bajo condición de que, con tal de que, siempre y cuando) me pague al contado.
2. Trataré a este cliente como si (lo mismo que si, igual que si) fuese uno de nuestros principales destinatarios en Alemania.
3. Antes de que se cumpla el plazo, debemos mandar la transferencia.
4. Te concedo un aplazamiento del pago, sin que sirva de precedente.
5. Le enviamos una muestra de la mercancía, para que (a fin de que) pueda enseñarla a su clientela.

Traduzca las siguientes frases al español:

1. Wir müssen diesen Entschuldigungsbrief schreiben, obwohl wir uns keiner Schuld bewusst sind.
2. Sie können die Rechnung per Überweisung bezahlen, sofern Sie dies nächste Woche tun.
3. Nach der Fusion arbeiteten die beiden Firmen weiter, als wenn diese nicht stattgefunden hätte.
4. Bevor Sie das Akkreditiv eröffnen, brauchen wir von Ihnen genaue Angaben über das Geschäft.

5. Wir benötigen die Dokumente, damit unser Spediteur die Ware verzollen kann.
6. Er stellte sich bei der Verhandlung über den Preis an, als wenn er die Ware selber bezahlen müsste.
7. Falls Sie einen Kredit bei Ihrer Bank beantragen wollen, müssen Sie entsprechende Sicherheiten vorlegen.
8. Immer wenn diese Firma eine Neuakquisition plant, wird darüber in der Presse so lange nichts bekannt, bis die Kaufverhandlungen abgeschlossen sind.
9. Wir unterschreiben den Wechsel unter der Bedingung, dass sie uns eine Frist von 90 Tagen einräumen.
10. Das Inkassounternehmen erteilte die Auskunft, ohne dass die Firma dafür zahlen musste.

12.4.3 Ejercicio de selección de vocabulario

El texto siguiente contiene 20 espacios en blanco. Complete las frases siguientes con una palabra de la lista. Tenga en cuenta que dicho listado contiene 23 vocablos, de los cuales 3 no encajan en el sentido del texto.

acuerdo autoriza cuenta desarrollo estación fabricación gestión indicación informaciones infraestructura local marcha nueva producto propiedad protección público técnica territorio tiempo unidad validez ventaja

La cesión de tecnología industrial

Cabe distinguir varios niveles de transferencia en función de la facilidad de aplicación de la nueva tecnología y de la capacidad técnica de sus aplicadores potenciales:

– La transferencia por vía de licencia de ________________ de un producto patentado. Esto, por sí solo, carece de valor inmediato en países en vías de ________________ (PVD), puesto que en la mayoría de ellos no existe el tejido industrial necesario ni la ________________ de apoyo técnico que posibiliten su aplicación y la transformación del ________________ Es preciso que la transferencia se complemente con un período de asistencia ________________ a cargo del cedente.

La fabricación bajo licencia se materializa a través de un ________________ formalizado entre la empresa que posee una patente, o sea un derecho de ________________ sobre una invención industrial, y un concesionario al que le _________________ la fabricación en exclusiva del producto basado en esa invención, en un _________________ determinado a cambio del pago de una suma convenida, llamada regalía, por cada _________________ producida y/o vendida por este último durante el plazo de _________________ de la patente, en España 20 años desde la fecha de su solicitud. Transcurrido este plazo, el uso de los conocimientos pasa a ser de dominio _________________.

El registro de la patente en todos los países extranjeros en los que se piensa explotar la invención es imprescindible para garantizar la _________________ de la misma e impedir su uso no autorizado.

– La transferencia de know-how, entendida como conjunto de _________________ secretas, no patentables, sustanciales e identificadas de forma apropiada, que suponen para quien las recibe una ganancia de _________________ y mejoría de un proceso industrial que se transforma en _________________ competitiva.

Exige formar personal _________________ en los PVD, y su aplicación será en la puesta en _________________ de un nuevo proceso industrial o con ocasión del montaje de maquinaria _________________ e, incluso, con la formación de técnicos en los métodos modernos de _________________ industrial.

(Fuente: Curso de Especialistas.Comercio Exterior, Tomo 1, ICEX 1996)

12.4.4 Traduzca al alemán el texto del ejercicio 12.4.3.

12.4.5 Escriba un memorándum.

Situation:

Sie arbeiten bei der Bode & Salzmann oHG in Berlin. Ihr Chef, Herr Bode, gibt Ihnen den unter 12.2.2 abgefassten Brief.

Aufgabe:

Fassen Sie für Ihren Chef den Brief der Estuches & Derivados S.L. in Deutsch so zusammen, dass der Wunsch der spanischen Firma für die Lizenzierung des deutschen Produkts klar zum Ausdruck kommt.

12.4.6 Escriba una carta, un fax o un correo electrónico a partir de los detalles siguientes:

12.4.6.1 Geschäftsfall 1

Situation:

Sie arbeiten bei der Firma Guss-Design Meyerhofen in Stuttgart und haben die unter 12.2.1 abgefasste E-Mail erhalten.

Aufgabe:

Beantworten Sie diese E-Mail an die spanische Firma Juguetes Didacta per E-Mail unter Berücksichtigung folgender Punkte:

- Dank für die E-Mail vom ...
- Die noch verbleibenden Fragen bezüglich der Finanzierung und des Konzepts der Vermarktung in Amerika sollten bei dem geplanten Treffen besprochen werden.
- Die gewünschten Muster wurden bereits heute mit separater Post abgeschickt.
- Bestätigen Sie den Besuch des Geschäftsführers und des kaufmännischen Direktors von Juguetes Didacta für die 1. Woche des kommenden Monats in Stuttgart.
- Fragen Sie nach dem genauen Datum, das den Herren passen würde.
- Sie können sich den Termin frei halten.
- Soll ein Hotel reserviert werden?
- Bitte um baldige Antwort und Bestätigung des Erhalts der Muster

12.4.6.2 Geschäftsfall 2

Situation:

Die Werkzeugfabrik Richard ABR Herder KG, Rathausstr. 22, 42659 Solingen, Fax-Nr. +49 212 888100, E-Mail-Adresse: rahsol@gedore.de, sucht in Lateinamerika einen Kooperationspartner für den Vertrieb ihrer Drehmomentschlüssel (llaves dinamométricas). Über die deutsch-argentinische Handelskammer in Buenos Aires hat sie die Anschrift der Firma Importaciones Bahia & Corrientes S.A., Mar del Plata, Fax Nr.: +54 23 597210, E-Mail-Adresse: bahia-corrientes@importaciones.arg, erhalten. Mit einem ersten Fax hat die argentinische Firma Interesse bekundet und bittet um weitere Einzelheiten.

Aufgabe:

Richten Sie ein Schreiben an Sr. Pablo Corrientes der Bahia-Corrientes S.A. unter Berücksichtigung folgender Punkte:

- Freude über Interesse an Kooperation
- Sie fügen einen Prospekt über Ihre Drehmomentschlüssel bei.
- Diese Schlüssel werden vorwiegend beim Brückenbau und in der Fahrzeugindustrie verwendet.
- Die beiliegende Preisliste enthält ab-Werk-Preise. Zur Errechnung von FOB- und CIF-Preisen werden getrennte Angebote erstellt.
- Die Drehmomentschlüssel würden in einzeln verpacktem Zustand in Kartons oder Holzkisten geliefert.
- Reparaturen müssten von der argentinischen Firma übernommen werden.
- Entsprechende Mitarbeiter könnten in Deutschland geschult werden.
- Garantie für 2 Jahre würde von Ihnen übernommen.
- Bei Interesse Vorschlag, zwecks weiterer Verhandlungen nach Argentinien zu kommen

12.4.7 Conversación telefónica

Situation:

Sie arbeiten bei der österreichischen Firma Sagunth & Habermeier in Wien. Ihr Chef, Heinrich Habermeier, hatte auf der spanischen Möbelmesse in Valencia Herrn Tristán der Firma Mueblenova S.A. aus Paterna kennengelernt. Es wurde lose über Möglichkeiten einer Zusammenarbeit gesprochen.

Aufgabe:

Herr Habermeier ruft Herrn Tristán in dieser Angelegenheit an und bittet Sie wegen der Wichtigkeit der Einzelheiten eine kurze schriftliche Aktennotiz in deutscher Sprache über dieses Gespräch anzufertigen.

Los servicios bancarios en la exportación 13

13.1 Nociones básicas

Las entidades bancarias son intermediarios financieros cuya función empresarial es la **custodia** e **inversión del dinero** que se les confía y el otorgamiento de **créditos** para otras empresas o particulares. El beneficio empresarial resulta de la operativa bancaria con el capital que les es confiado en depósito (**pasivos**) y con los intereses de los empréstitos que otorgan (**activos**).

Los **medios de pago** más utilizados en las transacciones bancarias y en el comercio internacional general, y en los negocios de exportación en particular, son los siguientes:

El cheque

El cheque es un documento que incorpora un **mandato de pago a la vista**, de forma que la cantidad que expresa es exigible en el mismo momento de su presentación. Es preciso, para que el cheque pueda hacerse efectivo, que el emisor haya situado previamente los fondos necesarios en la entidad bancaria que actúa como **librado**.

Los usos y prácticas bancarias establecen una distinción entre **cheque personal**, emitido por el titular de una cuenta contra los fondos que tiene depositados en una institución bancaria, y el **cheque bancario**, que es, junto con la orden de pago simple, el medio de pago más utilizado en el comercio internacional. El **cheque bancario** es el documento librado por un banco de un país, a petición de un cliente y a favor de un tercero, sobre otra entidad de crédito extranjera, en la que tiene depositados fondos suficientes para atender el pago del importe a su presentación.

El pago de un cheque puede ser **en efectivo**, o, en el caso del **cheque cruzado**, mediante **abono en cuenta**.

La transferencia bancaria

Consiste en el envío de fondos que hace el comprador al vendedor, con finalidad de pago, sirviéndose para ello de su banco (**emisor**), que se pone en contacto con el banco del **beneficiario** o con su banco corresponsal.

Para los pagos que deben hacerse periódicamente (alquiler, suministros de energía, teléfono, subscripciones, etc.), cabe dar a la entidad bancaria una **orden de pago permanente** o **autorización de pago a terceros** para el cobro de la deuda pendiente.

El sistema **SWIFT** (Society for Worldwide Interbank Financial Tele-Communication) de comunicación interbancaria consiste en el envío y recepción por vía informática de mensajes para las comunicaciones de movimientos de fondos, la emisión de créditos documentarios y para otros negocios financieros.

La letra de cambio

La definición de la letra de cambio puede extraerse del ejercicio 7.4.3 anterior. Las letras de cambio pueden **domiciliarse** por ejemplo en un banco hasta la fecha de su **vencimiento**, **descontarse** en un banco contra pago de un **tipo de descuento o** transferirse a un tercero **por endoso**, lo que significa que la deuda se transfiere por el **endosante** a un **endosatario.**

En el comercio internacional la letra de cambio es a veces utilizada como medio de pago contra remesa de los documentos (**documentos contra aceptación**).

Se llama **remesa documentaria** al medio de pago en virtud del cual el vendedor (exportador) entrega a su banco una o varias letras de cambio, junto con la documentación sobre la expedición de la mercancía que es objeto de la transacción comercial, con la orden de que los entregue al comprador (importador), ya sea contra aceptación de una letra de cambio o contra el pago de su importe.

El crédito documentario

El crédito documentario es el medio de pago más seguro que existe para la exportación. Es una operación en virtud de la cual un banco (**banco emisor**), a petición de un cliente (**ordenante o comprador**), actúa como intermediario entre las partes al comprometerse ante el **beneficiario** (vendedor) directamente o a través de otro banco (**banco avisador**) a pagar al contado o a plazo su importe en el plazo y términos especificados, siempre que el beneficiario entregue los documentos relacionados en el conjunto de condiciones del crédito. Véase ejemplo de orden de apertura de crédito documentario en la página 291.

Tipos de créditos documentarios

Un crédito es **revocable** si así lo indica el condicionado. Puede ser modificado o cancelado por el banco emisor en cualquier momento y sin previo aviso al beneficiario. Por esta razón, la mayoría de las cartas de crédito son **irrevocables**. Esto significa que se ofrece al vendedor (beneficiario) la plena seguridad de cobro, puesto que siempre que cumpla lo explicitado en el condicionado, el banco emisor o el banco confirmador estarán obligados al pago. **El crédito documentario irrevocable confirmado** se da cuando el banco emisor, a petición del ordenante, solicita o autoriza al banco avisador que lo confirme. La confirmación del crédito al beneficiario por parte del banco avisador supone una doble seguridad de cobro.

Otros servicios bancarios incluyen actividades como la información sobre **crédito** y **solvencia**, la concesion de **créditos empresariales** e **hipotecarios**, la gestión de carteras de **inversión financiera**, las **transacciones bursátiles** y el tráfico de **divisas**, con trascendencia en el negocio exportador por la diferencia de unidades monetarias entre distintos países.

Hoy en día, la inmensa mayoría de los servicios bancarios se prestan con soporte electrónico; para la realización de los negocios mediante el banco existe la posibilidad, junto con la asistencia presencial en la oficina bancaria, sea con un asesor o bien con una terminal electrónica, de utilizar los **portales** de la red internet, desde los cuales pueden ejecutarse cómodamente todo tipo de operaciones.

Carta de crédito documentario

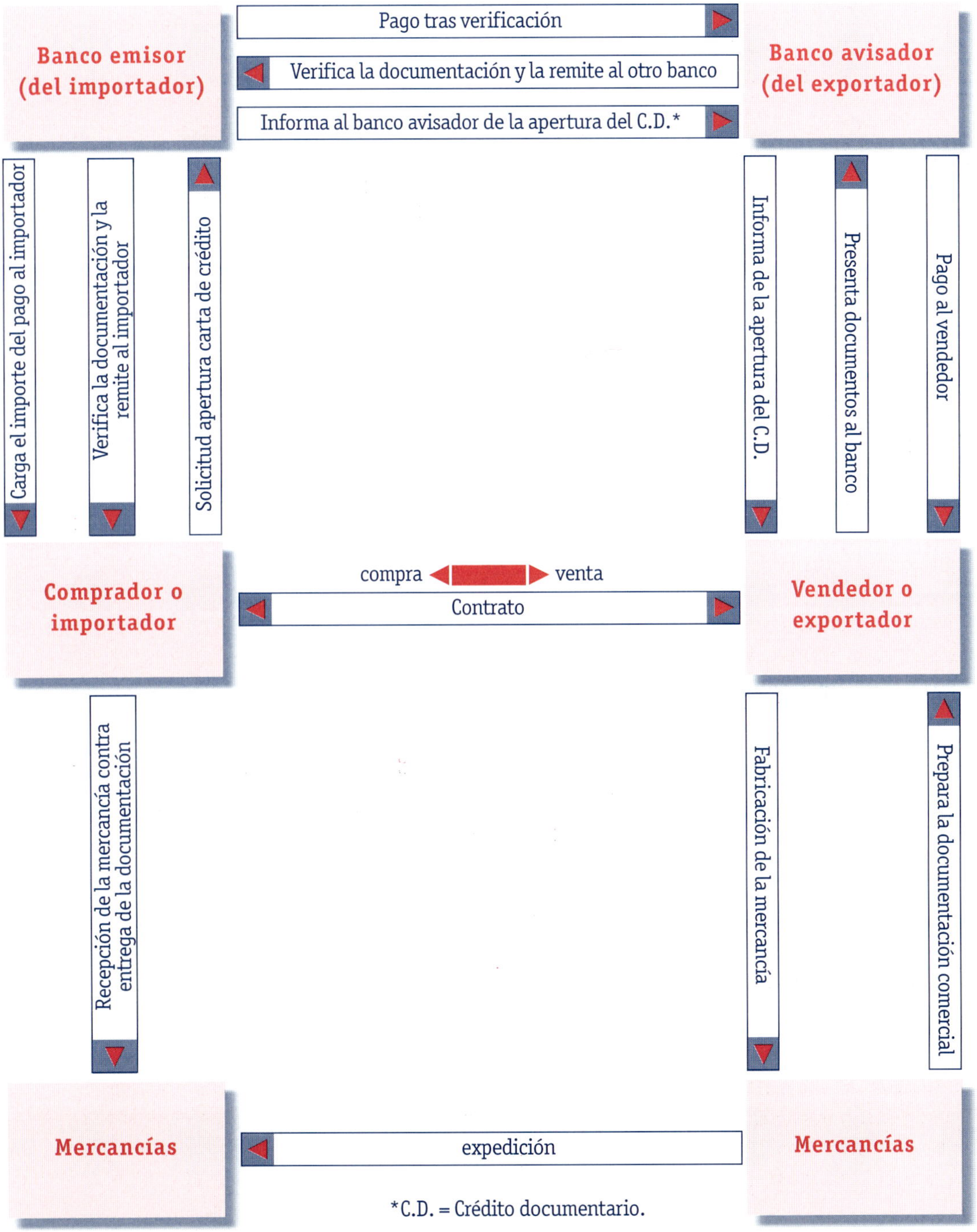

*C.D. = Crédito documentario.

13.2 Modelos de correspondencia

13.2.1 Notificación de pago por cheque cruzado

Correo electrónico

De: compras@teleline.es	**Para:** garn-strickmaschinen@herstellung.de
Asunto: Pieza de recambio	

Confirmamos la recepción y la correcta instalación de la pieza que solicitamos en nuestro pedido nº 7723-BX. Dada la cuantía de dicho pedido, nuestro jefe de compras, el Sr. Marqués, pasará durante la Feria Heimtextil a visitarles en su stand y les hará entrega de un cheque cruzado por los 723,45 € correspondientes a su factura nº SP 45/219 del 8 de diciembre pasado.

Muy atentamente,
Anastasia Ramón
Asistente Jefe de Compras

13.2.2 Orden de transferencia

FAX

An: Banco del Santo Espíritu
Oficina Central de Buenos Aires
Fax: +54 91 401986872

Von: Julia Birke, Designerin
Hamburgo y Buenos Aires
Fax: +49 40 3987294

Seitenzahl: 1

Datum: 19.05.05

Betreff: Transferencia

Estimados Sres.:

Sírvanse mandar transferencia por importe de 3.527,00 € a la cuenta nº 298467014041 del Deutsche Bank Argentina, código bancario 009053987600, a nombre de la Feria de Buenos Aires, con cargo a mi cuenta nº 9087102055. Adjunten la referencia "Participación Feria Deco-Argentina" y el número de la factura 27/1400/20...

Atentamente,
Julia Birke
Julia Birke

13.2.3 Solicitud de crédito para establecimiento de filial

Aplicaciones Informáticas S.A.
Padre Isla 49
E-24002 León
España

Hypothekenbank für Süddeutschland
Atención: Herrn Ludwig Tannerbauer
Filialdirektor
Promenadeplatz 24-26
80333 München
Alemania

León, 18 de noviembre de 20...

Estimado Sr. Tannerbauer:

Desde hace 6 años somos clientes de su institución, en la que mantenemos una cuenta que utilizamos básicamente para recibir los pagos de nuestros clientes alemanes.

Debido a la rápida expansión y la favorable evolución de nuestros negocios en su país, hemos decidido establecernos en este mercado con una filial que nos permita atender de forma más intensiva los negocios en Centroeuropa. La inversión prevista desearíamos financiarla parcialmente con créditos del país de la filial, como ya hicimos en el pasado en Estados Unidos. Nuestras necesidades de capital ascenderían a la cifra de 250.000,00 €.

Tengo previsto viajar a Munich el mes próximo, entre los días 13 y 20, para visitar clientes y contratar personal, y desearía tratar con Vd. las condiciones de este crédito. Le ruego me comunique si podríamos tener una entrevista en esa semana y los documentos que Vds. necesitarían para tomar en consideración la concesión del crédito. En todo caso, yo aportaré a dicha entrevista el informe anual de los últimos 5 años de nuestra empresa.

Muy atentamente, quedo a la espera de sus noticias.

Claudio Histerión Gonzaga
Claudio Histerión Gonzaga
Consejero Delegado

13.2.4 Pago mediante remesa documentaria

MAQUINARIA DE VALPARAÍSO S.L.
AVENIDA DE PUERTO NATALES 58 · VALPARAÍSO · CHILE

Westfälische Anlagenbau AG
Atención: Sra. Julia Falkenstein, Finanzdirektorin
Johannisstr. 54
48143 Münster
Alemania

Valparaíso, 15 de febrero de 20...

Asunto: Propuesta de modalidad de pago

Estimada Sra. Falkenstein:

Con relación al suministro de maquinaria para nuestra planta de fabricación de caucho, me complace remitirle adjunta nuestra propuesta de pago, una vez que hemos estudiado el caso con el banco de nuestra casa.

Confirmamos la aceptación de todas las cláusulas que nos han indicado en su fax del 11 de febrero pasado, y las condiciones de entrega y responsabilidad que aparecen en sus condiciones generales. Deseamos utilizar, como hacemos en la mayor parte de los casos, el recurso a la remesa documentaria para satisfacer el pago a su empresa. Dicha remesa, compuesta de letra aceptada a la vista, pagadera a los 30 días, y acompañada de la documentación usual relativa a la mercancía, sería tramitada a través de nuestro banco en Chile, Deutsche Exportbank del Cono Sur, y destinada a sus banqueros, Banco Exterior de Valparaíso, a los efectos de cobro.

Les rogamos nos notifiquen su conformidad, para efectuar el pedido en firme en dos suministros parciales, correspondientes a las dos secciones de nuestra planta de producción.

Quedamos a la espera de su confirmación y le saludamos muy cordialmente,

Ricardo Antúnez O'Neal
Ing. Ricardo Antúnez O'Neal
Administrador Principal

13.2.5 Notificación del banco avisador al banco emisor sobre entrega de documentos según crédito documentario abierto recientemente (véanse 3.2.5 y 4.2.4)

Correo electrónico X

De: citibank@caracas.ve	**Para:** dresdner.bank@stuttgart.de
Asunto: Envío de documentación	

Estimados Sres:

Con relación al suministro de 250 bombas de refinería para crudo del tipo G 27 por valor total de 980.750,00 USD (importe del crédito documentario: 985.200,00 USD), entrega: FOB Caracas, recibirán en breve por mensajería urgente los documentos especificados a continuación:

2 conocimientos de embarque
1 póliza de seguros
1 duplicado de factura original
1 certificado de origen (con traducción jurada al alemán)
1 recibo de carga
1 certificado con descripción técnica

Les rogamos entreguen los documentos citados al consignatario, la empresa Mirabell GmbH en Stuttgart, contra pago al contado de nuestra factura por el importe antes citado.

Sírvanse notificarnos la recepción de esta documentación y la transferencia del importe del crédito.

Muy atentamente,
Ruiz Calaveras
Departamento de Comercio Exterior

13.3 Fraseología

13.3.1 Cuentas, extractos de cuenta, cheques

Deseamos abrir una cuenta corriente con Vd.	Wir möchten bei Ihnen ein Girokonto eröffnen.
Quisiéramos abrir una cuenta bajo la razón social de... en su banco.	Wir möchten unter dem Firmennamen ... bei Ihrer Bank ein Konto eröffnen.
Les quedaríamos muy agradecidos si nos informaran sobre los detalles de sus condiciones para abrir una cuenta corriente en su banco.	Wir wären Ihnen sehr dankbar, wenn Sie uns Einzelheiten der zur Eröffnung eines laufenden Kontos bei Ihrer Bank erforderlichen Konditionen mitteilen würden.
Adjuntamos ejemplos de las firmas de los Sres. ...	Wir fügen Unterschriftsproben der Herren ... bei.
Les rogamos transfieran, el primero de cada mes, y hasta nuevo aviso, al Banco..., el importe de... a la cuenta nº... de la sociedad...	Wir bitten Sie, bis auf weitere Nachricht am 1. jeden Monats den Betrag von ... der Bank... auf das Konto Nr. ... der Firma ... zu überweisen.
Adjuntamos un cheque por valor de... para su abono en nuestra cuenta nº...	Wir fügen einen Scheck im Wert von ... zwecks Gutschrift auf unserem Konto Nr. ... bei.
El saldo deudor en su cuenta nº... es de...	Der Lastschriftensaldo auf Ihrem Konto Nr. ... beträgt ... .
Después de verificar su extracto de cuenta del..., confirmamos que el importe pagado el... no fue abonado en cuenta y les rogamos disculpen esta omisión.	Nach Prüfung Ihres Kontoauszuges vom ... bestätigen wir, dass der am ... bezahlte Betrag nicht gutgeschrieben worden ist. Wir bitten Sie, dieses Versehen zu entschuldigen.
Les enviamos en anexo un cheque de... como primer pago. Rogamos a Vds. nos comuniquen el tipo de interés actual para cuentas de ahorro.	Wir senden Ihnen beiliegend als Anzahlung einen Scheck über ... . Wir bitten Sie, uns den gegenwärtigen Zinssatz für Sparkonten mitzuteilen.

13.3.2 Solicitud y concesión de créditos

Les estaríamos muy agradecidos si pudieran a) concedernos un crédito en descubierto de... . b) concedernos un préstamo de... por un período de 4 meses. c) otorgarnos un crédito de... para la compra de materias primas/la financiación de ciertos gastos.	Wir wären Ihnen sehr dankbar, wenn Sie uns a) einen ungesicherten Kredit von ... b) einen Kredit über ... für einen Zeitraum von 4 Monaten c) einen Kredit in Höhe von ... für den Kauf von Rohstoffen/die Finanzierung bestimmter Ausgaben gewähren würden.
Les rogamos a Vds. nos concedan una prórroga de seis semanas para la liquidación de nuestro saldo deudor.	Wir bitten Sie uns eine Verlängerung von sechs Wochen für die Bezahlung unseres Schuldensaldos zu gewähren.
Estamos dispuestos a concederles un crédito de... a corto/medio/largo plazo.	Wir sind bereit, Ihnen kurz-/mittel-/langfristig einen Kredit von ... zu gewähren.
Les rogamos abran un crédito documentario irrevocable a nuestro nombre en favor de...	Wir bitten Sie, in unserem Namen ein unwiderrufliches Dokumentenakkreditiv zu Gunsten von ... zu eröffnen.
En caso de que necesiten garantías adicionales, hagan el favor de indicárnoslo.	Falls Sie zusätzliche Sicherheiten benötigen, bitten wir um Mitteilung.

13.3.3 Pago, gestión de documentos

En conformidad con nuestras condiciones de pago hemos girado a cargo de Vd. una letra a 30 días vista por el importe de... .	In Übereinstimmung mit unseren Zahlungsbedingungen haben wir auf Sie einen 30-Tage-Sichtwechsel für den Betrag von ... gezogen.
Nuestra letra pagadera el... y girada a su cargo les será presentada por el Banco..., por lo que les agradeceríamos se sirvieran pagarla puntualmente.	Unser auf Sie gezogener Wechsel, der am ... fällig ist, wird Ihnen von der ... Bank vorgelegt. Wir wären Ihnen dankbar, wenn Sie ihn pünktlich zahlen würden.
Los documentos de embarque serán entregados contra aceptación de una letra de cambio.	Die Versandpapiere werden Ihnen gegen Wechselakzept ausgehändigt.
Les rogamos nos den detalles de sus derechos de cobro para letras a cargo de importadores argentinos.	Wir bitten Sie uns die Einzelheiten Ihrer Inkassogebühren für auf argentinische Importeure gezogene Wechsel mitzuteilen.

Hemos efectuado su transferencia por SWIFT y les informaremos luego que nuestra sucursal en México nos confirme que el importe fue cargado en cuenta.	Wir haben Ihre Überweisung per SWIFT ausgeführt und werden Sie informieren, sobald unsere Filiale in Mexiko uns bestätigt, dass der Betrag abgebucht worden ist.
A partir de hoy todas las órdenes bancarias que Vds. nos transmitan serán ejecutadas vía nuestro portal Internet.	Ab heute werden alle Bankaufträge, die Sie uns erteilen, durch unser Internet-Portal ausgeführt.
Una vez que el importe de nuestro crédito documentario haya sido pagado, les rogamos nos lo abone en la cuenta nº... en su banco.	Sobald der Betrag unseres Akkreditivs bezahlt worden ist, bitten wir um Gutschrift auf Konto Nr. ... bei Ihrer Bank.
Les rogamos instruyan a su banco corresponsal que entregue los documentos sólo contra pago al contado/aceptación de una letra a 30 días vista.	Wir bitten Sie, Ihre Korrespondenzbank anzuweisen, die Dokumente nur gegen Barzahlung/Akzept eines 30-Tage-Sichtwechsels freizugeben.

13.4 Ejercicios

13.4.1 Cuestiones sobre el tema

a. Describa algunas funciones de una entidad bancaria.
b. ¿Qué es un cheque?
c. ¿Cómo efectúa un banco una transferencia bancaria?
d. Describa una letra de cambio. ¿Qué ventajas tiene para el librado?
e. ¿Qué diferencia existe entre una remesa simple y una remesa documentaria?
f. Explique las funciones del banco emisor y del banco avisador en una transacción de pago por medio de un crédito documentario.
g. El pago por crédito documentario irrevocable es relativamente caro. ¿Por qué razón se utiliza tanto en el comercio exportador?
h. ¿Qué otros servicios bancarios conoce?
i. ¿Qué es una terminal electrónica?

13.4.2 Ejercicio de aplicación práctica

A continuación vamos a detallar en sucesivos pasos el proceso de utilización del crédito documentario. Con ayuda del texto y del gráfico de la página 183 puede ver los pasos que implica la apertura de un crédito documentario.

1. Comprador y vendedor acuerdan en el contrato de compraventa que el pago se realizará mediante crédito documentario.
2. El comprador da instrucciones a su banco (emisor) para que emita un crédito a favor del vendedor (exportador, beneficiario).
3. El banco emisor emite el crédito y solicita a otro banco (avisador), normalmente del país del vendedor, que notifique o confirme el crédito.
4. El banco avisador (confirmador) informa al vendedor de la emisión del crédito documentario a su favor.
5. Cuando el vendedor tiene conocimiento del crédito y considera que puede cumplir sus términos y condiciones, procede a la expedición de las mercancías. Es recomendable comprobar dichas condiciones del crédito en el momento de su recepción para asegurarse de que corresponde a lo convenido en el contrato de compraventa (o pedido y su confirmación).
6. Posteriormente, el vendedor presenta los documentos requeridos al banco en el que el crédito está disponible.
7. El banco comprueba si los documentos aportados se ajustan plenamente a los requisitos del crédito. En caso afirmativo, el banco pagará (a la vista o a plazo), aceptará o negociará, según los términos del crédito.
8. El banco emisor verifica los documentos y, si son conformes con los requisitos del crédito,
   - reembolsa de la forma prevista al banco confirmador que ha efectuado el pago a la vista.
   - o efectúa el pago al banco confirmador, que pagará a su vencimiento.
9. En caso de que los documentos satisfagan los requisitos del crédito, el banco emisor los entrega al comprador, contra pago del importe debido o según otras condiciones estipuladas.
10. El comprador remite los documentos de transporte al transportista, que procederá a entregar las mercancías.

Siguiendo los pasos detallados, adapte este esquema de funcionamiento al contrato de exportación mediante crédito documentario de la Sociedad Venezolana de Exportación S.A. y la empresa Mirabell GmbH (véanse el pedido bajo 3.2.5, la confirmación del pedido bajo 4.2.4 y la notificación interbancaria bajo 13.2.5).

13.4.3 Traduzca al alemán.

El Seguro de Crédito a la Exportación

El Seguro de Crédito a la Exportación es un instrumento que permite la expansión del comercio internacional, porque libera las transacciones de comerciales de la excesiva acumulación de riesgos, mediante su cobertura en un alto porcentaje. Se estimula con ello la actuación del empresario exportador y la de otros agentes que colaboran en el comercio internacional.

El SCE constituye un instrumento básico de asistencia técnica, de cooperación y de fomento de la actividad exportadora. Puede ser suscrito, en calidad de asegurado, por las empresas exportadoras o por las entidades financieras que intervengan en operaciones de exportación, asumiendo por ello cierto tipo de riesgos expresamente determinados (amortización en el crédito a la exportación, ejecución de fianzas, confirmación de créditos documentarios, etc.).

La cobertura puede comprender, entre otros, los riesgos políticos y comerciales de un negocio exportador.

13.4.4 Escriba un memorándum.

Situation:

Sie arbeiten bei der Westfälischen Anlagenbau AG in Münster. Ihre Chefin, Frau Falkenstein, gibt Ihnen das unter 13.2.4 erhaltene Schreiben.

Aufgabe:

Fassen Sie für die Akte den Brief der Maquinaria de Valparaíso S.L. in Deutsch zusammen. Ihre Chefin möchte vor allem wissen, ob der Kunde die Lieferbedingungen der deutschen Firma akzeptiert und wie die Zahlungsweise vor sich gehen wird.

13.4.5 Escriba una carta, un fax o un correo electrónico a partir de los detalles siguientes:

13.4.5.1 Geschäftsfall 1

Situation:

Sie arbeiten als Assistent(in) des Filialdirektors Ludwig Tannerbauer bei der Hypothekenbank für Süddeutschland. Ihre Bank hat den unter 13.2.3 abgedruckten Kreditantrag erhalten.

Aufgabe:

Herr Tannerbauer bittet Sie, den Antrag unter Berücksichtigung folgender Punkte zu beantworten:

- Dank für erhaltenes Schreiben
- Sie sind gern bereit, Herrn Claudio Histerión Gonzaga zwischen dem 13. und 20. Dezember in München zu treffen und über einen Kredit zu sprechen.
- Sie können aber einen Kredit nur gewähren gegen
  a) eine harte Patronatserklärung der Muttergesellschaft (aval de la matriz).
  b) Eintragung einer Grundschuld (deuda hipotecaria) auf möglicherweise zu erwerbenden Grundbesitz.
- Bitten Sie Herrn Histerión, möglichst vollständige Unterlagen zu dem Termin mitzubringen, wie Jahresberichte, Bilanzen, Gewinn- und Verlustrechnungen, Exportzahlen des Unternehmens usw.

13.4.5.2 Geschäftsfall 2

Situation:

Sie arbeiten bei der Sauerland-Bank, Ringstr. 14, 58515 Lüdenscheid, Tel.: +49 2351 174876, Fax-Nr.: +49 2351 174977, E-Mail-Adresse: sauerland-bank@t-online.de, und haben ein Schreiben von Herrn Gustavo Romero, Finanzdirektor der Microfina S.L., Casilla 205689, 11.000, Montevideo, Uruguay, Tel.Nr.: +598 2 37402438, Fax-Nr. +598 2 372440, E-Mail-Adresse: microfina@montevideo.ur, erhalten. Er hat Ihnen mitgeteilt, dass er bei Ihrer Bank ein Kontokorrentkonto eröffnen will.

Aufgabe:

Beantworten Sie dieses Schreiben unter Berücksichtigung folgender Punkte:

- Sie benötigen für die Eröffnung eines solchen Kontos, übersetzt, notariell beglaubigt und von der deutschen Botschaft in Montevideo bestätigt:
  - die Gründungsurkunde (Escritura de Constitución) und Satzung (Estatutos) der uruguayischen Firma;
  - die Registrierungsbescheinigung (Anotación del Registro Mercantil) der Gesellschaft in Montevideo;
  - einen schriftlichen Beschluss der Firmenleitung, aus welchem hervorgeht, welche Personen verfügungsberechtigt (apoderado = Prokurist) sein sollen;
  - eine Liste der für die Gesellschaft zeichnungsberechtigten Personen (personas autorizadas a firmar) mit Bankbestätigung.
  - Nach Prüfung dieser Unterlagen werden Sie das gewünschte Konto eröffnen.

13.4.6 Mensaje de contestador

Situation:

Im Anschluss an den unter 13.2.3 abgedruckten Kreditantrag und die unter 13.4.5.1 erfolgte Beantwortung durch den Filialdirektor der Hypothekenbank für Süddeutschland erhielt Ihre Bank eine Nachricht auf dem Anrufbeantworter. Zur Zeit des Anrufs war Ihr Büro nicht besetzt.

Aufgabe:

Da Sie als einzige/r Kollege/in Ihrer Bank Spanisch sprechen, bittet Herr Tannerbauer Sie, eine schriftliche Aktennotiz über die erhaltene Nachricht in Deutsch abzufassen

14 Transporte y aseguramiento de mercancías

14.1 Nociones básicas

A. Transporte

La logística es hoy en día una importantísima rama de la economía internacional, sin la cual no se puede desarrollar la actividad comercial tal y como en la actualidad la conocemos.

Agentes de transporte

Para el transporte de mercancías, importadores y exportadores necesitan la intervención de las **empresas de expedición** y los **transportistas**. Son empresas de expedición los intermediarios que actúan entre aquellos que tienen que enviar o recoger mercancías y los que las transportan y se encargan de todas las formalidades derivadas. En algunos casos las empresas de expedición son también transportistas.

Como las empresas de expedición operan internacionalmente y tienen muy diferentes clientes, pueden obtener mejores precios y reducir gastos combinando distintos tipos de consignación para formar una unidad superior (**fletamento consolidado, grupaje de mercancías**). Las empresas de expedición tienen una red extranjera de filiales o corresponsales para el transporte de mercancías a todas las partes del mundo. Junto con el transporte en sí mismo estas empresas prestan un gran número de servicios a sus clientes, como puede ser la **recogida** o **remisión** de mercancías de o a los muelles, el pago de las **tasas de flete** o **transporte**, la **obtención de los documentos necesarios de flete** (p.e. conocimientos de embarque, facturas consulares, certificados de origen, certificados de valor o peso, trámite de pólizas de seguros, etc.). Además se encargan del **despacho aduanero** de mercancías y de su **almacenamiento** y manipulación para **distribución comercial**.

Medios de transporte

Los transportistas pueden llevar a cabo el transporte por **carretera** (camión), por **ferrocarril** (tren), por **vía aérea** (avión), por **vía fluvial** o lacustre (barco) o por **vía marítima** (barco, buque). La vía aérea suele utilizarse para el transporte de bienes de alto valor añadido, muy caros o muy perecederos. El transporte ferroviario es menos caro y no se ve afectado por las incidencias de tráfico que condicionan el tráfico por carretera. Este transporte permite el envío puerta a puerta de las mercancías, aunque entraña ciertos riesgos cuando hay que transportar mercancías peligrosas. Hoy en día, el desarrollo de la **logística** de los **contenedores** ha revolucionado el transporte y permite cargar y descargar bienes de forma **multimodal** en determinados **terminales portuarios, aeroportuarios** y **ferroviarios**. El transporte marítimo o por vía fluvial es la forma más barata para la circulación de bienes, en cualquiera de sus diferentes modalidades.

Tipos de documentos de transporte

Existen para cada tipo de transporte diferentes documentos que debemos diferenciar muy claramente:

1) **Transporte por ferrocarril o por carretera: la carta de porte**. Es un documento **no negociable** que, para el transporte por ferrocarril, suele ser distinguido con las siglas

CIM. Este documento evidencia el contrato de transporte por tren. En el caso de transporte internacional de mercancías (es decir, fuera de la Unión Europea), es recomendable ampararse al régimen **TIF**, que permite transportes en vagones cerrados y precintados, con un mínimo de trámites y a través de varias fronteras, hasta la estación de destino. Se documenta mediante la "Declaración TIF". Por su parte, el transporte internacional de mercancías por carretera está regulado por el Convenio **CMR**. La carta de porte CMR es la prueba del contrato e incluye datos sobre la mercancía, origen, destino, etc. Además, para el transporte internacional de mercancías, es necesario el llamado "Cuaderno **TIR**". Éste es expedido por la asociación garante del país de origen de la mercancía (en España **ASTIC**) y permite el transporte internacional por carretera sin manipulación en las aduanas intermedias, desde la aduana del exportador hasta la del importador.

2) **Transporte aéreo: el conocimiento aéreo**. Es habitualmente un documento no negociable que tiene una función múltiple: es evidencia documental del contrato de transporte, recibo de las mercancías por parte del transportista, carta de instrucciones respecto a la manipulación, transporte y entrega de las mercancías, **factura de flete** y prueba de la recepción por el **consignatario, declaración de valor** a efectos aduaneros y **certificado de seguro**, si ha sido contratado tal servicio con la compañía aérea.

3) **Transporte fluvial o marítimo: el conocimiento de embarque**. Este documento tiene un triple carácter formal:
   a) **Título de crédito** contra el capitán por la entrega de las mercancías y contra el cargador o consignatario por el importe del flete.
   b) Título representativo de la **propiedad** de las mercancías embarcadas, que permite a su tenedor disponer de ellas durante el viaje, así como su transmisión a terceros por endoso.
   c) **Título probatorio** del contrato de transporte, que se documenta en el propio conocimiento.

Tipo de transporte	**Medio de transporte**	**Documentación**
Transporte terrestre a. por carretera b. por ferrocarril	 por camión por tren	 carta de porte carta de porte
Transporte aéreo	por avión	conocimiento aéreo
Transporte fluvial/lacustre	por barco	conocimiento fluvial
Transporte marítimo	por barco o buque	conocimiento de embarque
Transporte multimodal	logística combinada (terminales portuarios, aeroportuarios y ferroviarios)	

B. Aseguramiento

En primer lugar, cabe mencionar que no existe una póliza de seguro que cubra absolutamente todos los riesgos, aunque sí las hay de cobertura muy amplia. Como en el resto de seguros, las figuras relacionadas por un seguro de transporte son el **asegurador**, el **asegurado**, el **tomador** y el **beneficiario**. Existen varios tipos de seguros: por el tipo de transporte (marítimo, terrestre, fluvial o lacustre, aéreo), por el interés puesto en riesgo (de los medios o vehículos, de las mercancías transportadas, de los beneficios esperados, de las responsabilidades ante terceros), por la duración del contrato (temporal o a término, por viaje) y por la amplitud en sí de la **póliza total o parcial.**

De las muchas modalidades de pólizas podemos citar las siguientes:

1) **Póliza especial o por viaje:**
Para un viaje concreto, terminado el cual concluye la validez de la póliza.

2) **Póliza abierta:**
Para cubrir un capital determinado a transportar en varias expediciones, con condiciones idénticas para todas, y prima a abonar al principio o con cada expedición.

3) **Póliza a forfait:**
Cubre un capital determinado y fijo en una serie de viajes sucesivos e indeterminados durante el período previsto. Es la póliza utilizada por las empresas de transporte para cubrir sus responsabilidades obligatorias marcadas por leyes o convenios internacionales.

4) **Póliza de abono y flotante:**
Al inicio del período se negocian los términos de la **cobertura** y se le van incorporando capitales o valores asegurados conforme se van realizando operaciones comerciales. Permite una simplificación sustancial del proceso de contratación, con ventajas para ambas partes.

En los casos en que el exportador debe acreditar la contratación de una póliza para un envío pagadero a base de un crédito documentario, la compañía de seguros le emite un **certificado de seguro**.

Gran parte de las mercancías aseguradas son objeto de seguro marítimo. Como complemento de las pólizas españolas se utilizan las aprobadas por el Instituto de Aseguradores de Londres, conocidas como **Institute Cargo Clauses (ICC)**.

Cláusula C (FPA – free of particular average – franco de avería particular).
Cláusula B (WPA – with particular average – con avería particular, incluye la cláusula C).
Cláusula A (AR – against all risks – todo riesgo, incluye las cláusulas C y B).

Aseguramiento

Tipos de pólizas
- Póliza especial o por viaje
- Póliza abierta
- Póliza a forfait
- Póliza de abono y flotante

14.2 Modelos de correspondencia

14.2.1 Empresa española solicita oferta de transporte a una empresa alemana de expediciones

Correo electrónico

De: compras@panificio.es	**Para:** spedition-winzen@netserve.de
Asunto: Solicitud de oferta	

Estimados Sres.:

Hemos adquirido seis palets de pan negro de centeno, a recoger el próximo día 14 de abril en el polígono "Gewerbegebiet 7" de Paderborn, en la empresa Bio-Bäckerei Schulz & Bitburg KG.

Les rogamos nos faciliten sus mejores condiciones para un envío de la mercancía a nuestro almacén del centro de Bilbao.

Atentos saludos,
Alberto Lagorrenechea

14.2.2 Oferta de flete de un agente expedidor panameño a una sociedad alemana

FAX

Para: Norddeutsche Stahlhandels-GmbH
A la atención de D. Walter Siebbersen
Fax: +49 40 29830177

De: Fletamientos Ruiz y Anglada Ltda.
Fax: +507 229081

Nº de pág.: 2

Fecha: 16.05.20...

Asunto: Oferta de flete

Estimado Sr. Siebbersen:

Queremos agradecerle su petición de oferta para el transporte de 183 toneladas en estructuras metálicas paletizadas, conteniendo piezas desmontables en acero para montaje de 890 armarios metálicos.

Nuestro mejor precio sería el siguiente: Envío con el carguero bicasco "Flor de Loto" sobre una tarifa de 197 US dólares por tonelada métrica o 10 metros cúbicos, bajo opción del armador, con estadía máxima de 9 días.

Incluimos adjunto a este fax plan de singladura del navío, actualmente anclado en el puerto de Panamá, con próximo destino a Hamburgo. La estiba comenzará el próximo 27 de mayo de 20... Por cada día de sobreestadía está previsto un cargo adicional de 350 US dólares.

Si esta oferta goza de su conformidad, remítanos con la mayor brevedad posible el contrato de fletamiento por triplicado para que podamos dar las oportunas instrucciones al comandante del buque, Sr. Xavier Espín Luengo.

Quedando a la espera de sus instrucciones, reciba muy atentos saludos.

Bartolomeo Ruiz
Bartolomeo Ruiz
Ruiz y Anglada Ltda.
Fletes Internacionales

14.2.3 Circular a la clientela

Contenedores de Santander S.A.
Avenida de los Castros, 38-42
39005 Santander

Santander, 10 de noviembre de 20...

A todos nuestros clientes

Estimados Sres.:

Nos complace informarles que nuestra empresa, Contenedores de Santander S.A., en cooperación con la firma alemana Hansa-Nordfracht GmbH, Bremen, les ofrecerá a partir del 1º de enero del próximo año un servicio regular, rápido y competitivo entre Alemania del Norte y el nordeste peninsular.

Dicho servicio permitirá la utilización de 7 buques por semana operados por la sociedad naviera Quiñones & Quiñones S.A., entre los puertos de Bremerhaven y Santander. Dicha ruta se ampliaría tres veces por semana, en caso de encontrar buena acogida, con un desvío al puerto de Gijón.

Adjuntamos a esta circular folleto informativo y lista de precios para fletes completos y grupajes de contenedor. Cualquier consulta sobre este nuevo servicio de nuestra empresa les será atendida por nuestro departamento comercial, a cargo de Dña. Mercedes de Lorenzo (Tlf. +34 942 219835, correo electrónico: delorenzo@consansa.es).

Esperamos contar con una buena acogida en este nuevo servicio que les presentamos, y les mandamos un saludo muy cordial.

Aníbal García Barrenechea
Aníbal García Barrenechea
Gerente

14.2.4 Aviso para recogida en el aeropuerto

Correo electrónico

De: patanegra-service@terra.es | **Para:** einkauf@hotel-muenzinger.de

Asunto: Envío urgente de 100 piezas de jamón ibérico

Sres.:

Nos ha sido notificada la recepción sin novedad de la partida que enviamos esta mañana por transporte aéreo al aeropuerto de Berlin-Schönefeld. Rogamos procedan a recoger la mercancía lo antes posible. Se encuentra depositada en el almacén B 37 de Lufthansa Cargo.

El número del conocimiento aéreo es LB 32 50.

Saludos,
C. Vergual

14.2.5 Solicitud de póliza flotante

Kornbrennerei Flachsmann KG
Promenadeplatz 10
D-80333 München
Deutschland

Aseguradora Concepción S.A.
Paseo de Pereda 102
E-39001 Santander
España

Munich, 12 de febrero de 20...

Estimados Sres.:

Nos dirigimos a su empresa por recomendación de la firma Kaffee-Kontor Hausmann & Söhne & Co. KG de Bremen.

Deseamos consultar con su departamento comercial si estarían dispuestos a asegurar un flete marítimo de 1.500 toneladas de trigo y 500 toneladas de centeno procedentes de la Cooperativa Cereal de Castilla S.Coop., para ser embarcadas en el puerto de Cádiz con destino a Hamburgo, para nuestras destilerías de esta ciudad.

Desearíamos que nos extendieran una póliza flotante con cobertura de todos los riesgos, esto es, no sólo los derivados de avería marítima, sino también los siguientes: robo o piratería, pérdida de peso, avería o deterioro por agua salada, exhalaciones del barco, entendiéndose que tales siniestros se cubren sin franquicia.

Con primas adicionales cubriríamos el transporte de la mercancía desde el puerto de desembarco a nuestra licorería, por transporte ordinario en carretera.

Esperando su oferta, le saludamos muy atentamente,

Peter Flachsmann Jr.
Peter Flachsmann Jr.
Prokurist

14.2.6 Seguro de transportes por vía marítima: notificación de daños a la aseguradora

FAX

A: Versicherungskontor Jagenberger & Holsten AG
A la atención de la Sra. Schmitt
Fax: +49 211 78 32 490

Nº de págs.: 9

De: Bananera Colombiana Ltd. de Barranquilla
Fax: +57 58 409823

Asunto: Daños en la mercancía

Estimada Sra. Schmitt:

Con el buque "Arequipa" hemos recibido de Bremerhaven un suministro de piezas de maquinaria para impresión, consistente en 39 cajas de material eléctrico y módulos electrónicos, bajo la referencia 77 BK 1Z, que venían asegurados por su compañía con cobertura a todo riesgo con arreglo a la Cláusula A del ICC.

Según indica el certificado de avería adjunto, que remitimos como anexo a este fax en español e inglés, la mercancía llegó muy deteriorada, por motivo de una estiba inadecuada que dio lugar a desplazamiento y rotura de algunas de las cajas, tal y como detalla el dictamen pericial. A consecuencia de ello, se produjo infiltración de humedades que generó inutilización de muchos de los módulos. Los daños y perjuicios ocasionados se cifran, siempre según valoración pericial, en 189.032,00 €, importe que rogamos transfieran a nuestra cuenta del Banco Peninsular Transatlántico, Sucursal de Francfort del Meno Nº 55098 20347 001, Nº Bancario 800 300 8734.

Acompañamos con carácter probatorio los documentos relativos al flete de referencia:
- póliza vigente de seguros
- certificado de avería visado
- factura de los cargadores y lista de bultos
- copia del conocimiento de embarque
- negativa del agente naviero a nuestro requerimiento

A la espera de su rápida respuesta, quedamos a su disposición para cualquier aclaración adicional y le saludamos atentamente.

Gonzalo Pernia y Cintruénigo
Gonzalo Pernia y Cintruénigo
Administrador General

14.3 Fraseología

14.3.1 Correspondencia entre cliente y transportista

Nos hemos enterado de que a) Vds. ofrecen un servicio de flete aéreo en todo el mundo. b) Vd. está especializado en transportes de contenedores. c) su agencia de transportes mantiene un servicio regular de entrega por medio de camiones/para cargas frigoríficas.	Wir haben erfahren, dass a) Sie einen weltweiten Luftfrachtdienst anbieten. b) Sie auf Container-Transporte spezialisiert sind. c) Ihre Spedition einen regelmäßigen Lieferdienst per Lkw/für Kühlladungen anbietet.
Quisiéramos efectuar el envío de un lote de mercancías perecederas mediante camiones frigoríficos desde Hamburgo a Vigo/España y les rogamos nos indiquen su tarifa de flete más ventajosa.	Wir möchten die Lieferung eines Postens verderblicher Waren per Kühllastwagen von Hamburg nach Vigo/Spanien durchführen und bitten Sie um Angabe Ihres günstigsten Frachttarifs.
Envíennos, por favor, sus tarifas de transporte actualmente en vigor.	Schicken Sie uns bitte Ihre zur Zeit gültigen Frachtsätze.
Rogamos nos indiquen a) la próxima fecha de salida de un buque que salga para El Salvador. b) si Vds. pueden despacharnos el envío y en qué condiciones. c) si hay que reservar espacio de carga en el buque. d) si les sería posible retirar las cajas en nuestro almacén el día 15 de enero por la mañana.	Wir bitten Sie um Angabe a) des nächsten Abfahrtsdatums eines Schiffes in Richtung El Salvador. b) ob Sie die Lieferung übernehmen können und zu welchen Bedingungen. c) ob im Schiff Frachtraum reserviert werden muss. d) ob es Ihnen möglich wäre, die Kisten am 15. Januar morgens in unserem Lager abzuholen.
Les rogamos nos indiquen sus tarifas mínimas para el envío por vía marítima de...	Bitte teilen Sie uns Ihre Mindestsätze für die Versendung von ... auf dem Seewege mit.
Tenemos que embarcar una carga de 5.000 toneladas de... y les estaríamos agradecidos si pudieran indicarnos un buque con una capacidad de carga suficiente.	Wir müssen eine Fracht von 5.000 Tonnen ... verschiffen und wären Ihnen dankbar, wenn Sie uns ein Schiff mit einer ausreichenden Ladekapazität nennen könnten.
Como el pago se efectuará por medio de crédito documentario, les rogamos obtengan los documentos necesarios/un juego completo del conocimiento de embarque limpio a bordo.	Da die Zahlung per Dokumenten-Akkreditiv erfolgt, bitten wir Sie um Beschaffung der notwendigen Dokumente/eines kompletten Satzes reiner Bordkonnossemente.

Haga el favor de indicarnos cuándo cerrará el buque el cargamento.	Bitte teilen Sie uns das Datum des Ladeschlusses für das Schiff mit.
Hemos retirado de la dirección... la carga de máquinas y realizaremos el embarque de la misma con el buque... que sale para Santander el...	Wir haben an der Adresse ... die Lieferung Maschinen abgeholt und werden diese mit dem Schiff ... versenden, das am ... nach Santander ausläuft.
Entregaremos las mercancías según sus instrucciones al destinatario indicado en la carta de porte.	Wir werden die Waren weisungsgemäß dem im Frachtbrief angegebenen Empfänger übergeben.
Los gastos de flete (y seguro) deben ser pagados por el consignatario.	Die Fracht- (und Versicherungs-) Kosten müssen vom Empfänger bezahlt werden.
La fecha de vencimiento del crédito documentario es el..., siendo la última fecha de embarque el...	Das Verfalldatum des Dokumenten-Akkreditivs ist der ..., weshalb der letzte Verschiffungstermin der ... ist.

14.3.2 Aseguramiento

Necesitamos un seguro a todo riesgo para el transporte de...	Wir benötigen eine Versicherung gegen alle Risiken für den Transport von ...
Hagan el favor de indicarnos su prima de seguro más favorable para una póliza flotante a todo riesgo por importe de... para embarque de maquinaria según especificación.	Bitte geben Sie uns Ihre günstigste Prämie für eine Abschreibepolice gegen alle Risiken im Wert von ... für die Verschiffung von Maschinen nach Spezifikation an.
Deseamos conocer sus tarifas más reducidas de cobertura a) a todo riesgo. b) libre de avería particular. c) según cláusula C de los Institute Cargo Clauses.	Bitte geben Sie uns Ihre günstigsten Deckungssätze a) gegen alle Risiken. b) ohne besondere Havarie. c) gemäß Klausel C der Institute Cargo Clauses.
El envío deberá asegurarse a) de almacén a almacén. b) CIF Puerto de la Cruz. c) FOB Hamburgo.	Die Sendung soll a) von Lagerhaus zu Lagerhaus b) CIF Puerto de la Cruz c) FOB Hamburg versichert werden.

De conformidad con las condiciones de nuestra póliza/nuestro certificado de seguro Nº... les informamos a) de un incendio en nuestro almacén. b) de la pérdida de dos cajas de una unidad de 80 asegurada por Vds. c) de que la mitad de la mercancía fue dañada seriamente por el agua de mar. d) de que una caja fue averiada durante la descarga del buque. e) de que el camión que transportaba las máquinas tuvo un accidente de tráfico y que les produjo daños.	In Übereinstimmung mit den Bedingungen unserer Versicherungspolice/unseres Versicherungszertifikats Nr. ... geben wir Ihnen Kenntnis a) von einem Feuer in unserem Lager. b) vom Verlust zweier Kisten aus einer Einheit von 80, die von Ihnen versichert war. c) dass die Hälfte der Waren ernsthaft durch Seewasser beschädigt wurde. d) dass eine Kiste während des Entladens des Schiffes beschädigt wurde. e) dass der Lkw, auf dem die Maschinen transportiert wurden, einen Unfall hatte und dass diese beschädigt wurden.
La avería marítima ha sido valorada en... .	Der Seeschaden ist auf ... geschätzt worden.
Adjuntamos el informe del perito que declara que el daño fue ocasionado por falta de cuidado durante el cargamento del camión/del vagón.	Wir fügen den Bericht des Sachverständigen bei, welcher erklärt, dass der Schaden auf Grund fehlender Sorgfalt während der Beladung des Lkw/des Waggons verursacht worden ist.
Los artículos averiados fueron inspeccionados y quisiéramos hacer valer nuestros derechos de conformidad con las condiciones de nuestra póliza de seguro Nº...	Die beschädigten Artikel wurden besichtigt und wir möchten unsere Rechte gemäß den Bedingungen unserer Versicherungspolice Nr. ... geltend machen.
Nuestra póliza flotante está a punto de agotarse y les rogamos la prorroguen en las mismas condiciones.	Unsere Abschreibepolice läuft in Kürze ab und wir bitten Sie um Verlängerung zu den gleichen Bedingungen.
Según la nota de cobertura adjunta hemos asegurado su envío contra todos los riesgos y les enviaremos la póliza correspondiente en los próximos días.	Gemäß beiliegender Deckungszusage haben wir Ihre Sendung gegen alle Risiken versichert und die entsprechende Police geht Ihnen in den nächsten Tagen zu.

14.4 Ejercicios

14.4.1 Cuestiones sobre el tema

a. ¿Qué es la logística?
b. Indique algunos servicios prestados por las empresas de expedición.
c. ¿Cuáles son los tipos básicos de transporte, según la vía utilizada?
d. Describa los documentos más importantes en cada modalidad de transporte.
e. ¿Qué carácter adicional tiene el conocimiento de embarque?
f. ¿Quién es responsable del seguro de la mercancía objeto de expedición?
g. Cite varias modalidades de pólizas de transporte, con descripción de sus rasgos más importantes.
h. Explique las cláusulas A, B y C del Instituto de Aseguradores de Londres para seguro marítimo.

14.4.2 Ejercicio de selección múltiple

El siguiente texto contiene 30 espacios en blanco. Complételos seleccionando la palabra o frase adecuada.

Transporte internacional por carretera

Es la modalidad _ (1) _ transporte que tiene _ (2) _ complejidad y al mismo tiempo presenta una mayor competencia _ (3) _ los operadores del mercado. Es el método de transporte _ (4) _ permite la existencia del concepto "puerta _ (5) _ puerta". Las características más destacadas del transporte _ (6) _ carretera son _ (7) _ simplicidad, versatilidad y flexibilidad, pues permite el transporte de prácticamente _ (8) _ tipo de mercancía _ (9) _ el lugar de producción o almacenaje _ (10) _ el de consumo de forma rápida y relativamente económica. Cabe disponer de muchos tipos de vehículos _ (11) _ las características de la mercancía a transportar y la dimensión del viaje a realizar. _ (12) _ las circunstancias apuntadas es el método de transporte _ (13) _ ampliamente utilizado en _ (14) _ entorno geográfico inmediato, por _ (15) _ transporte marítimo y del transporte ferroviario.

El _ (16) _ crecimiento de los últimos años y el espectacular desarrollo que _ (17) _ ha experimentado con la intensificación de las relaciones comerciales entre los países de la Unión Europea están _ (18) _ problemas de diverso carácter. Por un lado, la congestión _ (19) _ las carreteras genera perturbación en los núcleos de población _ (20) _ los nudos circulatorios e incrementa el riesgo de accidentes. Por _ (21) _ lado, la contaminación medioambiental constituye un grave problema en determinadas regiones, manifestada en ruidos, vibraciones y _ (22) _ todo humos y gases.

_ (23) _ reducir la contaminación, en la Unión Europea se _ (24) _ adoptando una serie de medidas, _ (25) _ el incremento del impuesto sobre carburantes, la restricción _ (26) _ paso por determinadas zonas a un número _ (27) _ de vehículos por día o la _ (28) _ exigencia _ (29) _ progreso tecnológico en _ (30) _ limitaciones del nivel de emisión de gases por vehículo.

1) ❑ por ❑ de ❑ bajo
2) ❑ poco ❑ superior ❑ menor
3) ❑ entre ❑ contra ❑ además
4) ❑ cual ❑ que ❑ qué
5) ❑ por ❑ sin ❑ a
6) ❑ por ❑ para ❑ ante
7) ❑ mi ❑ tu ❑ su
8) ❑ toda ❑ todos ❑ todo
9) ❑ hasta ❑ desde ❑ del
10) ❑ desde ❑ hasta ❑ al
11) ❑ por medio ❑ a través ❑ según
12) ❑ en ❑ para ❑ por
13) ❑ más ❑ muy ❑ tanto
14) ❑ vuestro ❑ su ❑ nuestro
15) ❑ encima del ❑ debajo del ❑ detrás del
16) ❑ grande ❑ gran ❑ más
17) ❑ se ❑ le ❑ les
18) ❑ naciendo ❑ originado ❑ originando
19) ❑ sobre ❑ en ❑ con
20) ❑ últimos a ❑ lejos por ❑ próximos a
21) ❑ otro ❑ mismo ❑ vario
22) ❑ ante ❑ sobre ❑ sin
23) ❑ para ❑ por ❑ con
24) ❑ va ❑ fue ❑ van
25) ❑ tanto ❑ cuanto ❑ como
26) ❑ en el ❑ del ❑ al
27) ❑ limitado ❑ vendido ❑ registrado
28) ❑ más ❑ mayor ❑ peor
29) ❑ de ❑ entre ❑ sobre
30) ❑ les ❑ los ❑ las

14.4.3 Traduzca el texto anterior al alemán.

14.4.4 Traduzca el siguiente texto al español.

Der Luftverkehr

Die Vorteile des Luftverkehrs sind unter anderem:

1.
Schnelligkeit, besonders über weite Entfernungen: Dies ist besonders wichtig bei verderblichen Waren oder für Güter von hohem Mehrwert. Auch eilige Sendungen, bei denen der Kostenfaktor unerheblich ist (z.B. in Notfällen) werden in der Regel per Flugzeug versandt.

2.
Zügige Bearbeitung: Es gibt keine Verzögerungen in der verwaltungstechnischen Abwicklung.

3.
Sicherheit: Es besteht ein geringeres Schadensrisiko wegen der Größe der Flugzeuge und der Unterbringung der Fracht; außerdem ist die Dauer der Reise kürzer.

4.
Großes Flächennetz: Es besteht die Möglichkeit, die entferntesten Orte zu erreichen.

Es gibt nur wenige Nachteile, z.B.:

1.
Die Beschränkungen der Abmessungen der Fracht, sowohl hinsichtlich der Größe als auch des Gewichts.

2.
Die hohen Kosten für Waren mit geringem Mehrwert.

14.4.5 Escriba un memorándum.

Situation:

Sie arbeiten beim Versicherungskontor Jagenberger & Holsten AG und haben das unter 14.2.6 abgefasste Schreiben erhalten.

Aufgabe:

Ihre Chefin Frau Schmitt bittet Sie, die Schadensmeldung der Bananera Colombiana Ltd. in Deutsch so zusammenzufassen, dass der Schadensfall von der zuständigen Abteilung zügig bearbeitet werden kann.

14.4.6 Escriba una carta, un fax o un correo electrónico a partir de los detalles siguientes:

14.4.6.1 Geschäftsfall 1

Situation:

Sie arbeiten bei der Spedition Schraubner & Dreibaum, Moosdorfer Str. 24, 12435 Berlin, Fax-Nr. +49 30 2589761, E-Mail-Adresse: schraubner.dreibaum@berlin.com. Am 27.10.20... erhielten Sie eine Frachtanfrage der spanischen Firma Larreátegui S.A., Gran Vía 71, 48011 Bilbao,
Fax-Nr. +34 94 273897, E-Mail-Adresse: larreategui@aol.es, 5 Paletten deutsche Weine mit je 50 Kisten à 12 Flaschen von Trier/Mosel nach Bilbao zu liefern. Die Abholung soll am 5.12. erfolgen und alle Transportkosten bis Bilbao beinhalten.

Aufgabe:

Beantworten Sie als Sachbearbeiter(in) von Schraubner & Dreibaum die erhaltene Anfrage unter Berücksichtigung der folgenden Punkte:
- Sie können den Transport der 5 Paletten zu einem Preis von 200,00 € pro Palette durchführen.
- Die folgenden Vorschriften müssen beachtet werden:
  - Es müssen Euro-Paletten benutzt werden, die beladen nicht höher als 1,80 m sind und pro Stück nicht mehr als 800 kg wiegen.
  - Die Kartons müssen entweder durch Folie (lámina plástica) oder durch Bänder (cinta metálica) gesichert sein.
  - Der Transport beinhaltet alle Kosten einschließlich Handhabung der Dokumente bis zum Lager des Empfängers in Bilbao.
  - Alle weiteren Einzelheiten gemäß den umseitig aufgeführten Geschäftsbedingungen Ihrer Spedition.

14.4.6.2 Geschäftsfall 2

Situation:

Sie arbeiten bei der Spedition Transportkontor Busch & Söhne KG, Von-Hymmen-Platz 16, 53121 Bonn, Fax-Nr.: +49 228 739012, E-Mail-Adresse: transport-busch@ptx.de, und haben von einem Kunden den Auftrag bekommen, eine Sendung nach Teneriffa zu transportieren, abzufertigen und zu versichern.

Aufgabe:

Schreiben Sie an die spanische Versicherungsgesellschaft Seguros La Montaña S.A., Avenida de Goya 123, 50001 Zaragoza, Tel.Nr. +34 976 482379, E-Mail-Adresse: polizas@lamontaña.es, unter Berücksichtigung folgender Punkte:

- Es handelt sich um eine Sendung von Präzisionsinstrumenten (Druckgeräte mit hoher Auflösung für kartografische Publikationen – impresoras de alta definición para impresión cartográfica) im Gesamtwert von 430.000,00 €.
- Die Ware wird deshalb mit größter Vorsicht verpackt: absolut wasserdicht (con impermeabilización total), wärmeisoliert (con aislamiento térmico), stoßfest (protegido contra golpes).
- Bitten Sie um ein Angebot für die Versicherung dieses Multimodaltransports (Ware wird per Lkw nach Bremerhaven geschickt, anschließend per Schiff nach Teneriffa).
- Sie benötigen eine Police gegen alle Risiken (Deckung A der ICC London für die Schiffsreise).
- Die Sendung wird voraussichtlich Ende Juni dieses Jahres versandt.
- Gültigkeitsdauer der Police: 4 Wochen.

14.4.7 Conversación telefónica

Situation:

Sie sind Frau Sabine Schmieder und arbeiten als Sachbearbeiterin bei dem deutschen Unternehmen Schlaumeyer & Hürth GmbH in Recklinghausen. Ihre Firma hat von der uruguayischen Gesellschaft Carnes del Paraná in Montevideo den Auftrag für eine komplette Anlage für Fleischverarbeitung im Wert von 1,9 Millionen € erhalten. Die Lieferung erfolgt FOB Hamburg. Ihr Kunde hat Ihnen mitgeteilt, dass die uruguayische Spedition Naviera y Portes de la Plata aus Montevideo mit der gesamten Abwicklung des Auftrags ab Ankunft des Schiffes in Montevideo beauftragt worden ist.

Heute erhalten Sie einen Anruf von dem uruguayischen Spediteur, den Sie wegen seiner Wichtigkeit aufzeichnen.

Aufgabe:

Fertigen Sie für Ihre Unterlagen eine Aktennotiz des Gesprächs an, in der die zu erledigenden Aufgaben genau aufgelistet sind.

Mercadotecnia y promoción de ventas 15

15.1 Nociones básicas

La tarea comercial de una empresa incluye aplicar un conjunto de técnicas que permitan introducir un producto en un mercado de la forma más adecuada. Ese conjunto de técnicas se conoce con el nombre de **"mercadotecnia"** o también **"marketing"**.

Con carácter previo a la labor comercial propiamente dicha, procede una observación e investigación del mercado, que nos reporte la información suficiente para tomar las decisiones de política comercial y adoptar las medidas tendentes a lograr los objetivos fijados para dicho mercado (**actuación comercial**). Dicha investigación del mercado comprende varios **instrumentos de mercadotecnia**: análisis estadístico, test o prueba de producto, entrevistas al comercio y al consumidor, conocimiento de tendencias de consumo, estudio de los canales de distribución, etc.

Instrumentos de comunicación para la promoción de ventas
Dentro de la comunicación, esto es, el conjunto de actividades que una empresa realiza para dar a conocer su oferta en el mercado en el que desea obtener éxito comercial, existen numerosos métodos de actuación:

La **publicidad** es uno de los instrumentos más habituales, y consiste en la emisión de un mensaje de carácter promocional en uno de los diferentes medios soporte: prensa técnica o del consumidor, radio, televisión, vallas o estructuras murales, Internet, etc.

El **catálogo** de una empresa es la **documentación comercial** que constituye su tarjeta de visita en el mundo de los negocios. Debe contener, de forma rigurosa, una **descripción** de los productos, generalmente **textual** y **gráfica**, junto con las características principales y su precio. Según la índole del producto, el catálogo reviste diversas modalidades. Si se trata de bienes o servicios que requieren información gráfica detallada, impera el aspecto estético. En aquellos productos, sin embargo, de naturaleza técnica, el catálogo deberá obviamente incluir una descripción pormenorizada de sus funciones, piezas y medidas.

Pero no sólo el catálogo es importante para la empresa como medio para darse a conocer, sino que existen otros elementos dentro de la documentación comercial que resultan de gran importancia en la comunicación: **prospectos, listas de precios, informes anuales** de actividad, **folletos** de novedades, **carpetas de prensa, correo masivo** a potenciales clientes (mailings), **circulares** a los clientes, etc.

Cuando la empresa es titular de una marca conocida, se conoce con el nombre de **relaciones públicas** al conjunto de medidas dirigidas a conseguir que esa marca sea más conocida, más apreciada y resulte más valiosa en el mercado. El conjunto de actividades que pueden servir a este fin es prácticamente ilimitado. Aquí podemos citar: el **patrocinio** (sponsoring), la organización de **actividades benéficas**, la edición de **libros** o **publicaciones periódicas** para vinculación del cliente o posicionamiento de marca, etc.

15.2 Modelos de correspondencia

15.2.1 Notificación de envío de catálogo

Correo electrónico X

De: editora.museos@terra.es	**Para:** brentano-kunstbuchhandel@netserve.de
Asunto: envío de catálogo general	

Estimada Sra. von Bohde:

De acuerdo con su petición de ayer le remito adjunto en formato PDF nuestra lista de publicaciones actuales, con precio para Centroeuropa.

Por correo separado recibirá en breve nuestro catálogo general, y dos libros de muestra (obras completas de Dalí y dibujos de Goya), como ejemplares para examen en su librería de la Dorotheenstraße.

Espero que sean de su agrado, y quedo a la espera de sus noticias.

Atentamente,
Federico de los Santos

15.2.2 Solicitud de presupuesto publicitario

FAX

An: Sra. Elisa Echevarría
Directora de Publicidad

Fax-Nr.: +34 93 742 4157

Volker Steigenberger
Marketingleiter

Möbelhaus Sassenburg
Fax-Nr. 0049 2191 57 89 031

Seitenzahl: 1

Betreff: Petición de oferta en su revista

Estimada Sra. Echevarría:

Habiendo analizado el conjunto de publicaciones de diseño dirigidas al consumidor, consideramos que su revista podría ser el soporte más adecuado para la inserción de una secuencia publicitaria a base de dos publirreportajes, que desearíamos ver publicados en los meses de mayo (8 páginas) y octubre (4 páginas). Le ruego nos remita a la mayor brevedad posible presupuesto para dicho proyecto, teniendo en cuenta solamente los costes publicitarios, ya que de la producción y creación publicitaria se haría cargo nuestra agencia de relaciones públicas "Werbekommunikation und Gestaltung GmbH".

Reciba un saludo muy cordial.

Volker Steigenberger
Volker Steigenberger
Marketingleiter

15.2.3 Circular a los clientes: venta de Navidad y novedades feriales

Iluminaciones De Castro S.L.
Avenida de los Ursinos 29
28108 Alcobendas – Madrid

Alcobendas, 29 de noviembre de 20...

Estimado cliente:

Nos dirigimos a Vd. para comunicarle que, como todos los años, en la primera semana de diciembre daremos de nuevo comienzo a nuestra tradicional venta de Navidad, que le permite obtener un 15% de descuento adicional a las condiciones que recibe de nuestra empresa para todos los pedidos que nos gire antes del día 12 de diciembre. Esta oferta rige para todas las existencias disponibles en el catálogo, con excepción de la serie LUX-US. Para facilitar su comercialización, dichos productos serán servidos en un plazo máximo de 72 horas para todos los establecimientos de la península sin cargo adicional en una presentación individual para regalo con motivos navideños.

Esperamos que dicha oferta de Navidad tenga entre nuestra clientela la misma acogida que en el ejercicio pasado, y le informamos de que hemos habilitado un servicio telefónico para agilizar la atención de pedidos (número 91-456-23-44, Sra. Méndez-Núñez).

Por otro lado, aprovechamos para comunicarle que estaremos presentes, como en ediciones anteriores, en la feria monográfica LUMINAT de Barcelona, que tendrá lugar del 27 al 30 de marzo de 20... En el pabellón 7, stand 741, estaremos a su disposición en una superficie de 175 m^2 para presentarles nuestras últimas novedades. Reiteramos nuestra invitación a todos sus clientes y les adjuntamos, con un folleto indicativo de nuestra ubicación, una invitación para la cafetería del pabellón.

Esperando recibir su visita, aprovechamos para testimoniarle nuestra más distinguida consideración.

Ernesto Bormeneo y Langarica
Ernesto Bormeneo y Langarica
Gerente

15.2.4 Anuncio en la prensa española de una empresa alemana de investigación de mercados

GMS GERMANY
Consultores de Comercio Exterior

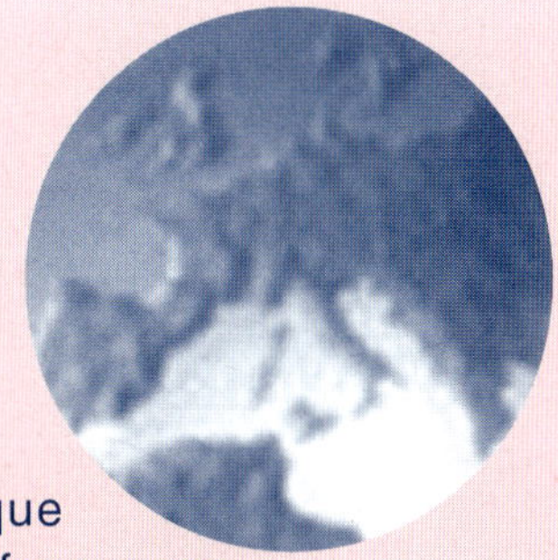

Si desea exportar al mercado alemán, analizar la viabilidad comercial de sus productos o buscar un interlocutor comercial, puede contar con nosotros. GMS ofrece la garantía de un grupo internacional que opera en todo el planeta y actúa localmente para ofrecer servicios de consultoría especializada en los principales mercados del mundo.

GMS Germany le atiende en español y le guía en su trayectoria empresarial para sus negocios en Alemania.

Póngase en contacto con nosotros para una entrevista sin compromiso.
Le atenderá alguno de nuestros consultores:

Antonio Schüler (**a.schueler@gms-germany.net**)
Helmut Seidensticker (**h.seidensticker@gms-germany.net**)

Visite nuestra página web para consultar nuestro catálogo de servicios:
www.gms.com/germany

15.2.5 Solicitud de oferta a una empresa de investigación de mercado en respuesta al anuncio anterior

Correo electrónico

De: export@silla-jardin.net	**Para:** a.schueler@gms-germany.net
Asunto: su anuncio de consuloría especializada	

Estimados Sres.:

Hemos visto su anuncio en la publicación "El Exportador" y, después de consultar el portal de su empresa y su catálogo de servicios, nos gustaría recibir oferta relativa a una investigación de mercado con vistas a una posible introducción de nuestros productos en Alemania.

Para conocer nuestro surtido, mueble de exterior en aluminio de la más alta gama en diseño vanguardista, puede hacerse una primera idea consultando la página web de nuestra empresa, www.sillajardin.es.

Dicha investigación debería comprender los siguientes datos básicos:

a) situación coyuntural del mercado de mueble de jardín y exterior en Alemania;
b) panorama ferial: certámenes internacionales y regionales, si los hubiere, con informe de la última edición de la SPOGA de Colonia;
c) balance de exportaciones e importaciones de Alemania para este segmento de productos;
d) descripción de los canales de distribución más habituales en la gama más alta de precio;
e) análisis comparativo de precios al consumidor en punto de venta (store checking) idóneos para la comercialización de nuestro producto.

Para cualquier duda sobre el particular, pueden ponerse en contacto, por esta vía, conmigo o con mi asistente, el Sr. Walter.

A la espera de sus noticias, le saludo muy atentamente.

Felipe Céspedes
Director de Exportación

15.2.6 Relaciones públicas: nota de prensa por cambio de razón social

Con fecha de 1 de enero de 20..., la empresa **Textiles del Mar S.A.** y todas sus filiales operativas en el extranjero recibirán la denominación de

HISPAMAR TEXTIL S.A.

Esta marca, registrada internacionalmente, venía siendo utilizada en los mercados español, portugués y brasileño, y se extiende a partir de ahora a todas las delegaciones y sociedades en el extranjero. El objeto de esta medida supone reforzar el perfil marquista de nuestra empresa en los mercados centroeuropeos y obtener una mayor eficiencia en la aplicación de los recursos destinados a medidas publicitarias.

El cambio de esta denominación social viene acompañado de una nueva imagen gráfica, diseñada por el artista Alberto Tiberio, cuyo logo remitimos en CD anexo a esta comunicación.

Por lo demás, se mantienen en nuestra empresa el diseño vanguardista, el exquisito trato a nuestros clientes y el permanente deseo de mejorar día a día la calidad de nuestros productos.

Anexo

15.3 Fraseología

15.3.1 Investigación de mercado

Estamos muy interesados en conocer las posibilidades de venta que tenemos en este mercado para las mercancías que producimos.	Wir sind sehr daran interessiert, die Verkaufsmöglichkeiten für die von uns hergestellten Waren auf diesem Markt kennen zu lernen.
¿Podrían Vds. realizar una investigación de mercado para nuestros productos?	Könnten Sie für uns eine Marktstudie für unsere Produkte durchführen?
La investigación de mercado debería incluir todo el territorio de la UE.	Die Marktuntersuchung müsste den gesamten EU-Raum einschließen.
Ya nos hemos hecho cargo de muchos estudios de mercado en este sector.	Wir haben bereits viele Marktstudien in diesem Bereich durchgeführt.

Hemos trabajado para varias empresas internacionales realizando análisis estadísticos y pruebas de producto con consumidores.	Wir haben für verschiedene internationale Unternehmen gearbeitet und statistische Analysen sowie Produkttests mit Verbrauchern durchgeführt.
Si Vds. necesitan un informe sobre este mercado, podemos ofrecerles un estudio completo con especificación de todos los canales de distribución para sus artículos.	Wenn Sie einen Bericht über diesen Markt benötigen, können wir Ihnen eine komplette Studie mit genauer Angabe aller Vertriebskanäle für Ihre Artikel anbieten.
Les agradecemos su pedido de... y les presentaremos la semana que viene un plan detallado con nuestro marketing mix.	Wir danken Ihnen für Ihren Auftrag vom ... und werden Ihnen in der nächsten Woche einen genauen Plan mit unserem Marketing-Mix vorlegen.
Los cuestionarios de los consumidores y las encuestas serán evaluados por nuestra agencia de mercadotecnia.	Die Fragebogen der Verbraucher und die Meinungsumfragen werden von unserer Marketing-Agentur ausgewertet.

15.3.2 Publicidad y documentación comercial

Deseamos realizar una campaña de publicidad para este producto.	Wir möchten eine Werbekampagne für dieses Produkt durchführen.
Infórmennos, por favor, en qué medios informativos Vds. desean ejecutar esta campaña (radio, televisión, prensa o internet).	Bitte teilen Sie uns mit, mit welchen Werbeträgern (Radio, Fernsehen, Presse oder Internet) Sie diese Kampagne gestalten wollen.
Les damos las gracias por su solicitud de oferta para la ejecución de una campaña de publicidad.	Wir danken Ihnen für Ihre Anfrage auf Durchführung einer Werbekampagne.
Para su producto pensamos que la publicidad por medio de „spots“ en la tele/anuncios en la prensa diaria/circulares/lemas publicitarios es especialmente adecuada.	Für Ihr Produkt erscheint uns die Werbung durch Spots im Fernsehen/Annoncen in der Tagespresse/Rundschreiben/Werbeslogans besonders geeignet.
¿Ya han pensado en hacer publicidad para esta marca en carteleras o vallas?	Haben Sie schon daran gedacht, Werbung für diese Marke auf Postern oder Wandplakaten zu machen?
En anexo les enviamos nuestro catálogo completo sobre los medios de publicidad que podemos ofrecerles.	In der Anlage erhalten Sie unseren kompletten Katalog mit den Werbemitteln, die wir anbieten können.

Nos complacería hacernos cargo de su campaña de publicidad.	Wir würden uns freuen, Ihre Werbekampagne zu übernehmen.
Para poder diseñar campañas de tipo individual necesitamos recibir una descripción detallada de la gama de sus productos.	Um individuelle Kampagnen ausarbeiten zu können, benötigen wir eine genaue Beschreibung Ihrer Produktpalette.

15.3.3 Relaciones públicas

Vds. nos han sido recomendados como agencia de relaciones públicas.	Sie sind uns als PR-Agentur empfohlen worden.
Estamos buscando una agencia de relaciones públicas especializada en...	Wir suchen eine PR-Agentur, die spezialisiert ist auf ...
Somos una agencia de relaciones públicas activa en todo el ámbito de la Unión Europea y disponemos de oficinas y colaboradores en casi todos los estados miembros.	Wir sind eine im gesamten Bereich der Europäischen Union aktive PR-Agentur und verfügen über Büros und Mitarbeiter in fast allen Mitgliedsstaaten.
Para cuestiones en materia de publicidad o relaciones públicas, estamos en todo momento a su disposición.	Im Falle von Fragen über Werbung oder PR stehen wir Ihnen jeder Zeit zur Verfügung.
Como la publicidad y las relaciones públicas se están volviendo cada vez más sofisticadas, hemos decidido delegar estas actividades en una agencia externa de nuestra empresa.	Da die Werbung und die PR-Arbeit immer ausgefeilter werden, haben wir beschlossen, diese Tätigkeiten einer Agentur außerhalb unseres Unternehmens zu überlassen.
Aunque su oferta de relaciones públicas nos gusta mucho, lamentamos tener que informarles de que no podemos aceptarla, pues los costes exceden en mucho el margen que nos habíamos fijado.	Obwohl Ihr PR-Angebot uns gut gefällt, müssen wir Ihnen leider mitteilen, dass wir es nicht annehmen können, da die Kosten bei weitem die Marge übersteigen, die wir uns gesetzt hatten.

15.4 Ejercicios

15.4.1 Cuestiones sobre el tema

a. ¿Qué se conoce con el nombre de mercadotecnia?
b. ¿Para qué es necesaria la investigación del mercado y cómo se realiza?
c. ¿En qué medios puede transmitirse la publicidad?
d. ¿Qué debe contener un catálogo?
e. Cite otros elementos de la documentación comercial.
f. Mencione algunos ejemplos de actividades de relaciones públicas de una empresa.
g. Especifique la diferencia entre publicidad de un producto y relaciones públicas de una empresa.

15.4.2 Ejercicio de gramática

El subjuntivo (II)

Se utiliza el subjuntivo cuando en la frase principal aparecen verbos o expresiones que expresan:

- la duda o probabilidad (Tal vez llueva hoy.)
- el mandato o deseo (¡No quiero que te muevas!)
- la prohibición (No le permiten que llame.)
- la exhortación (¡Que seáis felices!)
- la hipótesis (Si pudieras venir...)
- el hecho no constatable (No es probable que crezca la economía...)

Otros ejemplos:

dudar:	Dudo que los documentos lleguen a tiempo.
querer:	Quiero que lo termines.
desear:	Deseamos que hagáis este trabajo.
rogar:	Les rogamos envíen esta carta a España.
mandar:	Le mandé que viniera en seguida.
ordenar:	Ordenamos que el trabajo se realizara pronto.

Traduzca las siguientes frases al español:

1. Hoffentlich regnet es heute nicht, bevor wir die Ware eingepackt haben!
2. Wir bitten Sie, uns die Artikel so bald wie möglich zuzuschicken, da wir sonst mit unserem Kunden Schwierigkeiten haben könnten.

3. Unser Vertreter hat vor, die Überweisung durch die Bank 14 Tage später vornehmen zu lassen.
4. Hoffentlich habt ihr Glück bei der Prüfung!
5. Zünden Sie in diesem Lager kein Feuer an, das ist lebensgefährlich!
6. Wir haben angeordnet, dass dieser Mitarbeiter das Unternehmen so bald wie möglich verlassen muss.
7. Der Chef wünscht, dass das Paket sofort per Kurierdienst nach Argentinien versandt wird.
8. Wünschen Sie, dass wir die Ersatzteile per Luftfracht schicken?
9. Wir bezweifeln, dass dieser Kunde die Rechnung rechtzeitig begleichen wird.
10. Wenn wir gewusst hätten, dass das Schiff erst 3 Wochen später in Montevideo ankommen würde, hätten wir das Akkreditiv rechtzeitig verlängern lassen.

15.4.3 Lea el texto siguiente y después tradúzcalo al alemán.

El marketing mix

Se denomina "marketing mix" al conjunto de los componentes básicos de la estrategia global de una empresa que, aplicados de forma racional y gestionados eficientemente, sirven para competir en diferentes mercados y bajo distintas condiciones. Estos cuatro componentes estratégicos de la competitividad internacional de una empresa son el producto, los precios, la distribución y la comunicación. Su contenido puede variar según el mercado que se tome en consideración, esto es, atendiendo a la clientela, los competidores y el entorno.

La actuación competitiva de la empresa para exportar a mercados exteriores requiere la utilización de todos los componentes definidos del marketing mix.

La política de producto debe presentar ventajas que lo diferencien de otros ya existentes en el mercado, al tiempo que satisface las necesidades del consumidor.

La política de precios debe determinar el valor de venta del producto en el mercado a partir de factores relativos a la demanda, analizando los costes de producción, marketing y distribución, y estableciendo un índice competitivo y rentable.

La distribución comercial es el conjunto de transacciones de las que es objeto el producto desde su venta por el fabricante hasta la adquisición por el consumidor. La selección del canal de comercialización más adecuado para un producto en un mercado es una de las decisiones más trascendentes para el éxito comercial de una empresa.

La comunicación es el factor de marketing internacional que sirve para establecer contacto entre la empresa que oferta un producto y los clientes/consumidores o usuarios del mismo en un mercado exterior y permite intercambiar información con objeto de actuar comercialmente en dicho mercado.

15.4.4 Escriba un memorándum.

Situation:

Sie arbeiten bei der Firma Global-Licht GmbH in Mönchengladbach-Rheydt. Ihr Chef legt Ihnen das unter 15.2.3 eingegangene Rundschreiben der Iluminaciones De Castro S.L. vor.

Aufgabe:

Da niemand außer Ihnen bei Global-Licht Spanisch spricht, bittet er Sie, das Rundschreiben in einer Aktennotiz auf Deutsch so zusammenzufassen, dass jeder in der Einkaufsabteilung über seinen Inhalt informiert ist.

15.4.5 Escriba una carta, un fax o un correo electrónico a partir de los detalles siguientes:

15.4.5.1 Geschäftsfall 1

Situation:

Sie arbeiten bei dem Marketinginstitut Global Market Research Deutschland GmbH, Bielefeld, und haben die unter 15.2.5 eingegangene Anfrage nach einer Marktstudie erhalten.

Aufgabe:

Beantworten Sie diese per E-Mail zu Händen von Herrn Walter unter Berücksichtigung folgender Punkte:

- Dank für Anfrage
- Sie sind Antonio Schüler und der zuständige Marktberater für Spanien.
- Erstellung einer Marktstudie über den deutschen Gartenmöbelmarkt kein Problem
- Erstellungsdauer: ca. 8 Wochen
- Fragen Sie, ob der Kunde die Marktstudie in Papierversion oder als CD erhalten möchte.
- Preis: Einschl. aller Nebenkosten ca. 3.950,00 €.
- Der Marktstudie wird eine genaue Aufstellung der im nächsten Jahr stattfindenden regionalen und internationalen Möbelmessen beigefügt.
- Die unter c), d) und e) aufgeführten Wünsche (spezifizieren Sie diese!) werden in Ihrer Marktstudie berücksichtigt.

15.4.5.2 Geschäftsfall 2

Situation:

Die deutsche Firma Fertighaus Schnitzler KG, Kavalleriestr. 50, 40213 Düsseldorf, Tel.Nr. +49 (0) 211 46 90 832, E-Mail-Adresse: sales@fertighaus.schnitzler.de, möchte auf der Messe Construmat in Barcelona mit einem Stand vertreten sein. Sie braucht eine Präsentationsbroschüre in Spanisch. Ihr wurde die Werbeagentur Creativos Sitges S.L., Plaza de Roma 19, 08008 Barcelona, Tel.Nr.: +34 93 229 27 84, E-Mail-Adresse: proyectos@creasitges.es, empfohlen.

Aufgabe:

Richten Sie eine Anfrage an die spanische Werbeagentur unter Berücksichtigung folgender Punkte:

- Schildern Sie Ihr Vorhaben.
- Die Broschüre soll eine dreimal gefaltete DIN-A 4 Seite (una hoja DIN A 4 doblada en tres), 4-farbig, matt kaschiert (con impresión mate) und geeignet für eine Mailing-Sendung vor der Messe sein.
- Auflage: 15.000 Stück (12.000 für die Mailing-Sendung, Rest für den Infostand)
- Bildmaterial wird zur Verfügung gestellt.
- Verlangt werden folgende Leistungen: Texten (redacción del texto), Layoutgestaltung (maquetación), Herstellung.
- Bitten Sie um einen Kostenvoranschlag für einen selektiven Vertrieb an folgende Zielgruppen (grupos objetivo): Architekten und Bauplaner (arquitectos), Baufirmen (empresas constructoras) und Immobiliengesellschaften (sociedades inmobiliarias)
- Da die Messe bereits in 2 Monaten stattfindet, bitten Sie um baldiges Angebot und Mitteilung der Lieferfrist.

15.4.6 Conversación telefónica

Situation:

Sie sind Antonio Schüler von der GMS (siehe 15.2.4). Sie haben eine E-Mail von einer weiteren spanischen Firma bekommen, der Espíntextiles S.A. aus Alicante, die beabsichtigt, eine Handelsniederlassung in Deutschland zu gründen. Da die Sache eilt, hat die Exportabteilung (Sr. Guzmán) der spanischen Firma um Rückruf gebeten.

Aufgabe:

Fertigen Sie für den Abteilungsleiter einen Kurzbericht des Gesprächs an, in dem Sie die wichtigsten Punkte Ihrer Beratung festhalten.

Los certámenes feriales: presencia y alojamiento

16.1 Nociones básicas

Las **ferias internacionales** constituyen todavía hoy uno de los principales instrumentos de **promoción comercial** de una empresa. Desde el punto de vista de la exportación, el certamen ferial permite presentar el producto o servicio en el foro más idóneo para el intercambio de **informaciones sectoriales**, **presentación de novedades** y establecimiento de **contactos comerciales.**

En la actualidad, la participación en ferias es un sofisticado **instrumento de marketing** para cumplir muy diversas funciones:
- reforzar la **imagen** de la empresa;
- comunicar a los distintos interlocutores comerciales las **estrategias de distribución**;
- **posicionar un producto o servicio** en un segmento de precio determinado;
- **establecer contactos** con nuevos clientes e **intensificar la relación** con los ya existentes.

Aspectos organizativos

La adecuada preparación de una participación en feria es una tarea compleja, que incluye fundamentalmente los siguientes apartados:

- **alquiler del espacio** en la feria, cumplimentando los correspondientes formularios de participación;
- **selección del producto o servicio** que integre la oferta a exponer, y **preparación** de la **documentación comercial** relativa a la oferta;
- **adopción de medidas previas** de acompañamiento promocional (inserción en los medios editoriales del sector, invitación postal masiva a potenciales clientes, producción de material publicitario, carpetas de prensa, atenciones de hospitalidad u otros incentivos a la visita, etc.);
- **elaboración de un presupuesto detallado** de los gastos derivados del evento ferial (viajes y desplazamientos, alojamiento, manutención, gastos de transporte, mensajería y paquetería, seguros de transporte y asistencia sanitaria del personal desplazado, y contratación de servicios para el stand como intérpretes y traductores, energía eléctrica, línea telefónica y conexión a Internet, limpieza y recogida de basuras, montaje y desmontaje de la arquitectura del stand, etc.

Alojamiento del personal

Pese a que cada vez se incrementa de forma más notable el uso de los modernos medios de comunicación, como el correo electrónico, la videoconferencia, el teléfono digital con cámara incorporada, etc., no se ha reducido la demanda internacional de viajes por todo el mundo, tanto con fines de negocio como con finalidad turística.

En el mundo de los negocios siguen siendo muy importantes el contacto personal y la conversación directa entre clientes y suministradores como un medio de promover las relaciones comerciales. En este sentido, es importante para toda empresa desplazar, junto con los departamentos auxiliares (relaciones públicas, informática, ingeniería, etc.), al **equipo comercial** para que pueda atender "in situ" a todos los visitantes del certamen que se acerquen al stand.

Un capítulo importante en la preparación de la participación en feria es la búsqueda de un **alojamiento** adecuado para todos los miembros de la empresa desplazados a la feria y en su caso la contratación de locales adicionales para otros eventos (exposiciones, salas de conferencia, centros de reuniones o de presentación colectiva, etc.), junto con la correspondiente hospitalidad.

16.2 Modelos de correspondencia

16.2.1 Solicitud de informaciones sobre un certamen ferial

Correo electrónico

De: manu-alu.export@terra.es | **Para:** ambiente/info@messefrankfurt.de

Asunto: Participación en Ambiente 20...

Estimados Sres.:

Habiendo consultado en su portal de Internet las informaciones sobre el certamen de la referencia, hemos cumplimentado ya el formulario de preinscripción. A fin de comenzar con nuestra planificación para este ejercicio, rogamos nos indiquen plazo aproximado de notificación para saber si podremos disponer de un stand de 75 m^2, preferiblemente en el pabellón 10.2.

A la espera de su pronta respuesta, muy atentamente,

Juan Carlos Manzano
Export Manager
Manufacturas de Aluminio S.L.

16.2.2 Invitación a exponer en una feria

Fira Barcelona

Avenida Reina Mª Cristina s/n
08004 Barcelona
España

Yachtenbau Rosenberg GmbH
Nordlangring 85-87
23570 Hansestadt Lübeck
Alemania

A la atención de la Sra. Margit von Hasselbach, Gerente

Barcelona, 17 de marzo de 20...

Asunto: Exponáutica 20...

Estimada Sra. von Hasselbach:

Me complace remitir adjunto un prospecto informativo sobre el certamen Exponáutica, que va a celebrarse en nuestra ciudad el próximo mes de noviembre.

Por el perfil del certamen, creemos que va a constituir un foro privilegiado de exposición de oferta para unos astilleros de embarcación deportiva como los que Vd. dirige. En nuestra página (www.fira-bcn-exponautica.es) puede consultar las condiciones de participación, que resultan muy ventajosas para el único evento ferial de náutica deportiva que se celebra en Europa durante el segundo semestre.

Para cualquier consulta relativa a su participación, ya sea como expositor o como visitante, puede ponerse en contacto con nuestro departamento de atención al cliente, Correo electrónico: info.exponautica@feriabarna.es, Nº tlf.: 0034 93 4509814.

Esperando que esta información pueda resultar de su interés, aprovecho para saludarle muy atentamente,

Marcel Solé i Barberá
Marcel Solé i Barberá
Director Comercial

Anexo

16.2.3 Petición de oferta: diseño y construcción de "stand".

FAX

Para: Messebau Johannsen KG
Düsseldorfer Str. 14
40545 Düsseldorf
Fax: +49 211 508793

Nº de págs.: 2

De: Bodegas Montañana S.L.
Extremadura
Fax: +34 927 222329

Cáceres, 10 de enero de 20...

Estimado Sr. Johannsen:

También este año vamos a participar como expositores en la feria PROWEIN de Düsseldorf, donde deseamos presentar, junto con los nuevos Grandes Reservas, la segunda marca de nuestra bodega, dirigida al segmento de supermercados. Con esa finalidad hemos solicitado y obtenido del certamen un espacio central en el pabellón 7, abierto en esquina, con una superficie total de 55 m^2, y que permitirá atender a los visitantes con un doble mostrador.

Al igual que el año pasado, nos dirigimos a Vd. solicitando nos mande presupuesto para el diseño y construcción de dicho "stand", cuyo plano de ubicación le remitimos como anexo a este fax.

Como principales requerimientos desearíamos indicarle la conveniencia de contar con suficientes armarios laterales, toma de agua fría y caliente, iluminación indirecta y toma de corriente para un armario de refrigeración enológica con capacidad para 450 botellas. El logo de la empresa, que obra en su propiedad, debe reproducirse de nuevo en el frontal de los dos laterales abiertos. Por último, tendríamos interés en la instalación de un suelo entarimado.

Quedo a la espera de su oferta y le saludo muy cordialmente,

Xavier César del Morón
Xavier César del Morón
Gerente

16.2.4 Reserva de alojamiento y sala de reuniones

Mármoles Alfonso S.L.
Calle María Guerrero 32
50009 Zaragoza
España

Brauerei-Gasthof Klosterschänke
Fichtenhof
81249 München
Alemania

A la atención de la Sra. Rodríguez-Koch

Zaragoza, 14 de abril de 2...

Estimada Sra. Rodríguez-Koch:

La edición pasada de la feria NATURTECH de Munich estuvimos alojados en su establecimiento durante los dos últimos días, correspondientes al fin de semana. El ambiente y la cocina nos resultaron muy agradables en esos días de feria y querríamos solicitarle un contingente de 9 habitaciones dobles para el certamen de este año el próximo mes de octubre. Siete de estas habitaciones estarían ocupadas durante los días 9 al 14 de octubre, y dos de ellas lo estarían del 7 al 15.

Conforme a la oferta del folleto que nos entregó, desearíamos también solicitar para el día 12 de octubre una sala de reuniones para 20 personas, de las 8 a 14 horas, para celebrar una conferencia con todos nuestros representantes de zona en Austria, Suiza y Alemania. En dicha sala deberíamos poder disponer de un reproductor de vídeo, pizarra magnética y conexión a Internet. Para dicha reunión necesitaríamos, asimismo, bebidas analcohólicas, un café a las 10.30 horas y un almuerzo de trabajo en autoservicio para todo el grupo de personas, servido en la misma sala a las 12.30 horas.

Ruego nos confirme la disponibilidad de las habitaciones y nos remita oferta para la reunión prevista.

Quedo a la espera de sus noticias.

Atentamente,

Antonio del Moral Cervantes

Antonio del Moral Cervantes
Area Manager
Mármoles Alfonso S.L.

16.2.5 Cambio de reserva de alojamiento

Correo electrónico

De: alberto-cortazar@licorera-mexicana.com | **Para:** hotelreservation@hilton.com
Asunto: Cambio en la reserva

Estimados Sres.:

Con referencia a la reserva 274853/20..., desearíamos ampliar el número de habitaciones individuales, pasando de 5 a 7 habitaciones para el mismo periodo considerado.

Además querríamos reservar adicionalmente una habitación doble del 22 al 24 de noviembre.
Rogamos nos indiquen disponibilidad y, en su caso, confirmen esta reserva.

Atentamente,
A. Cortázar
Licorera Mexicana

16.3 Fraseología

16.3.1 Certámenes feriales y de exposición

Desearíamos participar en la feria... y les rogamos nos envíen un formulario de inscripción, así como folletos descriptivos de la feria.	Wir möchten an der Messe ... teilnehmen und bitten Sie um Zusendung eines Teilnahmeformulars sowie entsprechenden Prospektmaterials der Messe.
Hemos visto su portal en Internet y nos interesaría conocer más amplios detalles sobre los certámenes feriales en su ciudad.	Wir haben Ihr Portal im Internet gesehen und würden gern nähere Einzelheiten über die Messen in Ihrer Stadt erfahren.
Envíennos, por favor, un plano general exacto de su recinto ferial para que podamos hacernos una idea de los pabellones y de los espacios al aire libre.	Senden Sie uns bitte einen genauen Lageplan Ihres Messegeländes, damit wir uns eine Vorstellung der Hallen und des Freigeländes machen können.

Desearíamos reservar un "stand" con los siguientes requisitos:	Wir möchten einen Stand mit folgenden Voraussetzungen mieten:
Rogamos nos hagan una oferta para la siguiente dotación:	Bitte machen Sie uns ein Angebot auf folgende Ausstattung:
mobiliario para conferencias	Konferenzeinrichtungen
sala de conferencias	Konferenzsaal
muebles de oficina	Büromöbel
cocina instalada	eingebaute Küche
toma de agua fría y caliente	Anschluss für warmes und kaltes Wasser
cajas de enchufe	Steckdosen
iluminación de halógenos	Halogenbeleuchtung
bombillas halógenas de reserva	Ersatzhalogenbirnen
moqueta	Teppichboden
losetas de enmoquetado	Boden mit Teppichfliesen
suelo de parquet, suelo entarimado	Parkettfußboden
equipamiento de oficina	Büroausrüstung
ofimática	Büroautomation
silla de escritorio	Bürostuhl
silla giratoria	Drehstuhl
ordenador, computador	Computer
grabadora de vídeo	Videorekorder
flip chart, pizarra magnética	Flipchart
posibilidad de reuniones por videoconferencia	Möglichkeit für Konferenzschaltungen
fotocopiadora	Fotokopierer
impresora láser a color	Farblaserdrucker
conexión a Internet	Internetanschluss
vigilancia por cámara de vídeo	Videoüberwachung
dispositivo de alarma	Alarmanlage

16.3.2 Alojamiento

Quisiéramos hacer una reserva de habitaciones en su hotel para... personas del... al... como sigue.	Wir möchten in Ihrem Hotel für ... Personen vom ... bis ... Zimmer wie folgt bestellen.
Su hotel nos fue recomendado por... y les ruego nos envíen material informativo correspondiente.	Ihr Hotel ist uns von ... empfohlen worden und ich bitte Sie uns entsprechendes Informationsmaterial zu übersenden.
Hemos visto su página web en Internet y rogamos nos hagan una oferta especial para la fecha del... al... para... personas, en habitaciones dobles respectivamente.	Wir haben Ihre Webseite im Internet gesehen und bitten Sie um ein Sonderangebot für die Zeit vom ... bis ... für ... Personen, Unterbringung jeweils in Doppelzimmern.
Tiene su hotel:	Hat ihr Hotel:
piscina climatizado	beheiztes Schwimmbad
baño jacuzzi	Whirlpool
sala de gimnasio	Fitnessraum
pista de tenis	Tennisplatz
aire acondicionado en los dormitorios	Klimaanlage in den Schlafzimmern
cocina de gourmet, alta cocina	Gourmetküche
ofertas especiales para pensión completa/ media pensión	Sonderangebote für Vollpension/ Halbpension
habitación con dos camas	Zimmer mit zwei Betten
cuna	Wiege
cama de niño	Kinderbett
servicio de habitaciones de día y de noche	Zimmerservice Tag und Nacht
servicio de recogida	Abholservice
tarifa especial para conferencias	Sondertarif für Konferenzen
salas de conferencia con servicio adecuado	Konferenzräume mit geeignetem Service
salón de actos para 200 personas	Versammlungsraum für 200 Leute

16.4 Ejercicios

16.4.1 Cuestiones sobre el tema

a. ¿Qué permite el certamen ferial desde el punto de vista de la exportación?
b. ¿Por qué constituye la participación en una feria un valioso instrumento de marketing?
c. ¿Cuáles son los pasos preparatorios para tomar parte en una feria?
d. ¿Han afectado los medios modernos de comunicación la demanda internacional de viajes por todo el mundo?
e. Indique las diferentes necesidades de una empresa que desplaza su equipo comercial a un evento ferial.
f. Indique algunas características que debe cumplir un alojamiento para satisfacer las exigencias de la gente que viaja de negocios.

16.4.2 Ejercicio de selección de vocabulario

El texto siguiente contiene 20 espacios en blanco. Complete las frases con una expresión del listado. Tenga en cuenta que dicho listado contiene 23 vocablos, de los cuales 3 no encajan en el sentido del texto.

averiguar	*conocer*	*contactos*	*demanda*	*desarrollar*	*ejemplo*
entidades	*estrategias*	*expositores*	*extranjeros*	*factor*	*herramienta*
importancia	*industria*	*investigación*	*lugar*	*medio ambiente*	*medios*
mensajes	*proveedores*	*reconocimiento*	*situación*	*tecnológicas*	

Las ferias profesionales

Importancia política: Una feria es el reflejo de la ______________, la creatividad y el dinamismo de un sector determinado. Por el impulso y las informaciones a que da ______________, por su efecto dinamizador del comercio y la ______________, por su papel como escaparate de innovaciones ______________ y por la imagen que genera del sector y del país, una feria es, indudablemente, un importante ______________ de progreso.

Importancia económica: La feria es un acontecimiento destinado a ______________ las corrientes comerciales entre la oferta y la ______________ o, en otras palabras, por ejemplo las de un responsable comercial, "una ______________ para vender mejor".

Importancia tecnológica: Una feria también es un escaparate y, por tanto, uno de los principales ______________ de promoción de la innovación. Permite dar a ______________ a los visitantes los trabajos de _____________ y desarrollo de las empresas, de los centros de Investigación y Desarrollo y de otras _____________ impulsoras de la innovación tecnológica.

Importancia comercial: La feria también constituye un centro de _____________ comerciales que permite un gran número de encuentros entre _____________ y clientes, actuales o potenciales, difícil de alcanzar por otro medio, sobre todo si los últimos proceden de países _____________.

Importancia como medio de comunicación: En la feria los _____________ transmiten sus _____________ a muchos y muy diversos destinatarios. Dichos mensajes pueden referirse a sus _____________ y políticas en materia de calidad, de respeto al _____________ ___________, de innovación, de imagen de marca, de dinamismo comercial o de desarrollo empresarial o internacional, por _____________.

(Extracto de "Cómo optimizar la participación en ferias" por ICEX, Instituto Español de Comercio Exterior)

16.4.3 Traduzca el ejercicio completado anteriormente al alemán.

16.4.4 Traduzca el siguiente texto al español.

Was möchte ein geschäftlich reisender Hotelgast wissen?

Firmen, die ihre Mitarbeiter auf Reisen schicken, möchten natürlich, dass diese im In- oder Ausland in adäquaten Unterkünften untergebracht werden. Hotels sollten daher in ihren Prospekten, aber auch bei Einzelanfragen genaue Auskunft erteilen. Kunden möchten außer den Preisen vor allem wissen, wie die Zimmer ausgestattet sind (Doppel-, Zweibett- oder Einzelzimmer mit oder ohne Bad/Dusche, ruhige Lage, ob Frühstück im Preis inbegriffen ist, welche Art Küche geboten wird, ob Sonderwünsche wie vegetarische oder andere Kost erfüllt werden, usw.). Geschäftlich Reisende interessiert besonders die Lage des Hotels, ob es in der Nähe eines Flughafens und/oder Messegeländes liegt, wie die Verkehrsanbindung ist, ob das Hotel Fax- und Internet-Anschluss hat, ggf. auch im Hotelzimmer selbst. Zusätzliche Sekretariats-, Dolmetsch- oder andere Dienste können auch angefragt werden. Weiterhin ist es wichtig zu wissen, wie lange die Rezeption und das Sekretariat besetzt sind.

Viele Reisende, die lange unterwegs sind, möchten auch auf einen gewissen Luxus und Sport nicht verzichten und wünschen einen Swimmingpool, eine Sauna, Fitness- und Massagemöglichkeiten und ähnliches.

16.4.5 Escriba un memorándum.

Situation:

Sie arbeiten bei der Messebau Johannsen KG und haben die unter 16.2.3 abgefasste Anfrage erhalten.

Aufgabe:

Damit die Anfrage genau bearbeitet werden kann, bittet Ihr Chef Sie, den Inhalt kurz und präzise in Deutsch für Ihre Unterlagen zusammen zu fassen.

16.4.6 Escriba una carta, un fax o un correo electrónico a partir de los detalles siguientes:

16.4.6.1 Geschäftsfall 1

Situation:

Sie arbeiten bei der Yachtenbau Rosenberg GmbH in Lübeck und haben das unter 16.2.2 gedruckte Schreiben erhalten.

Aufgabe:

Beantworten Sie dieses unter Berücksichtigung folgender Punkte:

- Vor Erteilung eines detaillierten Auftrags zur Reservierung eines Standes möchten Sie noch Folgendes wissen:
  - Größe der Stände, Preise
  - Hilfe beim Aufbau eines Standes (Adressen von Messebauern?)
  - Welche Möglichkeiten bestehen, ein eigenes Boot aufzustellen? Welche Fläche muss hierfür angemietet werden?
  - Genaue Zahlen über bisher stattgefundene Messen (Anzahl der Besucher, ungefähre Umsatzzahlen, Art der teilnehmenden Firmen, Anzahl ausländischer Aussteller)
  - Möglichkeiten, für die Dauer der Messe Personal vor Ort anzuwerben
  - Hilfe bei der Unterbringung

16.4.6.2 Geschäftsfall 2

Situation:

Die Katja Puschner Modeagentur, Deichstr. 40, 20459 Hamburg, Fax-Nr. +49 40 679134, E-Mail-Adresse puschner.moden@t-online.de, möchte für die Feria de la Moda, die vom 11. bis 18. November 20... in Barcelona stattfinden wird, im Hotel Torre del Palacio, Paseo de Gracia, 107, 08008 Barcelona, Fax-Nr.: +34 93 27 65 340, E-Mail-Adresse: feria.moda@barcelona.es, für ihre Mitarbeiter Zimmer bestellen.

Aufgabe:

Schreiben Sie die entsprechende Buchung an das Hotel und berücksichtigen Sie dabei folgende Punkte:

- Sie benötigen 5 Einzel- und 2 Doppelzimmer mit Bad für die Dauer von insgesamt 10 Tagen, und zwar vom 10. bis einschließlich 19.11.
- Bedingung: Nichtraucherzimmer!
- Das Frühstück wird von allen 9 Teilnehmern im Hotel eingenommen.
- Sie beziehen sich auf den im Hotelprospekt angekündigten Messe- und Kundenrabatt.
- Mindestens 2 der Zimmer sollten einen Internet-Anschluss haben.
- Hat das Hotel besondere Freizeiteinrichtungen, z.B. Schwimmbad, Whirlpool, Fitnessraum?
- Möglicherweise wird an einem Abend ein Konferenzraum für ca. 20 Leute benötigt. Ist das möglich und kurzfristig buchbar?
- Bitte um Auftragsbestätigung mit Festpreis
- Zahlungsbedingung?

16.4.7 Conversación telefónica

Situation:

Sie sind Gudrun Mittermeier und Spanisch-Korrespondentin bei der Firma Solinger Besteckwaren Hermann Melzer GmbH, Solingen, E-Mail-Adresse: frank.meurer@melzer-bestecke.de, die auf der Messe „Intermenage" in Madrid, welche vom 13. bis 16. April dieses Jahres stattfindet, einen Stand gebucht hat. Ihnen liegt bereits die Auftragsbestätigung der Messeleitung Nr. IM 25098 XC vor. Ihr Chef, der Vertriebsleiter Frank Meurer, möchte jedoch kurzfristig die neuen Modelle Ihrer neuen Kollektion mit präsentieren und benötigt daher einige Änderungen des Standes. Er hat sie deshalb gebeten, Herrn Antonio Velázquez von der Messeleitung anzurufen.

Aufgabe 1:

Sie haben dieses Gespräch geführt und zur Sicherheit eine Aufzeichnung gemacht. Fertigen Sie auf der Basis dieser Aufzeichnung eine Aktennotiz für die Unterlagen Ihrer Firma an.

Aufgabe 2:

Nach Rücksprache mit Herrn Meurer bittet dieser Sie unter Berücksichtigung folgender Punkte eine E-Mail an Herrn Velázquez zu schreiben (E-Mail-Adresse: a.velazquez@intermenaje.es):

- Bedauern Sie, dass der gegenwärtig gebuchte Stand nicht erweiterbar ist.
- Sie nehmen trotzdem den 120 m^2 Stand an, da Sie keine andere Möglichkeit sehen.
- Buchen Sie eine Anzeige im offiziellen Katalog, in welcher auf die neue Lage Ihres Standes in Halle 7 deutlich hingewiesen wird.
- Bitte um schriftliche Bestätigung dieser Punkte

17 Los recursos humanos. Comunicaciones internas en la empresa.

17.1 Nociones básicas

Las políticas de **recursos humanos** adquieren cada día más importancia en el mundo empresarial. La gestión de recursos humanos comprende los aspectos básicos de la **contratación**, el diseño de **planes de carrera**, la **calificación** y **clasificación** de los puestos de trabajo de una empresa y todos los demás elementos requeridos por la **legislación laboral** y de **seguridad social** de un país determinado.

Contratación de personal

En la vida práctica, constituye un elemento clave el procedimiento de contratación, mediante el cual una empresa establece mecanismos para seleccionar a las personas más adecuadas para desempeñar una función determinada en el organigrama de la empresa. Normalmente comienza con una **oferta de empleo**, que se publica de forma que obtenga difusión suficiente (**anuncio/convocatoria**), y en la cual se solicita al mercado de trabajo la **presentación de candidaturas** para un puesto dado. Las personas interesadas, y que creen cumplir los requerimientos del perfil profesional descrito en la oferta de empleo, redactan y envían su **carta de solicitud** adjuntando los méritos alegados en un documento que contiene su **historial curricular**.

Expirado el plazo de presentación de solicitudes, el proceso de **selección** comienza internamente en la empresa a cargo de un departamento especializado que valora y selecciona los mejores candidatos, y los somete a sucesivas **pruebas** (ejercicios escritos, prueba de idiomas, entrevista personal etc.) hasta conseguir el perfil más idóneo, al que se ofrece un **contrato de trabajo**. En el departamento correspondiente, de **administración** o de **recursos humanos**, deben también cumplirse todos los **requerimientos legales** para establecer la relación laboral en la forma que fija el **ordenamiento jurídico**. En una primera fase es usual acordar un **período de prueba**.

En el área de recursos humanos de una empresa moderna se gestionan asimismo otros asuntos de importancia general para la empresa, como por ejemplo la **negociación salarial**, la difusión de nuevas **directivas de gerencia** obligatorias para la plantilla, la notificación general de todo tipo de datos de interés para los trabajadores, el trámite del **régimen de bajas** y **altas** por razones sociales (maternidad, enfermedad, incapacidad, etc.) y/o económicas (régimen de despidos, regulación de plantillas, etc.).

Comunicaciones internas de la empresa

1) Directrices laborales (distribución jerárquica y aplicación ejecutiva)
2) Notificaciones de interés general (distribución horizontal y carácter informativo)

Junto con las comunicaciones derivadas de la difusión de las directrices funcionales, que se propagan de forma jerárquica de arriba abajo, en la vida laboral se producen un sinnúmero de situaciones que hacen necesarias **comunicaciones internas** de toda índole, como **avisos, felicitaciones**, cumpleaños, ascenso, cambio de estado familiar o condolencias.

Para la comunicación interna de la empresa se usan diversos **instrumentos**. Las empresas más grandes, con sucursales en distinta ubicación geográfica, pueden tener incluso una **revista** para mantener la comunicación con la plantilla. En todo caso, cualquiera que sea la dimensión de la empresa, hoy se utilizan con preferencia los medios ofimáticos, por su rapidez, economía y eficiencia. Al lado de la red **Internet** suelen establecerse redes locales que permiten la comunicación recíproca y multilateral interna a través de **Intranet**.

17.2 Modelos de correspondencia

17.2.1 Oferta de empleo: anuncio en la prensa

Empresa multinacional líder en el sector de telecomunicaciones desea cubrir, para su delegación española, el puesto de

DIRECTOR DE EXPORTACIÓN

para desarrollar e impulsar internacionalmente las dos áreas de negocio correspondientes a los productos y servicios que ofertamos.

Requisitos para el puesto:

- titulación superior, de carácter técnico, y orientación económica
- dominio del idioma inglés y otro del entorno europeo, preferentemente alemán
- formación complementaria en marketing y comercio exterior
- experiencia acreditada dirigiendo equipos de ventas en proyectos operativos de entorno internacional
- dedicación exclusiva y plena disponibilidad para la realización de viajes internacionales

Se ofrece:

- incorporación en plantilla de empresa líder en el sector
- paquete retributivo (fijo más variable) acorde con la valía y experiencia del candidato
- atractivas prestaciones sociales adicionales

Interesados se ruega envíen curriculum vitae detallado y fotografía reciente al Apartado de Correos 50349 de Valencia, bajo la referencia Director de Exportación. Toda la documentación remitida será tratada con la más estricta confidencialidad.

17.2.2 Presentación de candidatura

Arturo Idazurri Sebastián

Avenida de Goya 45 Entresuelo 1º · 50001 Zaragoza

Apartado de Correos 50349
Valencia

Zaragoza, 29 de marzo de 20...

REFERENCIA: Director de Exportación

Estimados Sres.:

En respuesta a su anuncio publicado en el periódico LA VANGUARDIA de Barcelona, de 22 de marzo de 20.. me complace remitir adjunto mi perfil curricular, con el ruego de que tomen mi candidatura en consideración para el proceso de selección destinado a cubrir el puesto de referencia.

Como podrán Vds. comprobar al examinar la documentación que les remito, estoy en condiciones de asumir el puesto de director de exportación por cumplir los requerimientos que Vds. detallan. Deseo caracterizar mi solicitud mediante los siguientes rasgos básicos:

- Experiencia acreditada en el sector de telecomunicaciones, tanto en el area de desarrollo como en el ámbito del comercio exterior
- Profundos conocimientos de economía aplicada y formación posgrado en márketing y comunicación empresarial
- Capacidad analítica y de formulación de estrategias
- Dominio de técnicas de negociación y conducción de equipos humanos
- Hábito de trabajo en equipo y gestión por objetivos

Manifiesto por último mi disposición para conversar en una entrevista personal sobre estos puntos y cualesquiera otros que puedan ser de interés sobre mi persona y carrera profesional (mi teléfono de contacto: 976 226626, de 20 a 22 horas).

Reciban un cordial saludo, y quedo a la espera de sus noticias.

Arturo Idazurri Sebastián
Arturo Idazurri Sebastián
Anexos: Curriculum vitae y documentación

17.2.3 Solicitud de empleo

Margarete Stresemann
Dorpfeldstr. 36 · 40699 Erkrath
Nº de tel.: 02104/20983
Correo electrónico:
m.stresemann@yahoo.de

Hotel.TL (Ibiza)
Administración de Personal
Cas Morell, s/n
Santa Eulalia del Río
E-Ibiza

Erkrath, 7 de abril de 20...

Solicitud de empleo como recepcionista hotelera a partir de julio próximo

Sras. y Sres.:

Mediante la presente deseo solicitar un puesto de trabajo en su hotel, preferentemente como recepcionista.

Actualmente trabajo en Londres en un hotel de cuatro estrellas, y en el mes de mayo termina mi contrato laboral. Deseo continuar desarrollándome profesionalmente y tendría mucho interés en trabajar en España. Creo que la cadena hotelera de la que forma parte su establecimiento es de las más prestigiosas de Europa, y yo quiero adquirir experiencia en un entorno de habla española.

Poseo formación específica en hostelería, y estoy adquiriendo desde hace cuatro años experiencia profesional en el ámbito de la gestión hotelera, con estancias laborales en distintos puestos de diferentes países. Como voy a permanecer una semana en las Islas Baleares durante el mes de abril por vacaciones, querría solicitarles una entrevista personal en dicho período.

Como anexo adicional, les envío mi curriculum vitae.

Quedo a la espera de sus noticias y les mando un cordial saludo.

Margarete Stresemann

17.2.4 Curriculum vitae

Curriculum vitae

Datos personales:

Nombre y apellido:	Margarete Stresemann
Fecha de nacimiento:	19 de Agosto de 19...
Lugar de nacimiento:	Düsseldorf, Alemania
Profesión:	Diplomada en gestión hostelera (julio de 20...)
Nacionalidad:	alemana

Formación escolar:

19...-19...	Escuela elemental en Hochdahl
19...-20...	Otto-Hahn Gymasium, Monheim
Examen:	Bachillerato alemán (Abitur)

Formación profesional:

20...-Julio de 20...	Formación dual como hotelera especializada en el Hotel Holiday Inn Düsseldorf City-Centre Königsallee****, 253 habitaciones
al mismo tiempo	Escuela profesional "Albrecht-Dürer-Berufsschule", Fürstenwall 100, 40215 Düsseldorf
agosto de 20...	Recepcionista Hotel Crowne Plaza London St. James 342 habitaciones de ****, 82 apartamentos y suites de *****

Conocimiento de idiomas:	Alemán:	Lengua materna
	Inglés:	9 años buen nivel
	Francés:	5 años conocimientos básicos
	Español:	3 años conocimientos básicos
	Italiano:	2 años conocimientos básicos

Prácticas profesionales:	2 semanas en el Hotel Holiday Inn Düsseldorf City Centre Königsallee **** (177 habitaciones) durante mi formación profesional
Conocimientos de informática:	"Micros-Fidelio-Software", versión 6.2 Conocimientos básicos en Windows 2000 Microsoft Word, Excel, Internet Explorer
Aficiones:	Tenis, badminton, squash, idiomas, viajes.

17.2.5 Mensaje Intranet

Comunicación de orden interno nº 29/20...

Cambio al horario de verano

Se pone en conocimiento de la plantilla que, de conformidad con el convenio colectivo, a partir del próximo día 1 de junio, y hasta el día 30 de septiembre, entrará en vigor el nuevo horario de verano. La hora de entrada se establece a las 08.00 horas y la de salida a las 15.30 horas, con una pausa de 20 minutos entre las 13.10 y las 13.30 horas.

Entre las 15.30 y las 17.00 horas deberá conectarse en cada departamento comercial un contestador automático que permita registrar las llamadas recibidas y en el que se deje un mensaje de atención al cliente.

Gustavo de la Montaña Diéguez
Consejero Delegado

17.2.6 Nota de prensa: designación de un nuevo gerente

Con fecha 1 de enero del corriente ha tomado posesión del cargo como nuevo Gerente de nuestra empresa Don Evaristo Avellanas Minguez, después de su designación en Consejo de Administración celebrado el 18 de noviembre de 20...

El Sr. Avellanas, ingeniero industrial de profesión, ha desarrollado toda su carrera en distintos puestos de nuestra corporación, pasando por diversas etapas del área técnica y de desarrollo, a la división financiera y de expansión de negocios.

Después del repentino fallecimiento del anterior Gerente, Sr. Galíndez, se hizo cargo de forma provisional de las riendas de la empresa en junio pasado, habiendo sido confirmado por unanimidad en el último Consejo celebrado regularmente en el ejercicio pasado.

17.2.7 Condolencia a un empleado por motivo de desgracia familiar

Apreciados Sres. Bermúdez Castro:

Habiendo conocido la gerencia de esta empresa el desgraciado accidente de tráfico de su hijo Fernando, que causó su fallecimiento el pasado domingo, día 23 de mayo, queremos manifestarle nuestra más profunda condolencia por tan luctuoso suceso.

En momentos tan difíciles para su familia, el comité de empresa y la dirección deseamos unirnos a su dolor y transmitirles el testimonio de nuestra más distinguida consideración.

Con nuestro más sentido pésame,

Mario Bertolín
Delegado del Comité de Empresa

Xavier Caballero
Gerente

17.2.8 Notificación de ascenso

Químicas Riojanas S.A.

Avenida de Logroño 13
26200 Haro

Dr. Enrique Vila Salmerón
Urbanización Los Jardines
Casa 22
26200 Haro

24 de julio de 20...

Estimado Dr. Vila:

Me complace comunicarle por el presente escrito que la Dirección de nuestra empresa ha decidido su nombramiento como nuevo Director Químico, para cubrir la baja del Profesor Estellés, que se jubiló hace 15 días.

El ascenso se produce con efecto inmediato e incorpora la escala retributiva correspondiente a su nuevo puesto. A efectos de antigüedad se computará su nueva retribución a partir del mes próximo.

Para la planificación estratégica en las decisiones de la empresa, como Vd. sabe, el Director Químico es vocal nato en el Consejo Técnico Asesor de Gerencia y al tiempo responsable de seguridad en las dos plantas productivas.

Con nuestra sincera felicitación reciba un saludo muy cordial.

Araceli Llucmayor y Orbea
Araceli Llucmayor y Orbea
Directora de Recursos Humanos

17.3 Fraseología

17.3.1 Recursos Humanos. Búsqueda de empleo

Pon la presente me permito remitirles mi candidatura como...	Hiermit möchte ich mich als ... bewerben.
He trabajado en los últimos dos años con... en...	Ich habe in den letzten zwei Jahren bei ... in ... gearbeitet.
Recibí mi formación comercial en la empresa...	Ich habe meine kaufmännische Ausbildung bei der Firma ... erhalten.
He estudiado economía/empresariales en la Universidad de...	Ich habe an der ... Universität Volkswirschaft/Betriebswirtschaft studiert.
Después de... años de experiencia profesional en el ramo de..., quisiera ahora cambiar de empleo para obtener experiencia en el sector de...	Nach ... Jahren Berufserfahrung in der ... Branche möchte ich jetzt die Stelle wechseln, um Erfahrung auf dem ... Gebiet zu sammeln.
En el anexo le envío mi currículo y una lista de referencias.	In der Anlage schicke ich Ihnen meinen Lebenslauf mit einer Referenzliste.
He trabajado del... al... como... y dispongo de profundos conocimientos en...	Ich habe vom ... bis ... als ... gearbeitet und verfüge über gründliche Kenntnisse in ...
De mi perfil curricular adjunto podrán Vds. extraer detalles de mi formación escolar y profesional.	Aus meinem beigefügten Lebenslauf können Sie Einzelheiten meiner schulischen und beruflichen Ausbildung entnehmen.

17.3.2 Reclutamiento de personal

Buscamos un empleado comercial para nuestro departamento de ventas.	Wir suchen einen kaufmännischen Mitarbeiter für unsere Verkaufsabteilung.
La persona que desearíamos emplear debe reunir los siguientes conocimientos: a) español y alemán, oral y escrito. b) saber traducir del alemán al español. c) disponer de experiencia en la contabilidad.	Die Person, die wir gern einstellen möchten, soll folgende Kenntnisse haben: a) fließend Spanisch und Deutsch sprechen und schreiben. b) vom Deutschen ins Spanische übersetzen können. c) Buchhaltungserfahrung besitzen.

d) haber recibido una formación comercial. e) haber trabajado como agente comercial durante varios años. f) tener experiencia práctica en el sector en el cual trabajamos.	d) eine kaufmännische Ausbildung absolviert haben. d) mehrere Jahre als Handelsvertreter gearbeitet haben. f) praktische Erfahrung auf dem Sektor, in welchem wir arbeiten, besitzen.
Les rogamos nos envíen su curriculum vitae así como una breve información sobre su formación y cualificaciones profesionales.	Wir bitten Sie um Zusendung Ihres Lebenslaufs und eines kurzen Berichts über Ihre berufliche Bildung und Ihre Qualifikationen.
Envíenos, por favor, sus referencias.	Schicken Sie uns bitte Ihre Referenzen.
Todas las cuestiones adicionales podrán discutirse en una entrevista personal.	Alle weiteren Fragen können in einem persönlichen Gespräch erörtert werden.
Estamos muy interesados en su candidatura y le rogamos se presente el próximo lunes, día..., en nuestro Dpto. de Recursos Humanos, a las 11 de la mañana, para celebrar una entrevista personal.	Wir sind an Ihrer Bewerbung sehr interessiert und bitten Sie, sich nächsten Montag, den ..., um 11.00 Uhr morgens, in unserer Personalabteilung zu einem Vorstellungsgespräch einzufinden.

17.3.3 Oferta de empleo. Contratación

Nos complace informarle que Vd. ha sido elegido para el puesto de...	Wir freuen uns Ihnen mitzuteilen, dass Sie für die Stelle als ... ausgewählt worden sind.
Confirmamos mediante la presente que, con efecto de..., le ofrecemos una plaza de formación profesional como...	Hiermit bestätigen wir Ihnen, dass wir Ihnen mit Wirkung vom ... einen Ausbildungsplatz als ... anbieten.
En el anexo Vd. recibe su contrato de trabajo, que le rogamos nos devuelva firmado.	In der Anlage erhalten Sie Ihren Arbeitsvertrag, den wir Sie bitten unterschrieben an uns zurückzusenden.
Todos los detalles de las condiciones de su empleo, como el salario, horario laboral, vacaciones, estipulaciones referentes a bajas por enfermedad, despido etc. se hallan incluidos en el contrato adjunto.	Alle Einzelheiten Ihrer Anstellung, wie Gehalt, Arbeitszeit, Urlaub, Vereinbarungen über Krankheitsurlaub, Kündigung usw. sind im beigefügten Vertrag aufgeführt.

17.3.4 Rechazo de candidatura, despido

Le agradecemos su solicitud de empleo y sentimos tener que comunicarle que no podemos atenderla/que ya hemos ocupado esta plaza.	Wir danken für Ihre Bewerbung und bedauern Ihnen mitteilen zu müssen, dass wir diese nicht berücksichtigen können/dass diese Stelle schon von uns besetzt wurde.
Debido a la precaria situación en el mercado laboral, lamentamos no poder ofrecer por el momento ningún puesto en nuestra empresa.	Auf Grund der schlechten Lage auf dem Arbeitsmarkt bedauern wir, zur Zeit keine Stelle in unserem Unternehmen anbieten zu können.
Con la presente, tenemos que participarle que, con efecto de... rescindiremos su contrato de trabajo.	Hiermit müssen wir Ihnen mitteilen, dass wir Ihren Arbeitsvertrag mit Wirkung vom ... kündigen.
Por razones de reestructuración en nuestra fábrica nos vemos, muy a pesar nuestro, obligados a cerrar su departamiento y a despedir a todos los empleados del mismo.	Aus Gründen der Umstrukturierung in unserem Werk sehen wir uns zu unserem Bedauern genötigt, Ihre Abteilung zu schließen und alle Angestellten derselben zu entlassen.

17.3.5 Comunicaciones internas de la empresa

Con efecto inmediato, ha sido nombrada directora comercial nuestra actual apoderada, la Sra...	Mit sofortiger Wirkung wurde unsere derzeitige Prokuristin, Frau ..., zur kaufmännischen Direktorin ernannt.
A partir del día de hoy, desde las 8 de la mañana, se encuentra operativo nuestro sistema de comunicación corporativa por vía Intranet.	Mit Wirkung des heutigen Tages ab 8 Uhr morgens ist unser unternehmensinternes Kommunikationssystem über Intranet betriebsbereit.
Por motivos de inventario, no podrán realizarse movimientos de almacén desde el viernes día 23 hasta el lunes día 25, ambos inclusive.	Aus Inventur-Gründen können wir ab Freitag, 23. bis einschließlich Montag, 25. keine Lagerdispositionen durchführen.
Nos complace comunicar a la plantilla que los excelentes resultados de nuestra empresa durante este ejercicio nos permiten aplicar un incremento del 25% a la paga de Navidad con carácter extraordinario, que se abona fuera de convenio.	Wir freuen uns der Belegschaft mitzuteilen, dass die außergewöhnlich guten Ergebnisse unserer Firma während dieses Geschäftsjahres es uns möglich machen, einen einmaligen außertariflichen 25%igen Zuschuss zum Weihnachtsgeld auszuzahlen.

17.4 Ejercicios

17.4.1 Cuestiones sobre el tema

a. ¿Cuáles son los aspectos básicos en la gestión de recursos humanos?
b. ¿Qué es una oferta de empleo? ¿Qué aspectos debe incluir necesariamente?
c. ¿Qué tareas desempeña fundamentalmente el departamento de personal de una empresa?
d. Diga varios ejemplos de situaciones que originan comunicaciones internas en la empresa.
e. Cite algunos instrumentos para la comunicación interior en la empresa.

17.4.2 Ejercicio de selección múltiple

El siguiente texto contiene 30 espacios en blanco. Complételos seleccionando la palabra o frase adecuada.

¿Qué _ (1) _ un servicio virtual (e-servicio)?
La Unión Europea define _ (2 _ servicio virtual, o _ (3) _ forma coloquial, e-servicio, a _ (4) _ servicio o recurso puesto a disposición _ (5) _ Internet para mejorar la comunicación _ (6) _ ciudadanos y empresas, _ (7) _ una parte, y las instituciones europeas por _ (8) _ Existen _ (9) _ tipos de servicios _ (10) _ :

1. Servicios informativos, _ (11) _ facilitan _ (12) _ ciudadanos, medios _ (13) _ comunicación, empresas, administraciones y _ (14) _ responsables _ (15) _ acceso fácil y _ (16) _ a la información, incrementando _ (17) _ ello la transparencia y la comprensión de _ (18) _ políticas y actividades de la UE.

1) ❑ está ❑ es ❑ tiene
2) ❑ ante ❑ sin ❑ como
3) ❑ con ❑ desde ❑ de
4) ❑ poco ❑ todo ❑ ninguno
5) ❑ en ❑ el ❑ por
6) ❑ hasta ❑ entre ❑ sobre
7) ❑ por ❑ para ❑ de
8) ❑ otros ❑ otras ❑ otra
9) ❑ dos ❑ tres ❑ varias
10) ❑ virtual ❑ reales ❑ virtuales
11) ❑ y ❑ a ❑ que
12) ❑ que ❑ sin ❑ a
13) ❑ de ❑ con ❑ para
14) ❑ otras ❑ demás ❑ muchas
15) ❑ ella ❑ un ❑ con
16) ❑ líquido ❑ fluido ❑ efectivo
17) ❑ con ❑ por ❑ sobre
18) ❑ unas ❑ unos ❑ las

2. Servicios interactivos de comunicación, que permiten _ (19) _ contactos con ciudadanos, medios de comunicación, empresas, sociedad _ (20) _ y actores públicos y que facilitan _ (21) _ las consultas _ (22) _ políticas y mecanismos de reacción _ (23) _ contribuir a conformar políticas, actividades _ (24) _ servicios de _ (25) _ UE.
3. Servicios de transacción, que permiten el acceso a _ (26) _ las formas _ (27) _ de transacciones con la UE, por _ (28) _ contratación, operaciones financieras, contratación de personal, inscripción en actos, obtención _ (29) _ compra de _ (30) _.

(Fuente: Comunidades Europeas 1995-2005)

19) ❑ mayores ❑ superiores ❑ mejores

20) ❑ civil ❑ militar ❑ europeo

21) ❑ ante ❑ bajo ❑ así

22) ❑ sobre ❑ según ❑ siempre

23) ❑ hacia ❑ desde ❑ para

24) ❑ o ❑ y ❑ a

25) ❑ esta ❑ la ❑ una

26) ❑ todas ❑ pocas ❑ ulteriores

27) ❑ máximas ❑ mínimas ❑ básicas

28) ❑ tanto ❑ cierto ❑ ejemplo

29) ❑ u ❑ o ❑ e

30) ❑ otros ❑ via ❑ documentos

17.4.3 Traduzca el texto anterior al alemán.

17.4.4 Traduzca el siguiente texto alemán al español.

Die Europäische Union (EU) ist ein Zusammenschluss demokratischer europäischer Länder, die sich der Wahrung des Friedens und dem Streben nach Wohlstand verschrieben haben. Sie versteht sich nicht als ein neuer Staat, der an die Stelle bestehender Staaten tritt. Allerdings ist die Europäische Union auch mehr als alle sonstigen internationalen Organisationen. Die EU ist im Wortsinne einzigartig. Die Mitgliedstaaten der EU haben gemeinsame Organe eingerichtet. Teile ihrer einzelstaatlichen Souveränität haben sie diesen Organen übertragen, damit in bestimmten Angelegenheiten von gemeinsamem Interesse auf europäischer Ebene demokratische Entscheidungen getroffen werden können. Diese Zusammenführung der Souveränität wird auch als „Europäische Integration" bezeichnet.

Historisch gesehen war die Entstehung der heutigen Europäischen Union die Folge des Zweiten Weltkriegs. Der Gedanke der europäischen Integration sollte verhindern, dass Europa jemals wieder von Krieg und Zerstörung heimgesucht wird. In einer Rede am 9. Mai 1950 sprach sich Robert Schuman, damaliger französischer Außenminister, erstmals für diese Integration aus. Dieses Datum gilt als Geburtstag der heutigen EU und wird jährlich als Europatag gefeiert.

Das institutionelle System der EU besteht aus fünf Organen jeweils mit spezifischen Aufgaben:

Europäisches Parlament (gewählt von der Bevölkerung der Mitgliedstaaten),
Rat der Europäischen Union (Vertretung der Regierungen der Mitgliedstaaten),
Europäische Kommission (Motor und ausführendes Organ),
Europäischer Gerichtshof (gewährleistet die Einhaltung der Rechtsvorschriften) und
Europäischer Rechnungshof (kontrolliert die nachhaltige und rechtmäßige Verwaltung des EU-Haushalts).

Das Prinzip der Rechtsstaatlichkeit ist wesentlich für die Europäische Union. Alle Entscheidungen und alle Verfahren der EU beruhen auf den EG-Verträgen, die von allen EU-Ländern vereinbart wurden.

Anfänglich bestand die EU aus nur sechs Ländern: Belgien, Deutschland, Frankreich, Italien, Luxemburg und den Niederlanden. Dänemark, Irland und das Vereinigte Königreich kamen 1973 hinzu, Griechenland 1981, Spanien und Portugal 1986, Österreich, Finnland und Schweden 1995. Im Jahre 2004 erfolgte mit weiteren 10 Ländern die umfangreichste Erweiterung in der Geschichte der EU.

In den ersten Jahren beschränkte sich die Zusammenarbeit hauptsächlich auf Handel und Wirtschaft. Heute jedoch befasst sich die EU auch mit vielen anderen Fragen, die sich unmittelbar auf unser tägliches Leben auswirken: z. B. Wahrung der Bürgerrechte; Gewährleistung von Freiheit; Sicherheit und Gerechtigkeit; Schaffung von Arbeitsplätzen; Regionalentwicklung; Umweltschutz; und eine diskriminierungsfreie Globalisierung.

(Internet-Quelle: Europa.eu.int)

17.4.5 Escriba una carta, un fax o un correo electrónico a partir de los detalles siguientes:

17.4.5.1 Geschäftsfall

Situation:

Sie haben eine Anzeige in einer spanischen Zeitung gelesen und möchten sich um die ausgeschriebene Stelle eines/r Fremdsprachen-Korrespondenten/tin bewerben. In der Stelle sind folgende Bedingungen und Gegebenheiten aufgelistet:

- Se requiere administrativo/a de exportación alemán/español.
- conocimientos de inglés, preferiblemente
- edad: entre 25 y 35 años
- experiencia profesional acreditada
- referencias sobre su perfil profesional
- disposición a vivir en una ciudad española
- salario competitivo, 4 semanas de vacaciones anuales
- entorno laboral agradable en una multinacional afincada en el sur de España
- grandes posibilidades de desarrollo profesional

1. Aufgabe:

Verfassen Sie ein Bewerbungsschreiben an die Chiffre-Anzeige „Administrativo(a) de exportación español/alemán N° 3980175" und berücksichtigen Sie dabei folgende Punkte:

- Bezugnahme auf Anzeige
- Interesse an der ausgeschriebenen Position
- Machen Sie Angaben über Ihren bisherigen beruflichen Werdegang und Ihre bisherige Tätigkeit.
- Geben Sie Beispiele Ihrer Erfahrungen mit spanischer Korrespondenz.
- Grund für Ihr Interesse an der Stelle
- Bereitschaft, für ein Interview nach Spanien zu reisen
- Geben Sie Ihre Kontaktadresse, Tel-Nr. und Handy-Nr. an.
- Weitere Einzelheiten Ihrer Wahl

2. Aufgabe:

Verfassen Sie unter Berücksichtigung der gewünschten Qualifikationen des Bewerbers/der Bewerberin Ihren Lebenslauf in spanischer Sprache.

3. Aufgabe:

Ihr Chef/Ihre Chefin hat sich bereit erklärt, ein Referenzschreiben für Sie zu verfassen. Entwerfen Sie dieses in spanischer Sprache unter Berücksichtigung der von Ihnen in Ihrem Bewerbungsschreiben gemachten Angaben.

17.4.6 Conversación telefónica

Situation:

Sie sind Margarete Stresemann und hatten sich unter 17.2.3 bei einem spanischen Hotel um eine Stelle als Empfangsdame beworben. Nach Absendung Ihrer Bewerbung erhalten Sie den auf der CD aufgenommenen Anruf.

Aufgabe:

Nach Abhören dieses Anrufs machen Sie sich eine kurze Liste über die von Ihnen noch zu unternehmenden Schritte.

18 Vocabulario utilizado

A continuación presentamos una lista de los términos técnicos (comerciales, económicos, legales) y algunas palabras y expresiones utilizadas en las introducciones y en las cartas modelo (alemán/español y español/alemán). Los vocablos son enumerados en el orden en que aparecen. Cada término sólo se menciona una vez; las palabras cuya traducción aparece en la "Fraseología" no se repiten. Las traducciones reflejan el sentido de los términos en su respectivo contexto.

0. La comunicación comercial escrita

0.1

regirse por	bestimmt werden von
principio	Prinzip
rapidez	Schnelligkeit
inmediatez	Unverzüglichkeit
avance imparable	unaufhaltbares Vordringen
correo electrónico	E-Mail
pervivir	weiterleben
instrumento de presentación	Mittel der Vorstellung
inicio del contacto empresarial	Beginn des Firmenkontakts
supuesto	*hier*: Fall
seriedad	Seriosität
informe confidencial	vertrauliche Mitteilung
documentación contractual	vertragliche Unterlagen
factura original	Originalrechnung

0.2

integrar	bilden
membrete	Briefkopf
empresa remitente	absendende Firma
sede	Sitz
dirección postal	Postanschrift
portal de Internet	Internet-Portal
empresa destinataria	Empfangsfirma
ubicar	zuweisen, platzieren
asunto	Gegenstand, Betreff
anticipar	vorwegnehmen
vincularse a	sich verknüpfen mit
seguimiento	Verfolgung
salutación	Anrede, Begrüßung
forma de cortesía	Höflichkeitsform
respetuoso	respektvoll
cuerpo de la carta	Brieftext
núcleo del mensaje	Kern der Botschaft
prosa cortés	höflicher Stil
despedida	Schlussformel
cerrar el contenido	den Inhalt schließen
firma	Unterschrift
insertar	einfügen
de forma manuscrita	handschriftlich
letra de imprenta	Druckschrift
cargo o función	Stellung oder Funktion
suscribir	unterschreiben, unterzeichnen
iniciales	Initialen, Anfangsbuchstaben
anexo	Anlage
aclarar	klarstellen
remisión	Übersendung
propuesta de contrato	Vertragsvorschlag
filial	Tochtergesellschaft
en forma bilingüe	zweisprachig
constar de	bestehen aus
condiciones generales	allgemeine Bedingungen
contratación	Vertragsabschluss
cláusula específica	spezifische Klausel
fructífera cooperación	fruchtbare Zusammenarbeit

0.4

índole	Art, Charakter
carácter formal menos acusado	weniger ausgeprägte formelle Art
prescindir	verzichten
estar sujeto a	unterworfen sein
máscara	Muster, Maske
imprescindible	unerlässlich
en su integridad	in seiner Gesamtheit

0.5

ágil	praktisch, geschickt
ordenador	Computer
conexión de Internet	Internet-Anschluss
apartado	*hier*: Absatz
colección de verano	Sommerkollektion
por correo separado	mit getrennter Post

0.6

memorándum o nota interna	Memo(randum) oder interne Mitteilung
plan de pensiones	Pensionsplan
temas fiscales	Steuerthemen
realizar consultas	Anfragen durchführen

0.7

puntuación	Zeichensetzung
la interrogación o signo de interrogación	Fragezeichen
la admiración o signo de admiración	Ausrufungszeichen
el guión	Bindestrich
punto y coma	Semikolon
dos puntos	Doppelpunkt
comillas	Anführungszeichen
diferencia de uso	Anwendungsunterschied
oración	Rede
abreviatura	Abkürzung
enumeración	Aufzählung
oración subordinada	Nebensatz
locución	Wendung
inciso	Einschub, Absatz
interrumpir	unterbrechen
impedimento	Hindernis
paréntesis	Klammer
fragmento de un párrafo	Stück eines Absatzes
cita literal	wörtliches Zitat
tratamiento	*hier*: Anrede
reseñar	wiedergeben

1. La demanda de precios

Tablas

demanda genérica	allgemeine Anfrage
prospecto estándar	Standardprospekt
folleto publicitario	Werbeprospekt
documentación ilustrada	illustriertes Prospektmaterial
programa de venta	Verkaufsprogramm
descripción general	allgemeine Beschreibung
consulta Internet	Internet-Anfrage
demanda específica	spezifische Anfrage
lista de precios	Preisliste
descripción técnica	technische Beschreibung
calidad	Qualität
cantidad	Menge
tamaño	Größe
condiciones de entrega	Lieferbedingungen
condiciones de pago	Zahlungsbedingungen
plazo de entrega	Lieferfrist

1.1

potencial cliente	möglicher Kunde
determinado producto	bestimmtes Produkt
feria	Messe
fabricante	Hersteller
ofertante	Anbieter
paso lógico	logischer Schritt
datos adicionales	zusätzliche Daten
establecer una relación comercial	eine geschäftliche Beziehung eingehen
exponer	erklären, darlegen
plantearse	auftreten
dirigirse a	sich richten an
ofertar	anbieten
operador comercial	Handelsvermittler
distribuidor	*hier*: Vertriebsfirma
agente comercial	Handelsvertreter
mayorista	Großhändler
licenciatario	Lizenzinhaber
comercializar	*hier*: vertreiben
constituir	*hier*: darstellen
acto impersonal	unpersönliche Handlung
manera estandarizada	genormte Art und Weise
requerir	erfordern
cortesía comercial	kaufmännische Höflichkeit
consulta telefónica	telefonische Beratung
bajada de datos	Herunterladen von Daten
transcripción	Übertragung
preexistente	bereits vorhanden
concretar	konkretisieren
objeto de interés	Gegenstand des Interesses
característica	Eigenschaft
otorgar	gewähren
descuento	Nachlass
tipo de transporte	Transportart
envase, embalaje	Verpackung
precio final	Endpreis

1.2.1

asunto	Betreff
petición de	Bitte um
mediante la presente	*hier*: durch die heutige Mitteilung
en soporte electrónico	auf elektronischem Weg
departamento de compras	Einkaufsabteilung

1.2.2

requerimiento	*hier*: Anforderung
juego completo	kompletter Satz
máquina de impresión digital	digitale Druckmaschine
poner en el mercado	auf den Markt bringen
alta definición	hohe Auflösung
reproducción electrónica	elektronische Wiedergabe
prestación	*hier*: Leistung
presupuesto	(Kosten-)Voranschlag
instalación	*hier*: Aufstellung, Einrichtung
puesta en marcha	Inbetriebsetzung
formación de operarios	*hier*: Schulung der Arbeiter
detallar	einzeln aufführen
emisión	Ausstellung, *hier:* Erteilung
pedido en firme	Festauftrag
contemplar	*hier*: in Betracht ziehen, berücksichtigen
venta a crédito en plazos	*hier*: Kreditverkauf auf Raten
por anticipado	im Voraus

1.2.3

paquete turístico	Touristik-Paket
feria	Messe
desplazarse	reisen, sich begeben
certamen	*hier*: Veranstaltung
contacto profesional	geschäftlicher Kontakt
urbanización	(Wohn-)Siedlung
encomendar	in Auftrag geben
concurso público	öffentliche Ausschreibung
Ministerio de la Vivienda	Wohnungsbau-ministerium
prolongar	verlängern
estancia	Aufenthalt
duración total	Gesamtdauer
con la mayor brevedad posible	so bald wie möglich
alojamiento	Unterbringung
pensión completa	Vollpension
guía profesional	professionelle(r) Führer(in)
dominio	Beherrschung
seguro	Versicherung
participante	Teilnehmer

1.2.4

peticionario	Anfragender
destinatario	Empfänger
máquina de tricotar	Strickmaschine
máquina cortadora	Schneidemaschine
máquina bordadora	Stickmaschine
máquina cosedora	Nähmaschine
juego de accesorios	Satz Zubehörteile
aguja	Nadel
muestra	Muster
motivo vegetal	Pflanzenmotiv

1.2.5

mercado de bricolaje	Baumarkt
por unidad	*hier*: pro Stück
azadilla de jardín	Jäthacke für den Garten
pedido continuado	Dauerauftrag
embalaje individual	Einzelverpackung
palet	Palette
almacén central	Zentrallager
ajustar	*hier*: scharf kalkulieren
márgen	Marge

1.2.6

concurso público	öffentliche Ausschreibung
concurso público de adjudicación	Vergabe durch öffent-liche Ausschreibung
Comunidad Autónoma	Gebiet Spaniens mit politischer Autonomie
Consejería	Ministerium einer Regionalregierung
sanidad	Gesundheitswesen
convocar	aufrufen, einladen
adquisición	Erwerb
mobiliario hospitalario	Krankenhausmobiliar
equipamiento quirúrgico	chirurgische Ausrüstung
expediente	Akte
importe	Betrag
retirada	Abholung
sobre cerrado	verschlossener Umschlag
apertura	Öffnung
comunicarse	mitteilen
oportunamente	zu gegebener Zeit

1.4.2

espacio	Lücke
responsable de compras	Verantwortliche(r) für den Einkauf
asumir	übernehmen

configuración	*hier*: Zusammenstellung
surtido	Sortiment
suministrador	Lieferant
redacción	Abfassung
servir de marco	richtungsweisend sein, als Rahmen dienen
conjunto	Gesamtheit
tarea	Aufgabe
conseguir	*hier*: erlangen, sich verschaffen
visión general	allgemeiner Überblick
integrar	ausmachen, bilden
tanto más si	umso mehr, als
negocio	Geschäft
estacionalidad	Saisonabhängigkeit
imprescindible	unerlässlich
acometer	unternehmen, in Angriff nehmen
labor	Arbeit
recopilación	Zusammenstellung
equipo	Mannschaft, Belegschaft
departamento de compras	Einkaufsabteilung
posteriormente	später
mediar	*hier*: existieren, vorhanden sein
un principio de interés	*hier*: ein grundsätzliches Interesse
temporada	*hier*: Jahreszeit
atender	*hier*: achten auf
cumplimiento	Erfüllung
normativa específica	spezielle Normung, Regelung
promulgar	veröffentlichen
protección de los niños	Schutz der Kinder
usuario	Benutzer

1.4.3

potentieller Käufer	comprador potencial
Kostenvoranschlag	presupuesto de gastos
technische Einzelheit	detalle técnico
Größe	tamaño
Gewicht	peso
Abmessung	dimensión
Zeit aufwenden	dedicar tiempo
Ausarbeitung	*hier*: preparación
Ansprüchen gerecht werden	cumplir con los requerimientos

1.4.6.1

Fremdenverkehrsamt	oficina de turismo
Bundesland	"land"
Unterbringung	alojamiento
Beitrittsbedingungen	condiciones de entrada

1.4.6.2

Mengenrabatt	descuento por cantidad

2. La oferta

Tablas

oferta espontánea	unverlangtes Angebot
publicidad	Werbung
carta promocional	Werbebrief
oferta requerida	verlangtes Angebot
duración	Dauer
precio por unidad	Preis pro Einheit
garantía	Garantie

2.1

departamento de ventas	Verkaufsabteilung
despertar interés	Interesse wecken
provocar la demanda	die Nachfrage bewirken
convertirse en pedidos	sich in Aufträge verwandeln
carta promocional	Werbebrief
grupo objetivo	Zielgruppe
solicitud anterior	vorherige Anfrage
por distintas vías	auf verschiedenen Wegen
correo electrónico	E-Mail
petición telefónica	telefonische Bitte
plantear una cuestión	eine Frage aufwerfen, stellen
cerrar el negocio	das Geschäft abschließen
redactar una oferta	ein Angebot abfassen
contestar	(be-)antworten
legislación mercantil	Handelsgesetzgebung
incluir aspectos dispares	unterschiedliche Aspekte beinhalten
ordenamiento	Rechtsordnung
caducidad	Verfalldatum, Erlöschen
revocabilidad	Widerrufbarkeit
medida de precaución	Vorsichtsmaßnahme
comercio exterior	Außenhandel
incorporar	einfügen
cláusula de reserva	Vorbehaltsklausel
limitar a un periodo	auf einen Zeitraum begrenzen

salvo venta	Zwischenverkauf vorbehalten
hasta agotamiento de existencias	solange der Vorrat reicht
establecer	*hier*: schaffen
revocar	widerrufen
naturaleza	Beschaffenheit
prestación de servicio	Erbringung einer Dienstleistung
fórmula de pago	Zahlungsart

2.2.1

remisión	Übersendung
apartado	*hier*: Absatz
comprobar	feststellen
estar editado	abgefasst sein
consulta adicional	zusätzlicher Rat
contenido	Inhalt

2.2.2

cadena	Kette, Reihe
estación de servicio	Tankstelle
gestionar	führen
ampliarse	sich erweitern
cámara digital	Digitalkamera
desarrollar	entwickeln
éxito	Erfolg
certamen ferial	Messeveranstaltung
concepto de comercialización	Absatzkonzept
estuche	Etui, Futteral
juego completo de accesorios	kompletter Satz Zubehörteile
descuento por volumen	Mengenrabatt
margen comercial	*hier*: Gewinnmarge, Handelsspanne
entrevista	*hier*: Besuch
responsable comercial	zuständiger Handelsvertreter

2.2.3

asistente al certamen	*hier*: Messebesucher
visita turística en circuito	touristische Rundreise
desglose	Aufschlüsselung
alojamiento	Unterbringung
pensión completa	Vollpension
pernoctación	Übernachtung
4 estrellas en la clasificación europea	4 Sterne nach europäischem Standard
habitación doble	Doppelzimmer
uso individual	Einzelbenutzung
prolongación	Verlängerung
bono	Gutschein, Bon
comprender	beinhalten
recogida	Abholung
desplazamiento	Fahrt, Reise
viceversa	umgekehrt
recinto ferial	Messegelände
retorno	Rückkehr, Rückweg
microbús climatizado	klimatisierter Kleinbus
conductor	Fahrer
intérprete	Dolmetscher
precio unitario	Stückpreis
precio global	Gesamtpreis
jornada	Tag
recorrido	*hier*: Fahrt
contratación	Vertragsabschluss
seguro de accidentes a todo riesgo	Unfallversicherung gegen alle Risiken
cobertura personal frente a todo evento	persönliche Deckung für alle Ereignisse
confiar	vertrauen
ser de agrado	gefallen
encontrar la conformidad	die Zustimmung finden

2.2.4

ascender a	sich belaufen auf
franco domicilio	frei Haus
contrato gratuito de mantenimiento	kostenloser Wartungsvertrag
proceder un cobro anticipado	eine Vorauszahlung leisten
pagadero	zahlbar
confirmación del pedido	Auftragsbestätigung
a la entrega	bei Lieferung
válido	gültig
aclaración adicional	zusätzliche Klärung

2.2.5

cese en la fabricación	Einstellung der Herstellung
contrapropuesta	Gegenvorschlag
sofá biplaza	2-sitziges Sofa
portal de internet	Internetportal
sacar	*hier*: entnehmen
dejar de fabricar	die Herstellung einstellen

distribuidor	Vertriebshändler
tener en existencias	auf Lager haben
ejemplar de exposición	Ausstellungsstück
salir al mercado	auf den Markt kommen
concretar el precio	den Preis festsetzen
en torno a	um ..., ca.
editarse	herauskommen, veröffentlicht werden

2.4.2

administración	Verwaltung
Instituto Español de Comercio Exterior (ICEX)	Spanisches Außenhandelsinstitut
prestar un servicio	eine Dienstleistung erbringen
con la finalidad	mit dem Ziel
impulsar	fördern, antreiben
proyección	*hier*: Präsenz
recurso financiero	Finanzmittel
desplegar	entfalten
difundir	hier: verbreiten
promover	fördern
capacitación técnica	technische Schulung
cuadros	Management
formación	Schulung, Ausbildung
inversión	Investition
implantación	(Fabrik-)errichtung
cooperación empresarial	Firmenzusammenarbeit
con eficacia	mit Effizienz
embajada	Botschaft

2.4.4

grenzüberschreitend	más allá de las fronteras nacionales
Bereitstellung	*hier*: actividad consistente en la venta
wirtschaftliche Leistungen	prestaciones económicas
umgekehrt	por el contrario
grenzüberschreitender Bezug	compra al extranjero
Austausch	intercambio
über einen Zwischenhändler	mediante un intermediario
Makler	*hier*: agente comercial
Marktpflege	compromiso con el mercado
eigener Kundendienst	equipo de ventas propio
zwischengeschalteter Händler oder Unternehmer	*hier*: empresa de intermediación
Aufbau eines lokalen Vertriebsnetzes	establecimiento de una red comercial local (o en el mercado de referencia)
Lagerhaltung	almacenamiento

2.4.6.1

Laser-Optik-Katalog	catálogo de óptica laser
Fachhandel	comercio especializado
Position	partida
längeres Zahlungsziel	plazo de pago prolongado

2.4.6.2

seemäßige Verpackung	embalaje marítimo
Streik	huelga
Haftungausschluß	exoneración de responsabilidad
höhere Gewalt	fuerza mayor
unwiderrufliches, bestätigtes Dokumentenakkreditiv	crédito documentario irrevocable y confirmado
Montage	instalación
Gerichtsstand	fuero, lugar de jurisdicción

2.4.6.3

Lager räumen	liquidar las existencias
Rundschreiben	circular
Spedition	agencia de transportes

3. El pedido

Tabla

pasar un pedido	einen Auftrag erteilen
lugar de jurisdicción	Gerichtsstand

3.1

suponer	*hier*: voraussetzen
contrato de compraventa	Kaufvertrag
demás condiciones	weitere Bedingungen
ofertante	Anbieter
perfeccionar	*hier*: zustande kommen
en su totalidad	in seiner Gesamtheit
plazo de vigencia	Gültigkeitsdauer
ámbito territorial	Gebietsbereich

circunstancias de suministro	Lieferumstände
en ambos casos	in beiden Fällen
acuse de recibo	Empfangsbestätigung
notificación	Benachrichtigung

3.2.1

detallar	im Einzelnen auflisten
a continuación	nachfolgend
pedido de prueba	Probeauftrag
someter a	*hier*: unterziehen
examen de resistencia	Prüfung der Widerstandsfähigkeit
bisagra	Scharnier
latón	Messing
acero	Stahl
lote	Posten
tornillería	Schraubenartikel
anticipar al máximo	so weit wie möglich vorziehen
acogerse a	sich halten an
pronto pago	sofortige Zahlung
transferencia bancaria	Banküberweisung
por esta vía	auf diesem Weg

3.2.2

rechazo	Ablehnung
ejercicio	*hier*: Geschäftsjahr
surtido	Sortiment
tomar en consideración	berücksichtigen

3.2.3

objeción	Einwand
plantear	*hier*: vorschlagen
toma de contacto	Kontaktaufnahme
partir del supuesto	von der Annahme ausgehen
a efectos de transporte	im Hinblick auf den Transport
alcanzar	erreichen
ajustar	anpassen
póliza contratada	(vertraglich) abgeschlossene Police
verificar	prüfen
desglose detallado	detaillierte Aufschlüsselung

3.2.4

servicio gratuito	kostenloser Service
facilitar	*hier*: mitteilen, beschaffen
datos bancarios	Bankangaben
transferencia	Überweisung
por escrito	schriftlich

3.2.5

entrevista	Besprechung, Treffen
bomba de refinería	Raffineriepumpe
crudo	*hier*: Erdöl
catálogo vigente	gültiger Katalog
emitir	ausstellen, emittieren
entidad bancaria	*hier*: Bank
apertura del crédito documentario	Eröffnung des Dokumentenakkreditivs
embalaje: individual de alta seguridad	Verpackung: einzeln, von höchster Sicherheit
buque	Schiff
disponible	verfügbar
cumplimiento de los plazos	*hier*: Einhaltung der Fristen

3.4.2

lata de anchoa	Dose Sardellen
aceite de oliva	Olivenöl
mejillones en escabeche	marinierte Muscheln
bonito al natural	Thunfisch in eigenem Saft
transcurrir	ablaufen
aviso de envío	Versandanzeige
notificación	Nachricht, Benachrichtigung
cubrir nuestras existencias casi agotadas	unsere fast erschöpften Bestände auffüllen
perjuicio	Schaden
rogar encarecidamente	inständig bitten
efectuar la entrega	die Lieferung durchführen
cancelar el pedido	den Auftrag stornieren

3.4.3

empresa individual	Einzelunternehmung
comerciante individual	Einzelkaufmann
sociedad personalista	Personengesellschaft
sociedad colectiva	offene Handelsgesellschaft

socio colectivo	Vollhafter, Komplementär
sociedad en comandita	Kommanditgesellschaft
socio comanditario	Kommanditist

3.4.4

Rechtsform	forma jurídica
spanisches Gesellschaftsrecht	derecho societario español
Handelsgesellschaft	sociedad mercantil
Aktiva halten	tener activos
Gewinn	beneficio
persönlich haften für	responder personalmente de
unbegrenzt	ilimitado
Schulden	deudas
Kapitalgesellschaft	sociedad capitalista
Handelsregister	Registro Mercantil
Gesamtvermögen	todo el patrimonio, el patrimonio total
Kapitaleinlage	aportación de capital

3.4.6.1

Laptop	ordenador portátil
Einführungspreis	precio de lanzamiento
Vorauszahlung	pago adelantado

3.4.6.2

Großhandelsrabatt	descuento al por mayor
frei Ihrem Lager	franco a su almacén

3.4.6.3

vestido de boda	Hochzeitskleid
fichero	Datei
talla especial	Sondergröße
sinnúmero	unzählig
velo	Schleier
guantes	Handschuhe
calzado	Schuhwerk
ramo textil	Blumenstrauß aus Stoffblumen
configurar	zusammensetzen
atuendo nupcial	Hochzeitsaufmachung
segmento alto de precio	höheres Preissegment
confeccionarse sobre pedido	per Auftrag hergestellt werden
bordado de iniciales	Initialen-Stickerei
adaptación de tallas	Größenanpassung
Frühjahr-Schaufenster	escaparate de primavera
Hochzeitsschal	velo o mantilla nupcial

4. La confirmación del pedido

4.1

confirmación del pedido	Auftragsbestätigung
manifestar	*hier*: zeigen, erkennen lassen
oferta inicial	erstes Angebot
recepción	Erhalt
conformidad	Übereinstimmung, Richtigstellung
precio acordado	ausgehandelter Preis
modalidad de transporte	Transportart
añadir	hinzufügen
precisión	*hier*: Präzisierung
convenir	angemessen sein
valor monetario	Geldwert

Tabla

suministrador	Lieferant
sin restricciones	ohne Einschränkungen
hacer concesiones	Zugeständnisse machen
hacer contra-propuestas	Gegenvorschläge machen
falta de existencias	Mangel an Vorräten
insolvencia	Zahlungsunfähigkeit, Insolvenz

4.2.1

servir un pedido	einen Auftrag bearbeiten, liefern, erledigen
día laborable	Werktag
mensajería	Kurierdienst
transporte terrestre	Transport über Land
número de expedición	Versandnummer
tarifa del catálogo	Katalogpreis
acumulativo	*hier*: der sich um ... erhöht
coordenadas bancarias	Bankverbindung

4.2.2

caja de madera	Holzkiste
embalaje estándard	Standardverpackung
ajustar el precio	den Preis angleichen
tener en cuenta	berücksichtigen
sinergias de ahorro	*hier*: Spareffekt
sin sobrecoste	ohne Preisaufschlag
cifrar en	beziffern mit
adecuación	Angemessenheit
por mensajería urgente	mit Eilkurier
muestra anticipada	Vorab-Muster

4.2.3

asegurar	*hier*: zusichern
la póliza al efecto	die entsprechende Police
ser del máximo agrado	sehr gut gefallen
consulta	Rat
gestión	*hier*: Formalität

4.2.4

reproducir	wiedergeben
notificar la apertura de un crédito	die Eröffnung eines Akkreditivs mitteilen
tareas de producción	Produktionsarbeiten
a su debido tiempo	zu gegebener Zeit
con el mayor esmero	mit der größtmöglichen Sorgfalt

4.2.5

suplemento	Zusatz
promoción	*hier*: Werbekampagne
partida de reposición	Ersatzlieferung

4.4.4

sociedad capitalista o de capital	Kapitalgesellschaft
sociedad de responsabilidad limitada	Gesellschaft mit beschränkter Haftung
sociedad anónima	Aktiengesellschaft
participación	Gesellschaftsanteil
corresponder a	gehören
pequeñas y medianas empresas (pymes)	kleine und mittlere Unternehmen
capital social	Stammkapital
tipo social	Unternehmensform
gerente	bei der GmbH: Geschäftsführer
normativa	*hier*: Gesetzgebung
consejo de vigilancia	Aufsichtsrat
auditoría externa	externe Wirtschaftsprüfung
Memoria anual de actividades	Jahresbericht
rigor	Strenge
requisitos de constitución	Gründungsvorschriften
requisitos de funcionamiento	Geschäftsführungsbedingungen
acción	*hier*: Aktie
capital suscrito	gezeichnetes Kapital
órgano básico	grundlegendes Organ
consejo de dirección	Vorstand
representación judicial	gerichtliche Vertretung
representación extrajudicial	außergerichtliche Vertretung
incumbir	obliegen
labores de control	Kontrollaufgaben
balance anual de actividades	Jahresbilanz

4.4.6.1

Kristallvase	florero de cristal
Jahresteller	plato del año
Sektglas	copa de champán

5. La solicitud de informes comerciales

Tabla

a título gratuito	kostenlos
entidad de crédito	Kreditanstalt
autorización	Genehmigung
agencia de informes comerciales	Handelsauskunftei
informe comercial	Handelsauskunft
forma retribuida	*hier*: in bezahlter Form

5.1

establecimiento	Einrichtung, Aufnahme
situación patrimonial	Vermögenslage
a crédito	auf Kredit
solidez financiera	Bonität
solvencia empresarial	Solvenz des Unternehmens
solvente	zahlungsfähig, solvent
ser puntual en sus pagos	seinen Zahlungen pünktlich nachkommen
ser digno de confianza	vertrauenswürdig sein
ser reputado	einen guten Ruf genießen
disponer de efectivo	liquide sein
fuente de información	Informationsquelle
conceder una información a título de favor	eine Auskunft aus Gefälligkeit geben
principio de reciprocidad	Prinzip der Gegenseitigkeit
índole	Art
proporcionar	*hier*: zur Verfügung stellen
exhaustivo	*hier*: vollständig, erschöpfend

autorizar de forma expresa	ausdrücklich genehmigen
protección de datos	Datenschutz
registro público	öffentliches Register
registro mercantil	Handelsregister
confidencial	vertraulich
exclusión de responsabilidad	Ausschluss der Haftung
valoración	Bewertung
de forma prudente	vorsichtig
de forma cautelosa	vorsichtig
carencia	Nichtvorhandensein, Fehlen
incidentes registrados	eingetragene Fakten
comportamiento comercial	kaufmännisches Verhalten
desaconsejar	abraten
intercambio de información	Austausch von Informationen
por la vía de la asociación	*hier*: auf gemeinschaftlichem Wege
flujo actualizado	aktualisierter Fluss
clasificaciones	Einstufungen
actualizar	auf den neuesten Stand bringen
prensa financiera	Finanzpresse

5.2.1

somier	Lattenrost
colchón	Matratze
Feria del Mueble	Möbelmesse
pedido de cierta consideración	ziemlich umfangreicher Auftrag
empresa de reciente creación	vor kurzem gegründete Firma
puesto que	da
línea de producto	Produktlinie, Produktserie
comportamiento comercial	Handelsgebaren
confidencialidad	Vertraulichkeit

5.2.2

caja de ahorros	Sparkasse
con la mayor brevedad	möglichst bald
acudir a	sich wenden an
mantener una negociación	eine Verhandlung führen
confidencialidad	Vertraulichkeit

5.2.3

fecha de constitución	Gründungsdatum
ejercicio	Geschäftsjahr

5.2.4

comportamiento pagador	Zahlungsverhalten, Zahlungsmoral
impecable	untadelig, einwandfrei
descuento por pronto pago	Nachlass für prompte Zahlung
merecer	verdienen
director financiero	Finanzdirektor

5.2.5

girar	*hier*:zustellen
margen crediticio	Kreditmarge
banco corresponsal	Korrespondenzbank
magnitud	Größe
volumen de pedido	Auftragsumfang
exceder	übersteigen
recursos propios	Eigenmittel
capital social	Gesellschaftskapital
legislación	Gesetzgebung
forma societaria	Gesellschaftsform
constar	*hier*: bestehen
ámbito inmobiliario	Immobilienbereich
abordar	*hier*: in Angriff nehmen
presupuesto de ejecución	Kostenvoranschlag für die Ausführung
sin perjuicio	unbeschadet,ungeachtet dessen
confluencia	Zusammentreffen
socio financiero	Finanzpartner
la máxima cautela	die größtmögliche Vorsicht
tráfico mercantil	Handelsverkehr
riesgo	Risiko
ser difícilmente previsible	schwierig vorhersehbar sein
ser de utilidad	nützlich sein
con la debida reserva	mit dem nötigen Vorbehalt

5.2.6

curtido	Leder
integrar	bilden, beinhalten
patrimonio inmobiliario	Immobilienkapital
Registro de la Propiedad	Grundbuchregister
anotación	*hier*: Eintragung

plantilla	Belegschaft
trabajador	Arbeiter
a tiempo parcial	Teilzeit
separación de bienes	Gütertrennung
incidencias de morosidad	(Zahlungs-)Verzugsfälle
sede legal	(offizieller) Geschäftssitz
ser de propia titularidad	eigenes Eigentum sein
anotación preventiva de embargo	Pfändungsvormerkung
enajenar	enteignen, veräußern
regimen de alquiler	Mietverhältnis
retraso	Verzögerung
atención a las obligaciones retributivas	Einhaltung der Zahlungsverpflichtungen
para con los empleados	gegenüber den Angestellten
declararse en suspensión de pagos	Zahlungseinstellung erklären
levantar la situación	den Zustand aufheben
grado de solvencia	Solvenzgrad
en régimen de crédito	auf Kreditbasis

5.4.2

interlocutor comercial	Handelspartner
aplicar	anwenden
tratar con reserva	mit Vorbehalt behandeln
en el seno de la empresa	innerhalb der Firma
ética empresarial	Unternehmensethik
estar sujeto a	unterliegen
caducidad	Gültigkeit
venir dado por	gegeben sein durch
desenvolvimiento económico	wirtschaftliche Entwicklung
altibajos	Höhen und Tiefen
concisión	Genauigkeit
a ser posible	wenn es möglich ist
cuantificación	(zahlenmäßige) Erfassung
límite de crédito	Kreditlimit
ampliación de capital	Kapitalerweiterung
tomar decisiones	Entscheidungen treffen
praxis interbancaria	Praxis der Banken untereinander
operativa comercial anterior	bisherige kaufmännische Verfahrensweise
fidedigno	beweiskräftig
veracidad	Richtigkeit, Wahrhaftigkeit
autenticidad	Echtheit

5.4.3

unverbindlich	sin compromiso
Auskunftgeber	informador
vorsätzlich	premeditadamente
gegen Honorar	a título oneroso
Vorsatz	premeditación
Fahrlässigkeit	negligencia
Tatsachen verbreiten	divulgar hechos
vage	de forma imprecisa
Haftung übernehmen	asumir responsabilidad
günstig	favorable
unbestimmt	neutro
ungünstig	desfavorable
Rechtsverhältnisse	situación o forma legal
Bilanz	balance
Umsatz	cifra de negocios
Zahlungsweise	modo de pago
Kartei	registro

6. La entrega

Tablas

marcador de embarque	Verschiffungsmarkierung
símbolo de precaución	Sicherungssymbol

6.1

cumplir el pedido	den Auftrag erfüllen
expedir	(ab-)schicken, versenden
ser aplicable	anwendbar sein
rotulación	Beschriftung, Etikettierung
desplazamiento	*hier*: Versand, Transport
productos de toda índole	Produkte aller Art
legislación	Gesetzgebung
país de destino	Bestimmungsland
por razón de la sustancia	wegen der Substanz
toxicidad	Giftigkeit
detalles de índole medioambiental	Einzelheiten aus dem Umweltbereich
correr al cargo de	zu Lasten gehen von
trayecto	Strecke

por carretera	per Straße
transporte ferroviario	Schienentransport
asegurar la mercancía	die Ware versichern
contrato de seguro	Versicherungsvertrag
aviso de expedición	Versandavis
contrato ex fábrica	Vertrag ab Werk
riesgo del transporte	Transportrisiko
facturación	Rechnungslegung
factura comercial	Handelsrechnung, Handelsfaktura
efectuar el pago	die Zahlung leisten
número de bultos	Anzahl der Packstücke
marca	Markierung
importe total	Gesamtsumme
recargo adicional	zusätzlicher Aufschlag
demás términos del contrato	weitere Bedingungen des Vertrages
factura pro forma	Proforma-Rechnung
pago previo	Vorauszahlung
remesa para venta en consignación	Sendung zum Verkauf auf Konsignationsbasis
dar por ejecutado el contrato	den Vertrag als ausgeführt betrachten
encontrar aplicación	Anwendung finden
restringir la circulación de capital	den Kapitalumlauf beschränken
licencia de importación	Importlizenz
factura consular	Konsulatsrechnung, Konsulatsfaktura
formulario predeterminado	vorher festgelegtes Formular
dar fe consular	konsularisch bestätigen
legalidad de un negocio	Gesetzmäßigkeit eines Geschäfts
ingreso fronterizo	Grenzeintritt
factura aduanera	Zollrechnung, Zollfaktura
aplicación de las tarifas o derechos arancelarios	Anwendung der Zolltarife
imponer a la mercancía	der Ware auferlegen
extracto de cuenta	Kontoauszug
balance, saldo	*hier*: Saldo
cargo en cuenta	(Konto-)Lastschrift
abono en cuenta	(Konto-)Gutschrift
omisión	Auslassung
mercancía defectuosa	fehlerhafte Ware
emitir una nota de cargo	eine Lastschrift ausstellen
emitir una nota de abono	eine Gutschrift ausstellen

6.2.1

constar en	*hier*: hervorgehen aus, ersichtlich sein im ...
albarán unificado	vereinheitlichter Lieferschein
acuse de recibo	Empfangsbescheinigung

6.2.2

naviera	Reederei
conocimiento de embarque sin incidencias	reines Seekonnossement
en tiempo y forma	rechtzeitig und formgerecht
proceder al pago acordado	die vereinbarte Zahlung vornehmen
ubicación definitiva	definitiver Platz
desplazarse	sich begeben, reisen, *hier*: sich auf den Weg machen
técnico instalador	Monteur
la puesta a punto	*hier*: genaue Einstellung
cargamento	Ladung
trasladar	überführen
sede social	Firmensitz

6.2.4

tabla	Tabelle
facturación generada	*hier*: daraus hervorgehende Berechnung
cierre contable	Buchhaltungsabschluss

6.2.5

debe	Soll
haber	Haben
descuento por volumen acumulado	Abschlag auf aufgelaufenes (Auftrags-) Volumen

6.4.2

Vertriebsweg	canal de distribución
entscheidend verändern	cambiarse de forma decisiva
Fortschritt	avance
Logistik	logística
Globalisierungsprozess	proceso de globalización
Zwischenhändler	intermediario comercial
umgehen	eludir

direktes Marketing	mercadotecnia directa
Trennlinie	línea de separación
sich zunehmend verwischen	difuminarse cada vez más
am Anfang stehen	encontrarse en un estado inicial

6.4.3

vía de comercialización	Vertriebsweg
venir condicionado	bedingt werden, abhängig sein
comercio mayorista	Großhandel
escalón	*hier*: Ebene
servir de puente	als Verbindung dienen
comercio minorista	Einzelhandel
consumidor final	Endverbraucher
en grandes volúmenes	in großen Mengen
almacenamiento	Lagerung
responder con agilidad a	schnell bedienen können
grandes superficies	große Warenmärkte
superficie	Fläche
régimen de autoservicio	Selbstbedienung
producto agroalimentario	landwirtschaftliches Produkt
zona urbana periférica	Vorstadtgebiet
estar dotado de	ausgerüstet sein mit
zona de ocio	Freizeitgebiet
grandes almacenes	Großwarenhaus
establecimiento comercial	kaufmännisches Geschäft
ubicado	gelegen
núcleo urbano	Stadtzentrum
planta	*hier*: Stockwerk

6.4.4

venta a distancia	Versandkauf
servir a domicilio	nach Hause liefern
desventaja	Nachteil
devolución	Rückgabe(recht)
reintegro	Ersatz, (Rück-) Erstattung
derecho de desistimiento	Rücktrittsrecht
anonimato	Anonymität
regulación protectora	Schutzregelung

6.4.6.1

Etikett	etiqueta, rótulo
beschriften	marcar, poner una inscripción
Logo	emblema
Lizenzgebühr	derechos de licencia
Aufschrift	inscripción

7. El pago

7.1

presupuesto	*hier*: Voraussetzung
recepción conforme	ordnungsgemäßer Erhalt
pago anticipado	Vorauszahlung
parte contratante	Vertragspartei
pago inmediato	sofortige Zahlung
condiciones pactadas	vereinbarte Bedingungen
conceder un descuento	einen Nachlass gewähren
por pronto pago	auf Grund sofortiger Zahlung
notificación del pago	Zahlungsavis
pago a plazos	Zahlung auf Raten
fiabilidad	Verlässlichkeit
línea crediticia	Kreditlinie
documentación mercantil	Handelsunterlagen
de lo contrario	andernfalls
cheque	Scheck
letra de cambio	Wechsel
giro postal internacional	internationale Postanweisung
pago por banca electrónica	Bankzahlung auf elektronischem Weg
sistema cifrado de acceso	chiffriertes Zugangssystem
moneda aplicable	anwendbare Währung
tipo de cambio	Wechselkurs
negocio de divisas	Devisengeschäft

7.2.1

coordenadas	*hier*: Angaben

7.2.2

coincidir con	übereinstimmen mit
contabilidad	Buchhaltung
entrada en cuenta	*hier*: Eingang auf dem Konto
ingreso de la transferencia	Eingang der Überweisung

7.2.3

petición de rectificación	Bitte um Berichtigung
departamento contable	Buchhaltungsabteilung
contemplar	*hier*: berücksichtigen
sin dilación	unverzüglich

7.2.4

detectar	feststellen, herausfinden
apunte contable	Buchhaltungseintragung
descuento por volumen	Mengenrabatt

7.2.5

desembalar	auspacken
hacer constar	mitteilen
empresa consignataria	Schiffs-, Reedereiagentur

7.4.3

la Ley cambiaria y del cheque	das Wechsel- und Scheckgesetz
Boletín Oficial del Estado	Offizielles Gesetzesblatt
emisión	Emission, Ausgabe
en otros preceptos	in anderen Vorschriften
legislación posterior	nachfolgende Gesetzgebung
puesta en circulación	Umlaufbringung
denominación	Bezeichnung
título	Titel, Wertpapier
mandato puro y simple	uneingeschränkte Anordnung
admitido a cotización oficial	zur offiziellen Notierung zugelassen
librado	(Wechsel-)Bezogener
vencimiento	Fälligkeit
a cuya orden se ha de efectuar el pago	an dessen Order die Zahlung zu erfolgen hat
librar	*hier*: ausstellen
librador	(Wechsel-)Aussteller
ser pagadero	zahlbar sein
domicilio	Wohnort
localidad	Ort
salvo que	es sei denn
la cantidad escrita	*hier:* der in Worten geschriebene Betrag

8. Problemática en la entrega

Tabla

cumplimiento	Erfüllung
incumplimiento	Nichterfüllung
entrega limpia o correcta	ordentliche oder korrekte Lieferung
entrega parcial	Teillieferung
entrega incompleta	unvollständige Lieferung
entrega defectuosa o viciada	beschädigte Lieferung

8.1

no prestación	Nichterbringung, Nichtleistung
caso de fuerza mayor	Fall höherer Gewalt
circunstancia excepcional	außergewöhnlicher Umstand
compensación	Entschädigung, Abfindung
perjuicio	Schaden, Beeinträchtigung
indemnización	Entschädigung, Vergütung
pena convencional	Konventionalstrafe, Pönale
equivaler a	gleichbedeutend sein mit
resolución	*hier*: Auflösung
daños y perjuicios	Schäden und Verluste
en el supuesto de que	in der Annahme, dass
bajo promesa	mit dem Versprechen
consumar	vollenden
mercancía percibida	*hier*: erhaltene Ware
mercancías pendientes de entrega	noch nicht gelieferte Waren
cancelar	stornieren
actuación	Handlungsweise
disculpa	Entschuldigung
surgir	auftauchen, entstehen
generar	hervorrufen, verursachen
concesión	Zugeständnis, Konzession
inducir al comprador a	den Käufer zu etw. bringen
investigar	untersuchen, nachforschen
dirección errónea	falsche Anschrift

perderse en tránsito	im Transit verloren gehen
fallo administrativo	Fehler in der Verwaltung
error informático	Informatikfehler
almacenamiento	Lagerung

8.2.1

sufrir un grave perjuicio	einen schweren Schaden erleiden

8.2.2

queja	Beschwerde
poner en conocimiento	zur Kenntnis bringen
reiterados casos	wiederholte Fälle
servicio a nuestros pedidos	Bearbeitung unserer Aufträge
turno de instalación	Installations-, Montageschicht
sistema eléctrico de iluminación	elektrisches Beleuchtungssystem
entrañar	mit sich bringen
servicio impecable	einwandfreier Service
rigurosa puntualidad	unbedingte Pünktlichkeit
régimen de pagos	*hier*: Zahlungsmoral
tónica general	*hier*: Grundtendenz
recuperar la normalidad acostumbrada	die gewohnte Normalität zurückgewinnen
quedar pendiente de servicio	noch zu bearbeiten sein
gozar de gran aceptación	sehr gefragt sein

8.2.3

con la máxima urgencia	so schnell wie möglich
envío complementario	zusätzliche Lieferung
sin coste	kostenlos
abonar	*hier*: zahlen

8.2.4

paliar	lindern, verringern
notificación del pago	Zahlungsavis
vale de descuento	Rabattmarke, Rabattschein
tener a bien realizar	freundlicherweise durchführen wollen
testimonio	*hier*: Zusicherung

8.4.2

Lösung von Konflikten	solución de conflictos
Auslegung	interpretación
unterwerfen	someter a
internationale Gerichtsbarkeit	jurisdicción internacional
einen Rechtsstreit ausfechten	tramitar un litigio
außergerichtliche Stelle	instancia extrajudicial
Internationales Schiedsgericht	Corte Internacional de Arbitraje

8.4.3

compraventa internacional	internationaler Kauf(vertrag)
obligación del vendedor	Verpflichtung des Verkäufers
transmitir la propiedad	das Eigentum übertragen
custodiar	verwahren, aufbewahren
título de propiedad	Eigentumsrecht
garantía pactada	vereinbarte Garantie
intereses pactados	vereinbarte Zinsen

9. Reclamaciones y su atención

9.1

estar conforme con	einverstanden sein mit
no coincidir con	nicht übereinstimmen mit
ser de distinta calidad	unterschiedlicher Qualität sein
diferir	sich unterscheiden
integridad	Vollständigkeit, Integrität
rescindir el contrato	vom Vertrag zurücktreten
poner un suministro a disposición	eine Lieferung zur Verfügung stellen
sustitución	Ersatz, Ersetzung
reposición	Ersatzbeschaffung
reducción proporcional del precio	proportionale Kürzung des Preises
subsanar el perjuicio sufrido	den erlittenen Schaden wieder gutmachen
venir plasmado	festgehalten werden
reparar el producto	das Produkt reparieren

reemplazar el producto	das Produkt ersetzen
apariencia	Erscheinung (-sbild)
conseguir la plena satisfacción	die volle Zufriedenheit erreichen
investigar el origen de la reclamación	den Ursprung der Reklamation untersuchen
estar fundado	berechtigt sein
indagación	Untersuchung, Nachforschung
tomar una postura clara	eine klare Haltung einnehmen
beneficioso para el cliente	günstig für den Kunden
considerar de buena fe	*hier*: als ehrlich erachten
tener sustancia	*hier*: berechtigt sein
buscar un compromiso	einen Kompromiss suchen
circunstancias excepcionales	außergewöhnliche Umstände
interlocutor	Gesprächspartner
compañía de transporte	Transportgesellschaft
sociedad de seguros	Versicherungsgesellschaft
sustanciar	vorbringen, begründen
tribunal	Gericht
corte de arbitraje	Schiedsgericht
a efectos probatorios	aus Beweisgründen
dictamen	Gutachten
perito neutral	neutraler Gutachter
determinar	festsetzen

9.2.1

chándal	Jogginganzug
camiseta	T-Shirt
subsanación del fallo	Behebung des Fehlers
permanecer de forma indefinida	ewig bleiben

9.2.2

programa de gestión empresarial integrada	integriertes Programm zur Unternehmensführung
días de rodaje	*hier*: Betriebs-, Arbeitstage
curso para usuario	Kurs für Benutzer
controlar las existencias de	die Lagerbestände prüfen von
cálculo de las nóminas	Kalkulation der Gehälter
no estar adaptado	nicht angepasst sein
retenciones	*hier*: Sozialabgaben
conexión vía Internet	Internet-Verbindung
trámite de pagos por banca electrónica	Zahlungsweise durch elektronisches Banking
cumplir los requisitos de seguridad	die Sicherheitsvorschriften erfüllen
tal y como prevé el contrato	so wie es der Vertrag vorsieht
vital para la marcha diaria	wichtig für den täglichen Ablauf

9.2.3

arribar	ankommen, eintreffen
proceder a la reposición	Ersatz beschaffen
ensayo clínico de vacunación	klinischer Versuch zu Impfzwecken

9.2.4

retirar del almacén	vom Lager abholen
causar inconvenientes	Unannehmlichkeiten bereiten
prima adicional	*hier*: zusätzlicher Nachlass

9.2.5

estudiar en profundidad	gründlich prüfen
objetivo principal	oberstes Ziel
asesoría informática integral	vollständige Informatikberatung
impartir el curso de iniciación	den Einführungskurs geben
colaborador	Mitarbeiter
alimentación de datos	Dateneingabe
tasa de retención	*hier*: Abgabensatz
asumir sin dilación	unverzüglich einleiten
sucursal	Filiale
precisar los requisitos de seguridad	die Sicherheitsvorschriften aufzählen
tráfico de pagos e ingresos	Verkehr der Zahlungsein- und ausgänge
codificación	Kodifizierung
acoplar sin coste	kostenlos einrichten
deducciones	Abzüge

derecho laboral español	spanisches Arbeitsrecht
servidor informático	Informatikserver
usuario del sistema	Benutzer des Programms
parecer razonable	angemessen erscheinen
sugerir	vorschlagen
gastos de alojamiento	Unterbringungskosten

9.2.6

rotulado	Beschriftung, Etikettierung
tal y como consta	wie ... hervorgeht
naviera	Reederei
conocimiento de embarque limpio	reines Verschiffungskonnossement
sin incidencias	ohne Vorkommnisse
responder por	aufkommen für
entidad adunanera	Zollstelle

9.4.3

especificación técnica	technische Spezifikation
certificados de fabricación y calidad	Herstellungs- und Qualitätszeugnisse
ser de aplicación	anwendbar sein
certificado de acreditación	Bestätigungszertifikat
según la legislación vigente	nach gültigem Recht
prevención de riesgos laborales	*hier:* Arbeitsschutzvorschriften
ficha de seguridad del producto	Sicherheitsbescheinigung des Produkts
día hábil	Werktag
penalización	*hier*: Vertragsstrafe
aviso de la anomalía	Benachrichtigung des Schadens
declinar la responsabilidad	die Haftung ablehnen
una vez transcurrido este plazo	nach Ablauf dieser Frist
gastos de carga y transporte	Fracht- und Transportkosten
sin previo abono	ohne vorherige Gutschrift
material devuelto	zurückgegebenes Material
delegar una gestión a empresas especializadas	eine Aufgabe an Fachunternehmen delegieren
cláusula penal	Konventionalstrafe, Pönale
obligación sujeta a plazo	fristgebundene Verpflichtung

9.4.5.1

Kunstseide	seda artificial
zu lose gewebt	tejido de forma muy floja
das Gewebe verzieht sich	el tejido da de sí
Nachlieferung	suministro suplementario
Luftfracht	flete aéreo

9.4.5.2

Erdnüsse	cacahuetes
Ernte	cosecha
Schiedsverfahren	arbitraje

10. El retraso en el pago

Tabla

mecanismo de reclamación	Mahnverfahren
recurso a	Rückgriff auf
empresa de gestión de cobro	Inkassoinstitut
contrato de factoring	Factoring-Vertrag
reclamación judicial	gerichtliche Forderung
aseguramiento ante el impago	Absicherung gegen Nichtzahlung
seguro de crédito a la exportación	Exportkreditversicherung

10.1

obligación principal	Hauptverpflichtung
obligación derivada del contrato	sich aus dem Vertrag ergebende Verpflichtung
no satisfacer el precio	den Preis nicht zahlen
pago aplazado	Zahlung auf Ziel
falta de diligencia	Mangel an Sorgfalt
trámite	*hier*: Abwicklung
incumplimiento	Nichterfüllung
recurso a los tribunales	Rückgriff auf die Gerichte
recurrir a la vía judicial	auf den Rechtsweg zurückgreifen
soler operar por distintas vías	auf verschiedenen Wegen vorzugehen pflegen

encomendar	in Auftrag geben
gestión del cobro	*hier*: Eintreibung der Zahlung
cobrar honorarios	ein Honorar berechnen
recuperación del crédito	Eintreibung der Forderung
llegar a buen fin	zu einem guten Ende kommen
derechos derivados de una deuda	sich aus einer Schuld ergebende Rechte
contrato de factoring	Factoring-Vertrag
importe variable según el riesgo	je nach dem Risiko variabler Betrag
acreedor	Gläubiger
con carácter preventivo	als Vorbeugungsmaßnahme
seguro de crédito	Kreditversicherung
cobro de las ventas	Zahlung der Verkäufe
a cambio de	im Austausch mit
póliza de crédito	Kreditpolice
de carácter empresarial	firmenspezifisch
riesgos políticos	politische Risiken
cobertura total o parcial	gesamte oder teilweise Deckung
en último término	in letzter Instanz
compañías públicas	öffentliche (staatliche) Unternehmen
CESCE	entspricht der deutschen HERMES-Kreditversicherung
asociarse	hinzukommen
conjunto	Gruppe, Komplex
deudor	Schuldner
asociación sectorial	*hier*: Fachverband
supresión de ciertos beneficios crediticios	Aufhebung bestimmter Kreditvorteile
créditos vencidos	fällige Forderungen
demorar el pago	die Zahlung verzögern
demostrar su buena fe	seinen guten Willen zeigen
solicitar un nuevo plazo	um eine neue Frist bitten
adelantar un pago parcial	eine Teilzahlung leisten
aceptar una letra de cambio	einen Wechsel akzeptieren

10.2.1

recordatorio de pago	Zahlungserinnerung, Mahnung
unidad contable	*hier*: Buchhaltungsabteilung
ingreso	Eingang
quedar en liquidar	zu zahlen haben
tramitar	erledigen
tener el mensaje por no recibido	die Nachricht als nicht erhalten betrachten

10.2.2

recordatorio indirecto	indirekte Mahnung
deuda pendiente	offen stehende Schuld
lencería para el hogar	Haushaltswäsche
estampación	Bedruckung, Pressung
telas	Stoffe
revisión de la cuenta de cliente	Überprüfung des Kundenkontos
la factura está abierta	die Rechnung ist offen
confirmar la recepción conforme	den ordnungsgemäßgen Erhalt bestätigen
retraso involuntario	ungewollte Verzögerung
división contable	*hier*: Buchhaltungsabteilung
ser saldado	ausgeglichen werden

10.2.3

adoptar todas las medidas necesarias	alle notwendigen Maßnahmen ergreifen
proceder al pago sin la menor dilación	unverzüglich die Zahlung leisten
omisión	Fehler, Auslassung
notificar con prontitud	umgehend mitteilen

10.2.4

saldo abierto	offen stehender Saldo
respuesta explicativa	erklärende Antwort
comportamiento moroso	säumiges Verhalten
satisfacer íntegramente	voll begleichen
adeudar	schulden
poner el asunto en manos de nuestro asesor jurídico	die Angelegenheit unserem Rechtsberater übergeben

10.2.5

aplazamiento	Aufschub
vencimiento	Fälligkeit
motivar incidencias	Folgen, Auswirkungen haben
subsanar	beheben
tener una declaración fiscal trimestrial pendiente	eine vierteljährliche Steuererklärung offen stehen haben
inspección de Hacienda	Steuerprüfung durch das (spanische) Finanzamt
estar realizando un nuevo inventario tasado	eine neue taxierte Lagerbestandsaufnahme durchführen
llevanza contable	Buchführung
paralizar los flujos de pago pendientes	den Fluss der ausstehenden Zahlungen unterbrechen
convicción	Überzeugung
tener comprensión por lo sucedido	Verständnis für das Geschehene aufbringen

10.2.6

abogado	Rechtsanwalt
a petición expresa de	auf ausdrücklichen Wunsch von
débito	Schuld
hacerse pagadero	fällig werden
con posterioridad	zu einem späteren Zeitpunkt
mi representada	die von mir vertretene Firma
recordatorio	Mahnschreiben
misiva posterior	späteres Schreiben
acuse de recibo	Empfangsbescheinigung
recibir el mandato	den Auftrag, das Mandat erhalten
instar la recuperación del importe debido	die Eintreibung des geschuldeten Betrages betreiben
intimación definitiva	endgültige Aufforderung
en fase previa a la actuación procesal	*hier*: als Vorstufe der Prozessverfahrensweise
despacho corresponsal	Korrespondenzbüro
bufete	Anwaltskanzlei

10.4.2

Paket	*hier*: conjunto
global oder einzeln in Anspruch nehmen	*hier*: ser contratado global o individualmente
Fakturierungseinzelheiten	detalles de facturación
Abrechnung der Kredite	contabilidad de los créditos
Inkasso der ausstehenden Forderungen	cobro de los créditos pagaderos
Schutz des Kreditrisikos	protección del riesgo de crédito
angesichts	frente a
Abdeckung des politischen Risikos	cobertura del riesgo político
der die Schuld Abtretende	el cedente de la deuda

10.4.3

arbitraje comercial	Handelsschiedsgerichtsbarkeit
hipotética existencia de conflictos	hypothetische Möglichkeit von Konflikten
interpretación	*hier*: Auslegung
ejecución	*hier*: Umsetzung
juez estatal	staatlich ernannter Richter
impartir justicia	Recht sprechen
no afectar sustancialmente a la institución en sí	die Einrichtung an sich nicht wesentlich betreffen
objeto del litigio	Gegenstand des Streitfalles
estar implicado	*hier*: verstrickt sein

10.4.6.1

Verzugsgebühren	gastos de morosidad

10.4.6.2

Rate	cuota
ausstehen	estar pendiente

11. La representación comercial

11.1

forma de distribución	Vertriebsart
fórmula de gestión	Führungsformen
percibir una comisión	eine Provision beziehen
en contraprestación	als Gegenleistung
comisión de garantía	Delkredereprovision
almacén en consignación	Konsignationslager
disponer de la mercanía	über die Ware verfügen, die Ware verkaufen
interlocutor	Ansprechspartner
correr con el riesgo del negocio	das Risiko des Geschäftes tragen
tener la exclusiva	das Exklusivrecht haben
compartir con otros	mit anderen teilen
delegación comercial	Handelsdelegation
matriz	Muttergesellschaft
implantación	Einführung, Ansiedlung
patrimonio propio	eigenes Vermögen
personalidad jurídica independiente de la matriz	von der Muttergesellschaft unabhängige Rechtspersönlichkeit
inauguración	Gründung, Eröffnung
gerencia autónoma	autonome Geschäftsführung
contabilidad separada	getrennte Buchführung
régimen propio de tributación	eigene Besteuerung
finalidad de la empresa	Unternehmenszweck
normativa	(gesetzliche) Regelung

Tabla

profesional del comercio	Handelsfachmann (-fachfrau)
en nombre ajeno	in fremdem Namen
por cuenta ajena	auf fremde Rechnung
por cuenta propia	auf eigene Rechnung
ingreso	Einnahme
inscripción Registro Mercantil	Eintragung ins Handelsregister
contabilidad local	örtliche Rechnungslegung
recuperar el IVA	die MWSt zurückbekommen
razón social diferenciada	eigene Firmenbezeichnung
apoderado	Bevollmächtigter
sucursal	Filiale
filial	Tochtergesellschaft

11.2.1

búsqueda de un distribuidor	Suche nach einem Vertriebsmann (einer Vertriebsfrau)
lámpara de bronce con cristal tallado	Bronzelampe mit geschliffenem Kristall
distribución exclusiva	Exklusivvertrieb
país de habla alemana	deutschsprachiges Land
responder a la expectativa	der Erwartung entsprechen

11.2.2

candidatura	Bewerbung
puesto de agente comercial en exclusiva	Stelle als Exklusiv-Handelsvertreter
curriculum vitae	Lebenslauf
sala de muestras	Ausstellungsraum
cartera de clientes	Kundenstamm
medida publicitaria	Werbemaßnahme
hacerse cargo de	*hier*: übernehmen

11.2.3

existencias	*hier*: Vorrat
palets	Paletten
resultar difícil colocar	schwierig absetzbar sein
perecedero	verderblich
precio de remate	*hier*: Ausverkaufspreis

11.2.4

confección infantil	Kinderkonfektion
informe trimestral	Quartalsbericht
desacuerdo	Nichteinverständnis
tabla de facturación	Berechnungstabelle
descenso paulatino	allmählicher Rückgang
alrededores	Umgebung
objetivo prioritario	oberstes Ziel
caer	*hier*: zurückgehen
abordar los esfuerzos	die Anstrengungen einsetzen
soportar costes fijos	Fixkosten tragen
plantearse muy seriamente el cierre	sehr ernsthaft die Schließung erwägen
reasumir las ventas	den Verkauf wieder aufnehmen
postura	Meinung, Einstellung

11.2.5

descontento	Unzufriedenheit
evolución desfavorable	ungünstige Entwicklung
coyuntura general	allgemeine Konjunktur
crisis de demanda	Nachfragekrise
bien de consumo	Konsumgut
disposición al gasto	Ausgabenbereitschaft
ropa infantil	Kinderwäsche, Kinderkleidung
comercio minorista especializado	spezialisierter Einzelhandel
formular pedidos	Aufträge hereinholen
cadena filialista	Filialkette
comercio estacionario	stationärer Handel
impartir directrices de política comercial	Richtlinien der Handelspolitik ausgeben
potenciar	verstärken, ausbauen
fase transitoria	Übergangsphase
plan de actuación	Handlungsplan

11.2.6

propuesta de contrato	Vertragsvorschlag
derecho aplicable	anwendbares Recht
foro competente	zuständiger Gerichtsstand
articulado	Paragraphenwerk, Wortlaut eines Vertrages

11.2.7

contrato de representación comercial	Handelsvertretungsvertrag
Mecklenburgo-Antepomerania	Mecklenburg-Vorpommern
Baja Sajonia	Niedersachsen
velar por los intereses	die Interessen wahren
la representada	die vertretene Firma
fomento del negocio	Förderung des Geschäfts
sin cargo alguno	*hier*: kostenlos
realizar la labor	die Arbeit verrichten
libre de derechos de aduana	zollfrei
en el ejercicio de su actividad	in Ausübung seiner Tätigkeit
ser expresamente autorizado	ausdrücklich ermächtigt sein
reembolsar	zurückerstatten, ersetzen
envío postal de paquetería o mensajería	Paketpost- oder Kurierdienstsendung
entrar en vigor	in Kraft treten
rescindir	zurücktreten, kündigen
período de vigencia	Gültigkeitszeitraum
mediante carta certificada	durch eingeschriebenen Brief
con acuse de recibo	mit Rückschein
apartado	Absatz, Punkt
normativa mercantil alemana	deutsches Handelsrecht
demás legislación complementaria	weitere zusätzliche Gesetzgebung
conflicto jurídico	Rechtsstreitigkeit
sustancia de este contrato	Inhalt dieses Vertrages
domicilio	Wohnort
adición	Zusatz
para su eficacia	für ihre Rechtswirksamkeit
discrepancia interpretativa	Auslegungsschwierigkeit
tener preferencia	den Vorrang haben
tenor literal	Wortlaut

11.4.3

Normung	normalización
Zertifizierung	certificación
technische Regelung	reglementación técnica
was mit sich bringt	lo que implica
Spielregeln akzeptieren	aceptar las reglas del juego
einleiten	encaminar
progressive Anwendung	aplicación progresiva
technische Normen	normas técnicas
ein Zertifikat ausstellen	expedir un certificado
nicht das gleiche Vertrauen beim Käufer erzeugen	no inspirar al comprador la misma confianza
rigorosen Kontrollen unterwerfen	someter a controles rigurosos
sich auf das Produkt verlassen	confiar en el producto
seinen Zweck erfüllen	cumplir con su cometido
obligatorische technische Vorschrift	reglamentación técnica obligatoria
amtliche Bestätigung	homologación

11.4.5.1

Vorort	suburbio
verkehrstechnisch gut angebunden	bien comunicado con la red viaria local

Außendienstler	*hier*: representante
in Werbemaßnahmen einbinden	incluir en medidas de promoción
Einziehung der Forderungen	cobro de las deudas activas

11.4.5.2

Nachschub benötigen	necesitar nuevos suministros
gängige Größen	tamaños corrientes
Prinzipal	*hier:* gerente

12. Formas de cooperación empresarial

12.1

cooperación empresarial	Zusammenarbeit zwischen Unternehmen
en el ámbito de investigación y desarrollo	im Bereich von Forschung und Entwicklung
propiedad intelectual	geistiges Eigentum
logística	Logistik
entorno cultural	kulturelle Umgebung
establecimiento	Errichtung
fundación	Gründung
sociedad común de capital compartido	gemeinsame Gesellschaft mit geteiltem Kapital
conocimiento del mercado	Kenntnis des Marktes
red de distribución	Vertriebsnetz
fin compartido	*hier:* gemeinsames Ziel
licencia	Lizenz
concedente	Lizenzgeber
licenciatario	Lizenznehmer
facultad	*hier*: Befugnis
avance tecnológico	technischer Fortschritt
marca	Marke(nzeichen)
retribución monetaria	geldliche Vergütung
derechos de licencia	Lizenzgebühr
fórmula de abono	Form der Zahlung
participación en los beneficios	Beteiligung am Gewinn
fusiones y adquisiciones	Fusionen und Übernahmen
fusión plena	Vollfusion
de mutuo acuerdo	in gemeinsamer Übereinstimmung
absorber	absorbieren, aufkaufen
adquisición amistosa	freundliche Übernahme
adquisición hostil	feindliche Übernahme
sinergia organizativa	organisatorische Synergie
refuerzo de las debilidades	Stärkung der Schwächen
deslocalización	Standortverlagerung

Tabla

intercambio de asistencia tecnológica	Austausch von technischer Hilfe
Derecho Comunitario	(EU-)Recht
PYMES (pequeñas y medianas empresas)	kleine und mittlere Unternehmen

12.2.1

boceto	Skizze, Entwurf
régimen de financiación	Finanzierungsverfahren, -art
considerar viable	für durchführbar halten
distribución de tareas	Aufteilung der Aufgaben
faltar por aclarar	noch zu klären sein
concepto de comercialización	Vermarktungskonzept
acuerdo marco	Rahmenabkommen
producto acabado	Fertigprodukt
unas cuantas muestras	einige Muster
valorar los costes de desarrollo	die Entwicklungskosten errechnen
disponibilidad	Verfügbarkeit
Consejero Delegado	geschäftsführendes Vorstandsmitglied, in Spanien: leitendes Verwaltungsratsmitglied

12.2.2

cartera para niños	Schulranzen
estuche infantil de lapicero	Bleistiftetui für Kinder
empresas muy destacadas	herausragende Unternehmen
franja horaria de audiencia infantil	Zeitfenster für das Kinderfernsehen
popularidad	Beliebtheit
campaña escolar siguiente	kommendes Schuljahr
cartera mochila	Schulrucksack
cartera de mano	Aktenkoffer
titular de los derechos	Inhaber der Rechte
licencia exclusiva para España	Exklusivlizenz für Spanien

modelo de contratación	Vertragsabschlussmodell
portal en Internet	Internetportal
Director de Mercadotecnia	Marketing-Direktor

12.2.3

cierre de las negociaciones en curso	Schließung der laufenden Verhandlungen
culminar	*hier*: schließen
los puntos abordados	die angesprochenen Punkte
firmar bajo la razón social...	mit dem Firmennamen ... zeichnen
Adjunto	Stellvertreter

12.2.4

mayoría accionarial	Aktienmehrheit
reorientación	Neuorientierung
paquete accionarial	Aktienpaket
capital social	Stamm-, Aktienkapital
vehículos usados	Gebrauchtfahrzeuge
replantear las actividades de marketing	die Marketing-Aktivitäten neu konzipieren
reunión de trabajo	Arbeitstreffen

12.4.3

cesión de tecnología industrial	Transfer industrieller Technologie
facilidad de aplicación	Anwendungsmöglichkeit
aplicador potencial	möglicher Anwender
producto patentado	patentiertes Produkt
carecer de valor inmediato	keinen unmittelbaren Wert haben
país en vía de desarrollo (abreviado: PVD)	Entwicklungsland
tejido industrial	*hier*: Industriegefüge, -struktur
apoyo técnico	technische Unterstützung
transferencia	Transfer
a cargo de	zu Lasten von
derecho de propiedad	Eigentumsrecht
concesionario	Lizenznehmer
regalía	Lizenzgebühr
plazo de validez de la patente	Gültigkeitsdauer des Patents
fecha de solicitud	Antragsdatum
transcurrir	ablaufen
el uso de conocimientos	die Benutzung der Kenntnisse
pasar a ser de dominio público	öffentlich frei gegeben werden
explotar la invención	die Erfindung nutzen
imprescindible	unerlässlich
no patentable	nicht patentierbar
transformarse en ventaja competitiva	sich in einen Wettbewerbsvorteil verwandeln
formar personal local	örtliches Personal schulen
puesta en marcha	Inbetriebnahme

12.4.6.2

Brückenbau	construcción de puentes
Fahrzeugindustrie	industria automovilística

13. Los servicios bancarios en la exportación

13.1

custodia	Aufbewahrung
inversión	Investition
otorgamiento de créditos	Gewährung von Krediten
particular	*hier*: Privatperson
beneficio empresarial	Unternehmensrendite
operativa bancaria	Operationsfeld der Banken
capital confiado en depósito	als Einlage anvertrautes Kapital
pasivos	Passiva
intereses	Zinsen
empréstitos	Darlehen
activos	Aktiva
mandato de pago a la vista	Aufforderung der Zahlung auf Sicht
cantidad	*hier*: Betrag
ser exigible	fällig, eintreibbar sein
hacerse efectivo	(sofort) zahlbar sein
emisor	Aussteller, Emittent
situar los fondos	die Mittel einzahlen
actuar como librado	als Bezogener handeln
cheque personal	persönlicher Scheck
titular de una cuenta	Kontoinhaber
cheque bancario	Bankscheck
orden de pago simple	einfache Zahlungsanweisung

a petición de un cliente	auf Antrag eines Kunden
a favor de un tercero	zu Gunsten eines Dritten
entidad de crédito extranjera	ausländisches Kreditinstitut
atender el pago del importe a presentación del cheque	den Betrag bei Vorlage (Fälligkeit) des Schecks zahlen
en efectivo	bar
cheque cruzado	Verrechnungsscheck
abono en cuenta	Kontogutschrift
transferencia bancaria	Banküberweisung
banco emisor	emittierende Bank
beneficiario	Begünstigte(r)
suscripciones	Abonnements
orden de pago permanente	Dauerauftrag
autorización de pago a terceros	Abbuchungsgenehmigung für Zahlung an Dritte, Einzugsermächtigung
movimientos de fondos	Geldmittel-Bewegungen
domiciliar	domizilieren
descontar	diskontieren
tipo de descuento	Diskontsatz
transferir por endoso	durch Indossament übertragen
endosante	Indossant
endosatario	Indossatar
remesa documentaria	*hier*: Dokumenteninkasso
documentos contra aceptación	Dokumente gegen Akzept
banco avisador	avisierende Bank
revocable	widerruflich
el condicionado	die Bedingungen
sin previo aviso al beneficiario	ohne vorherige Benachrichtigung des Begünstigten
irrevocable	unwiderruflich
plena seguridad de cobro	volle Zahlungssicherheit
gestión de carteras de inversión financiera	Verwaltung von Portfolios finanzieller Investition
transacción bursátil	Börsengeschäft
tráfico de divisas	Devisenverkehr
trascendencia	Bedeutung, Tragweite

13.2.1

pieza de recambio	Ersatzteil

13.2.3

contratar personal	Personal einstellen
tratar las condiciones	die Bedingungen aushandeln
concesión del crédito	Gewährung des Kredits
informe anual	Jahresbericht

13.2.4

planta de fabricación de caucho	Fabrik zur Herstellung von Kautschuk
letra aceptada a la vista pagadera a los 30 días	akzeptierter 30-Tage-Sichtwechsel
notificar su conformidad	sein Einverständnis mitteilen
en dos suministros parciales	in zwei Teillieferungen

13.2.5

traducción jurada al alemán	beeidigte Übersetzung ins Deutsche
recibo de carga	Frachtübernahmebescheinigung

13.4.2

en sucesivos pasos	in aufeinander folgenden Schritten
emitir un crédito	einen Kredit ausstellen
ajustarse plenamente a los requisitos del crédito	den Bedingungen des Kredits genau entsprechen
banco confirmador	bestätigende Bank

13.4.3

seguro de crédito a la exportación (SCE)	Exportkreditversicherung
liberar de una excesiva acumulación de riesgos	von einer exzessiven Anhäufung von Risiken befreien
poder ser suscrito	in Anspruch genommen werden können
asumir cierto tipo de riesgos	eine bestimmte Art von Risiken übernehmen
ejecución de fianzas	Erfüllung von Bürgschaften

13.4.5.1

Bilanz	balance
Gewinn- und Verlustrechnung	cuenta de pérdidas y ganancias

13.4.5.2

notariell beglaubigt	autenticado notarialmente
Botschaft	embajada

14. Transporte y aseguramiento de mercancías

14.1

empresa de expedición	Versandunternehmen, Spediteur
transportista	Transporteur, Transportfirma
recoger mercancías	Waren abholen
tipo de consignación	Art der Verfrachtung
fletamento consolidado	konsolidierte Fracht
grupaje de mercancías	Sammelladung
recogida	Abholung
remisión	Sendung, Verbringung
muelle	Kai
tasas de flete	Frachtraten
documentos de flete	Frachtdokumente
trámite	Bearbeitung
despacho aduanero	Zollabfertigung
almacenamiento	Lagerung
por vía fluvial	auf dem Flussweg
por vía lacustre	auf dem Seeweg
valor añadido	Mehrwert
envío puerta a puerta	Versendung von Haus zu Haus
entrañar riesgos	Risiken mit sich bringen
contenedor	Container
descargar	entladen
de forma multimodal	auf multimodale Weise
terminal portuario	Hafenterminal
carta de porte	Frachtbrief
documento no negociable	nicht negoziierbares (übertragbares) Dokument
sigla	Akronym
evidenciar	beweisen
ampararse	sich schützen
vagones cerrados y precintados	geschlossene und (zollamtlich) versiegelte Waggons
conocimiento aéreo	Luftfrachtbrief
factura de flete	Frachtrechnung
declaración de valor	Wertdeklaration
a efectos aduaneros	für Zollzwecke
certificado de seguro	Versicherungszertifikat
título de crédito	Forderungstitel
cargador	Befrachter
título representativo de la propiedad	der den Besitz verbriefende Titel
transmisión a terceros por	Weitergabe an Dritte durch
endoso	Indossament
aseguramiento	Versicherung
asegurador	Versicherer
asegurado	Versicherte(r)
tomador	*hier*: Versicherungsnehmer
interés puesto en riesgo	das dem Risiko ausgesetzte Interesse
póliza total o parcial	Gesamt- oder Teilpolice
póliza abierta	offene Police, Police ohne Wertangabe
prima	Prämie
póliza à forfait	Police mit Wertangabe
póliza de abono y flotante	Abschreibe-, Generalpolice
póliza especial o por viaje	Spezial- oder Reisepolice
franco de avería particular	ohne besondere Havarie
con avería particular	mit besonderer Havarie

14.2.1

pan negro de centeno	Roggen-Schwarzbrot
polígono	Gewerbegebiet

14.2.2

pieza desmontable	abmontierbares Teil
armario metálico	Metallschrank
carguero bicasco	doppelwandiger Frachter
tonelada métrica	metrische Tonne
bajo opción del armador	nach Option des Reeders
estadía máxima	Höchstliegedauer
plan de singladura del navío	Schiffsfahrplan
anclado	vor Anker liegend
estiba	Stauung
sobreestadía	Überliegezeit
cargo adicional	zusätzliche Gebühr
contrato de fletamiento	Frachtvertrag
comandante del buque	Schiffskapitän

14.2.3

el nordeste peninsular	der Nordosten der (Iberischen) Halbinsel
sociedad naviera	Reederei
ruta	Route
encontrar buena acogida	gut angenommen werden
desvío	Abweichung vom Kurs, *hier*: Zwischenstopp
grupaje de contenedor	Sammel-Containerladung

14.2.5

trigo	Weizen
centeno	Roggen
destilería	Destillieranlage
avería marítima	Seehavarie
robo o piratería	Raub oder Piraterie
pérdida de peso	Gewichtsverlust
avería o deterioro por agua salada	Beschädigung oder (Qualitäts-)Minderung durch Salzwasser
exhalaciones del barco	Schiffsschweiß
siniestro	Schaden
sin franquicia	ohne Selbstbeteiligung
puerto de desembarco	Entladehafen
licorería	Likörfabrik

14.2.6

notificación de daños	Schadensmeldung
certificado de avería	Havariezertifikat
estiba inadecuada	ungeeignete Stauung
desplazamiento	Verrutschen, Verschiebung
rotura	Bruch
dictamen pericial	Sachverständigengutachten
infiltración de humedad	Eindringen von Feuchtigkeit
generar inutilización	Unbrauchbarkeit hervorrufen
según valoración pericial	gemäß Sachverständigen-Bewertung
Francfort del Meno	Frankfurt am Main
con carácter probatorio	als Beweis
póliza vigente de seguros	gültige Versicherungspolice
certificado de avería visado	beglaubigtes Havariezertifikat
lista de bultos	Packliste
negativa	*hier*: Ablehnungsbescheid

14.4.2

tener complejidad	Vielfalt haben
simplicidad	Einfachheit
versatilidad	Vielseitigkeit
la dimensión del viaje a realizar	der Umfang der durchzuführenden Reise
entorno geográfico	geografisches Umfeld
originar problemas	zu Problemen führen
congestión	Verstopfung
perturbación	Störung
núcleo de población	Bevölkerungszentrum
nudo circulatorio	Verkehrsknotenpunkt
contaminación medioambiental	Umweltverschmutzung
humos y gases	Rauch und Abgase
impuesto sobre carburantes	Steuer auf Treibstoffe
limitación del nivel de emisión de gases	Begrenzung des Abgasausstoßes

14.4.4

Schnelligkeit	rapidez
verderbliche Waren	mercancías perecederas
zügige Bearbeitung	tramitación rápida
verwaltungstechnische Abwicklung	desarrollo administrativo
Unterbringung der Fracht	acondicionamiento de la carga
Flächennetz	red de cobertura

14.4.6.1

beladen	cargado
nicht mehr als ... wiegen	no pesar más de...

15. Mercadotecnia y promoción de ventas

15.1

actuación comercial	kaufmännische Handlungsweise
investigación del mercado	Marktuntersuchung, Marktforschung
análisis estadístico	statistische Analyse
promoción de ventas	Verkaufsförderung
publicidad	Werbung
medios soporte	*hier*: Werbeträger

prensa técnica	Fachpresse
valla o estructura mural	Plakatwand
descripción textual y gráfica	Beschreibung des Textes und der Grafik
revestir	haben, bieten
imperar	vorherrschend sein
descripción permenorizada	genaue Beschreibung
carpeta de prensa	Pressemappe
ser titular de una marca	Inhaber einer Marke sein
relaciones públicas	Public Relations
actividades benéficas	Wohltätigkeits-aktivitäten
vinculación del cliente	Kundenbindung
posicionamiento de marca	Markenpositionierung

15.2.2

inserción	Aufgabe,Schaltung
secuencia publicitaria	Werbefolge
publirreportaje	Werbereportage

15.2.3

motivo navideño	Weihnachtsmotiv
habilitar	*hier*: einrichten
agilizar	erleichtern, verein-fachen
feria monográfica	Fachmesse, Messe (die einem einzelnen Produkt gewidmet ist)
reiterar la invitación	die Einladung wieder-holen
ubicación	Standort

15.2.4

consultor de comercio exterior	Außenhandelsberater
viabilidad comercial	*hier*: Absetzbarkeit
entrevista sin compromiso	unverbindlicher Besuch

15.2.5

mueble de exterior en aluminio de la más alta gama	Außenmöbel aus Aluminium des höchsten Preissegments
en diseño vanguar-dista	in avantgardistischem Design
situación coyuntural	konjunkturelle Lage
panorama ferial	Messelandschaft
balance de expor-taciones e impor-taciones	Export- und Importbilanz
punto de venta	Verkaufsstelle
idóneo	geeignet

15.2.6

denominación	*hier*: Firmenbezeichnung
marca registrada	eingetragenes Markenzeichen
reforzar el perfil marquista	das Markenprofil stärken
recursos destinados a medidas publicitarias	für Werbezwecke bestimmte Mittel
exquisito trato	außergewöhnliche Betreuung

15.4.2

exhortación	eindringlicher Wunsch
lebensgefährlich sein	existir peligro de muerte

15.4.3

marketing mix	Marketing-Mix
atendiendo a la clientela	unter Berücksichtigung der Kundschaft
actuación competitiva	Wettbewerbsverhalten
trascendente	*hier*: weitreichend

15.4.5.1

in Papierversion	escrito en papel

15.4.5.2

Mailing-Sendung	envío por correo masivo
Infostand	caseta de información, stand

16. Los certámenes feriales: presencia y alojamiento

16.1

el foro más idóneo	der geeignetste Platz
sofisticado instru-mento de marketing	ausgefeiltes Marketing-Instrument
imagen de la empresa	Unternehmens-Image
alquiler del espacio	Anmietung des Platzes
incentivo a la visita	Anreiz für den Besuch
conexión a Internet	Internet-Anschluss

limpieza y recogida de basuras	Reinigung und Abfallbeseitigung
arquitectura del stand	Standbauten
videoconferencia	Videokonferenz
teléfono digital con cámara incorporada	Digitaltelefon mit eingebauter Kamera
ingeniería	*hier*: Technik
in situ	an Ort und Stelle
búsqueda de un alojamiento adecuado	Suche nach einer geeigneten Unterkunft
hospitalidad	Gastfreundschaft

16.2.2

por el perfil del certamen	nach dem Profil der Veranstaltung
astilleros de embarcación deportiva	Werft für Sportboote

16.2.3

Grandes Reservas	(spanische) Spitzenweine
bodega	Weinkellerei
abierto en esquina	an der Ecke offen
doble mostrador	Doppeltheke
armario lateral	Wand-, Seitenschrank
toma de agua fría y caliente	Anschluss für kaltes und warmes Wasser
toma de corriente	Stromanschluss
armario de refrigeración enológica	önologischer Kühlschrank
lateral abierto	offene Standseite
suelo entarimado	Parkettboden

16.2.4

reproductor de vídeo	Videogerät
pizarra magnética	Magnettafel
almuerzo de trabajo en auto-servicio	Arbeitsmittagessen mit Selbstbedienung

16.4.2

feria profesional	Fachmesse
efecto dinamizador	antreibende Wirkung
escaparate	Schaufenster
herramienta	Werkzeug
entidad impulsora	Impulsgeber
expositor	Aussteller
imagen de marca	Markenprofil

16.4.4

Hotelgast	huésped de hotel
untergebracht werden	ser alojado
adäquate Unterkunft	establecimiento adecuado
Einzelzimmer	habitación individual
welche Art Küche geboten wird	qué tipo de cocina se ofrece
vegetarische oder andere Kost	alimentación vegetariana o otros tipos de nutrición
Verkehrsanbindung	conexión de transporte público
wie lange die Rezeption besetzt ist	que horario mantiene la recepción
lange unterwegs sein	realizar prolongados desplazamientos
Fitness- und Massagemöglichkeit	gymnasio y sala de masaje

17. Los recursos humanos. Comunicaciones internas en la empresa.

17.1

política de recursos humanos	Personalpolitik
plan de carrera	Karriereplan
calificación	Qualifikation
legislación laboral	Arbeitsgesetzgebung
seguridad social	Sozialversicherung
desempeñar una función determinada	eine bestimmte Funktion ausüben
organigrama	Organigramm, Netzplan
oferta de empleo	Stellenangebot
convocatoria	Einladung, Stellenausschreibung
candidatura	Bewerbung
carta de solicitud	Bewerbungsschreiben
los méritos alegados	die erworbenen Fähigkeiten
historial curricular	Lebenslauf
proceso de selección	Auswahlverfahren
contrato de trabajo	Arbeitsvertrag
requerimientos legales	gesetzliche Voraussetzungen
ordenamiento jurídico	Rechtsordnung
período de prueba	Probezeit
negociación salarial	Gehaltsverhandlung

directiva de gerencia	Richtlinie der Geschäftsleitung
plantilla	Belegschaft
baja	Beurlaubung, Entlassung
dar el alta	gesund schreiben
maternidad	Mutterschaft
enfermedad	Krankheit
incapacidad	Arbeitsunfähigkeit
régimen de despidos	Kündigungsregelung
directriz laboral	Arbeitsrichtlinie
ascenso	Aufstieg, Beförderung
medio ofimático	Mittel der Bürotechnik

17.2.1

titulación superior	Hochschulabschluss
dominio	Beherrschung
experiencia acreditada	nachgewiesene Erfahrung
equipo de venta	Verkaufsteam
plena disponibilidad	volle Bereitschaft
paquete retributivo	*hier*: lohnendes Gehaltspaket
fijo más variable	Festgehalt plus Zuzahlung
acorde con	je nach, im Einklang mit
valía	Fähigkeiten
prestación social adicional	zusätzliche soziale Leistung

17.2.2

rasgos básicos	Grundzüge
profundos conocimientos	tiefgehende Kenntnisse
economía aplicada	angewandte Wirtschaft
formación posgrado	Postgraduierten-Ausbildung
capacidad analítica	analytische Fähigkeit
conducción de equipos humanos	Menschenführung
hábito de trabajo en equipo	gewöhnt, im Team zu arbeiten
gestión por objetivos	zielgerichtetes Handeln
entrevista personal	persönliches Interview

17.2.3

prestigioso	(hoch) angesehen
formación específica	Fachausbildung
estancia laboral	Arbeitspraktikum

17.2.4

formación dual	duale Ausbildung
hotelera especializada	Kauffrau für das Hotelfach
escuela profesional	Berufsschule

17.2.5

conectar	anschließen
contestador automático	automatischer Anrufbeantworter
mensaje de atención al cliente	Kundendienstnachricht

17.2.7

Consejo de Administración	(spanischer) Verwaltungsrat (entspricht in etwa dem deutschen Vorstand)
repentino fallecimiento	plötzliches Ableben
hacerse cargo de forma provisional de las riendas de la empresa	provisorisch die Zügel des Unternehmens in die Hand nehmen
por unanimidad	einstimmig

17.2.8

condolencia	Kondolenz
luctuoso	traurig
comité de empresa	Betriebsrat
pésame	Beileid

17.2.9

nombramiento	Ernennung
jubilarse	in den Ruhestand gehen
a efectos de antigüedad	auf Grund der Betriebszugehörigkeit
vocal nato	stimmberechtigtes Mitglied
responsable de seguridad	Sicherheitsbeauftragter
planta productiva	Produktionsstätte
Directora de Recursos Humanos	Personalchefin

17.4.2

servicio virtual	virtuelle Dienstleistung
aumentar la transparencia	die Transparenz erhöhen
comprensión	Verständnis

medios de comunicación	Kommunikationsmedien
sociedad civil	bürgerliche Gesellschaft
actores públicos	öffentliche Handlungsträger
consultas	*hier*: Auskünfte
servicios de transacción	Dienstleistungen für den Geschäftsverkehr
inscripción en actos	Eintragung in Akten

17.4.4

Zusammenschluss	*hier*: familia
sich verschrieben haben	comprometerse a trabajar juntos en
an die Stelle treten	sustituir
im Wortsinne	*hier*: en realidad
gemeinsame Organe	instituciones comunes
auf europäischer Ebene	a escala europea
Zusammenführung der Souveränität	unión de soberanía
wieder von Krieg und Zerstörung heimgesucht werden	volver a producirse matanzas y destrucciones
Rede	discurso
französischer Außenminister	Ministro de Asuntos Exteriores francés
Europäisches Parlament	Parlamento Europeo
Rat der Europäischen Union	Consejo de la Unión Europea
Europäische Kommission	Comisión Europea
Europäischer Gerichtshof	Tribunal de Justicia Europeo
Europäischer Rechnungshof	Tribunal de Cuentas Europeo
Rechtsstaatlichkeit	estado de derecho
Bürgerrechte	derechos de los ciudadanos
Gewährleistung von Freiheit	garantía de libertad
Schaffung von Arbeitsplätzen	creación de puestos de trabajo
Regionalentwicklung	desarrollo regional
Umweltschutz	protección del medio ambiente
diskriminierungsfreie Globalisierung	creación de la globalización en beneficio de todos

19 Glosario de términos comerciales

Aceptación
a) Expresión de conformidad respecto a una oferta o propuesta
b) Aceptación de una letra de cambio: compromiso del librado de cumplir el pago en las condiciones que fija la letra de cambio expedida por el librador

Agente comercial
Profesional del comercio que como empresario individual actúa en nombre y por cuenta de otra empresa, cuyos productos o servicios representa y vende a cambio de una comisión sobre las operaciones realizadas. Véase página 156 (la representación comercial)

Arbitraje
Procedimiento extrajudicial para la resolución de conflictos basado en un convenio de las partes en el litigio de someterse a la decisión del árbitro. Suele ser más rápido y menos costoso que un procedimiento procesal, por lo cual se usa con frecuencia en las relaciones comerciales.

Asamblea general ordinaria
Reunión de todos los accionistas en una sociedad anónima que, según la legislación, tiene lugar, una vez al año para aprobar las cuentas y la gestión del Consejo de Administración y de los auditores. Las decisiones se toman mediante expresión del voto de los accionistas.

Avería
En el transporte fluvial o marítimo, daño o perjuicio en la carga que tiene consecuencias, según su índole, en el régimen de indemnizaciones del seguro. Véase también la página 198 (Institute Cargo Clauses).

Balance
Cuentas anuales de una empresa que reflejan conforme a un plan contable su situación patrimonial y financiera. La lectura del balance arroja una información precisa sobre las actividades que realiza en el tráfico mercantil, las obligaciones frente a terceros y los beneficios que genera para sus propietarios.

Balanza comercial
Comparación del valor de las importaciones y exportaciones de un país durante un periodo de tiempo determinado, que refleja un saldo positivo, si las exportaciones exceden a las importaciones, o negativo, en caso contrario.

Bolsa de valores
Mercado en el que se negocian los títulos valores admitidos a cotización oficial que representan la titularidad de sociedades anónimas, y otros bonos u obligaciones incorporados a títulos negociables.

Cámara de Comercio
Organismo oficial que agrupa en un determinado territorio a todas las sociedades mercantiles, prestando ciertos servicios a los asociados.

Carta de porte
Documento para el transporte terrestre. Véase página 197.

Certificado de origen
Documento que acredita de forma inequívoca el país de origen de un producto. Dicho certificado de origen se exige en algunas ocasiones para el trámite de determinadas operaciones mercantiles, por ejemplo el crédito documentario.

CESCE, S.A.
Compañía Española de Seguros de Crédito a la Exportación. Su objeto social consiste en realizar, de forma exclusiva, en el territorio nacional la gestión de la cobertura de los riesgos comerciales de los ramos de crédito interior y de exportación en nombre propio y por cuenta del Estado. En Alemania, estos riesgos son cubiertos por la HERMES-Kreditversicherungs-AG.

Código de Comercio (C. de C.)
Relación codificada de normas mercantiles que, junto con la legislación complementaria, contiene todas las prescripciones jurídicas que regulan la actividad mercantil en un estado.

Comercio electrónico
Conjunto de transacciones mercantiles realizadas vía Internet entre una empresa que ofrece sus productos al mercado y los clientes que realizan la compra de forma electrónica. Este tipo de comercio se ha incrementado notablemente en los últimos tiempos y es objeto de una normativa especial para la protección del consumidor.

Comisión
Porcentaje que percibe una persona que negocia intermediando en una compraventa, por ejemplo un agente comercial (véase página 155).

Conocimiento aéreo
Documento para el transporte aéreo. Véase página 197.

Conocimiento de embarque
Documento para el transporte fluvial o marítimo. Véase página 197.

Contrato de seguro
Es un contrato en el que se estipulan los derechos y las obligaciones de las partes, del asegurador y del asegurado. El asegurador asume la obligación de cubrir un riesgo y de indemnizar al asegurado en caso de siniestro, mientras que el asegurado se obliga a pagar una prima para obtener estos derechos.

Crédito documentario
Una de las modalidades de pago más seguras en la exportación, en la cual un banco (el banco emisor), a petición de un cliente (el ordenante) actúa como intermediario entre las partes contratantes, y se compromete ante el beneficiario (el vendedor), directamente o a través de otro banco (el banco avisador) a pagar al contado o a plazo un importe fijado en el contrato, bajo la condición que el beneficiario entregue los documentos especificados en el crédito en el plazo y en los términos contratados. Véanse las páginas 182, 183, 192 y 291.

Cuenta de pérdidas y ganancias
Tabla que viene contemplada en el Plan contable que refleja los flujos de ingresos y gastos de una empresa o unidad económica en un periodo determinado. Su saldo se refleja en el balance, con resultado deudor o acreedor en función de su signo positivo o negativo.

Factoring
Gestión de facturas pendientes de cobro realizada por una empresa por encargo de otra. En general, la deuda es vendida a esta empresa a un precio que depende del riesgo del éxito de pago (véase la página 150).

Factura
Cuenta de las mercancías compradas y de los gastos hechos. Existen varios tipos de facturas para distintos fines: la factura comercial, la factura pro forma, la factura consular, la factura aduanera etc. Véase la página 85.

Fondo Monetario Internacional (FMI)
Organización internacional que engloba a 184 países, cuyo objetivo es fomentar la cooperación monetaria internacional y el crecimiento económico sostenible, asegurar la estabilidad financiera, facilitar el comercio internacional, promover la creación de empleo y reducir la pobreza. Su misión básica es la concesión de créditos a los países en condiciones favorables ligada al cumplimiento de determinadas condiciones de disciplina económica.

Franchising
Es un contrato por el cual una empresa gestora concede a otra persona física o jurídica un programa uniforme y el derecho de explotación de un cierto negocio contra el pago de un precio o una remuneración, dándole el derecho de utilizar el nombre de la marca comercial y los medios de promoción de esta marca.

Fuerza mayor
Causa o evento imprevisto y perjudicial como la acción de un gobierno en tiempos de guerra, huelga o catástrofes naturales que en ningún contrato se puede prever. Si esta cláusula se utiliza en un contrato, en general significa que una responsabilidad para estos casos queda excluida.

Fusiones y Adquisiciones
Procesos de unión de dos o más empresas, realizadas por vía de acuerdo de los respectivos gestores dirigido a la constitución de una nueva sociedad (fusión), o mediante la compra de una sociedad por otra, que la absorbe o integra (véase también la página 169).

Instituto Español de Comercio Exterior (ICEX)
Institución oficial española dedicada a fomentar la exportación y promoción en el exterior de bienes y servicios españoles mediante la prestación de servicios a las empresas exportadoras, actuando en las áreas de formación, información, promoción, inversión y cooperación empresarial internacional.

Incoterms (International Commercial Terms)
Definiciones uniformes de condiciones de entrega utilizadas en el comercio exterior, que son regularmente revisadas por la Cámara de Comercio Internacional de París. Si un contrato es concluido con base en las Incoterms, ambos el vendedor y el comprador saben exactamente cuáles son sus obligaciones. De esta forma se evitan malentendidos en la contratación internacional. Véase 2.3.5 en la página 39.

Insolvencia
Falta de capacidad de pago de una persona o empresa que se encuentra en una situación en las que sus deudas son superiores a los recursos disponibles para atenderlas. La insolvencia es relativa, cuando el deudor tiene patrimonio suficiente para pagar a sus acreedores, aunque exista falta de liquidez, o definitiva, cuando el patrimonio no cubre las deudas.

Investigación y Desarrollo (I+D)
Actividad corporativa que una empresa o institución dedica al fomento de la investigación científica y a la aplicación de los avances técnicos o descubrimientos obtenidos. El índice presupuestario aplicado a estos fines sirve como indicador de la capacidad tecnológica de un país.

IVA
Impuesto indirecto que se aplica sobre los bienes de servicios y sobre las importaciones definitivas. Según el tipo de producto, varía el gravamen del impuesto: 4%, 7%, 16%, etc. Se aplica en toda la EU.

Letra de cambio
Instrumento de crédito, mediante el cual el librador ordena a otra persona, el librado, pagar una cierta cantidad a él mismo o a otra persona o institución, llamada beneficiario (véanse las páginas 109, 110 y 182).

Marketing Mix
El conjunto de los cuatro componentes principales de una estrategia global de una empresa para competir en el mercado: el producto, el precio, la distribución y la comunicación.

Mercadotecnia (Marketing)
Estudio del mercado para la comercialización de un producto y la puesta en práctica de esta comercialización por medio de varios instrumentos, incluyendo la promoción de ventas y la publicidad (véase la página 213).

Organización de Cooperación y Desarrollo Económico (OCDE)
Organización internacional, fundada en 1961, con sede en París que agrupa a 30 países que comparten el compromiso de fomentar la democracia y la economía de mercado y cuyo objetivo es coordinar sus políticas económicas y sociales, así como la ayuda al desarrollo.

Pequeñas y Medianas Empresas (PYMES)
Abreviatura que designa en España a las pequeñas y medianas empresas, conjunto mayoritario del tejido empresarial del país. Corresponde más o menos a lo que se conoce en Alemania con el nombre de "mittelständische Unternehmen".

Póliza de seguro
Documento justificativo de un contrato de seguros o de un contrato de fletamiento. Para las modalidades de pólizas véase la página 198.

Producto Interior Bruto (PIB)
Valor de los bienes y servicios finales producidos por una economía en un determinado período de tiempo (generalmente un año).

Producto Nacional Bruto (PNB)
Valor de los bienes y servicios finales producidos por los residentes de un país, en el interior y en el exterior, en un determinado periodo de tiempo (generalmente un año).

Quiebra
Estado jurídico de un comerciante o empresa mercantil como consecuencia del incumplimiento en el pago de sus obligaciones profesionales, que produce la limitación de sus facultades relativas a la administración y disposición de sus bienes, con intervención de un administrador judicial, así como la liquidación de su patrimonio y la distribución de los bienes que lo constituyen entre los acreedores legítimos en la proporción y prelación en que tengan derecho a ser pagados.

Rating
Clasificación de una empresa y de sus respectivas actividades por medio de un sistema de valoración, teniendo en cuenta, en particular, su solvencia y su liquidez.

RUUCD (Reglas y Usos Uniformes relativos a los Créditos Documentarios).
Regulación específica de la CCI – Cámara de Comercio Internacional – para los créditos documentarios.

Seguro de crédito a la exportación (SCE)
Seguro destinado a garantizar las operaciones internacionales entre comerciantes derivadas de las ventas a crédito de mercancías o servicios mediante la cobertura del riesgo, de la naturaleza que sea, de insolvencia del comprador. Véanse también la página 193.

Sociedad mercantil
Sociedad constituida para explotar un negocio. De las muchas formas que existen destacan: la sociedad colectiva (S.C.), la sociedad en Comandita (S. en C.), véase página 55, la sociedad de responsabilidad Limitada (S.R.L. o S.L.) y la sociedad anónima (S.A. o por acciones), véase página 69.

SWIFT
Abreviación del inglés de "Society for Worldwide Interbank Financial Telecommunication", un sistema electrónico de comunicación entre bancos de los mayores países industriales. Estos bancos están conectados por uno de entre varios sistemas y pasan sus órdenes de transferencias bancarias a sus respectivas centrales por medio de mensajes interbancarios electrónicos.

Tipo de cambio
Relación de intercambio entre dos divisas, esto es, el precio por el que se pueden comprar o vender, que se determina en el mercado.

Transferencia bancaria
Operación bancaria, por la cual se transfiere una cantidad de dinero de una cuenta a otra. Una modalidad de pago entre las muchas que existen (véase página 100).

Capítulo 13: Orden de apertura.

ORDEN DE APERTURA CRÉDITO DOCUMENTARIO DE IMPORTACIÓN

Lugar: Fecha:

Muy Sres. Nuestros:
Con cargo a nuestra cuenta corriente nº:

Entidad	Oficina	D.C.	Cuenta

Rogamos a Uds. se sirvan abrir el siguiente crédito documentario irrevocable nº:

Por ☐ Escrito ☐ Telex/Swift ☐ Escrito con preaviso telegráfico

Nombre y dirección del beneficiario

Banco del beneficiario

Envíos parciales / Transbordos

☐ Autorizados ☐ Autorizados
☐ No autorizados ☐ No autorizados

Envíos

Desde:
A: Por:

Fecha y lugar de validez

Fecha: / / Lugar:

Importe

Tipo de moneda | Especificación del importe (Aprox., etc.)

Crédito utilizable en:

☐ Sus cajas
☐ Las cajas de su corresponsal para:
☐ Pago ☐ Aceptación ☐ Negociación
☐ Pago diferido ☐ Pago mixto

Plazo de pago

☐ Vista ☐

Condición de entrega

☐ C&F ☐ FOB / FOA / FOT ☐ F. Fábrica (EXW)
☐ CIF ☐ F. Frontera (DAF) ☐

Mercancía

Partida estadística: Fecha máxima de embarque:

Utilizable contra entrega de los siguientes documentos

☐ Juego completo de conocimiento de embarque limpio, acreditando la puesta a bordo de la mercancía
☐ Certificado de transporte FCR/ CMR
☐ Duplicado de talón de ferrocarril
☐ Conocimiento aéreo
☐ Recibo de correos
☐

Consignado a:
☐ Deutsche Bank, Sociedad Anónima Española
☐ Otros:
Notificar a
Marcado:

☐ Póliza o certificado de seguro cubriendo:
☐ Certificado de origen / sistema general de preferencias form. A, acreditando el origen .... de la mercancía
☐ Factura comercial, (ejemplares) ☐ Lista de empaque (.. ejemplares)
☐ Certificado EUR1/ COM (DUA)/ T2/ T2L ☐

Otras instrucciones

Las comisiones y gastos que se produzcan

Fuera de España son a cargo: ☐ Nuestro ☐ del beneficiario

Los documentos deben ser presentados

Dentro de los días a partir de la fecha de embarque de la mercancía, pero dentro de la validez del crédito.

Instrucciones de confirmación para el banco avisador

☐ Añadir confirmación ☐ sin confirmación

El presente crédito está sujeto a las reglas y usos uniformes relativos a créditos documentarios (revisión 1983), publicación nº 400 de la Cámara de Comercio Internacional

De acuerdo con la normativa vigente, ustedes abrirán el presente crédito "en descubierto", sus corresponsales, les avisarán, por telegrama o por correo, la presentación de los documentos, y seguidamente solicitarán ustedes la moneda correspondiente. La liquidación definitiva de la divisa se efectuará, por lo tanto, al cambio que en su día resulte para la adquisición de moneda mediante adeudo en nuestra cuenta, corriendo a nuestro cargo los correspondientes gastos y comisiones de ustedes y de sus corresponsales, así como los intereses de adelanto que puedan debitarles sus corresponsales desde la fecha de pago, hasta la recepción del reembolso. Asimismo respondemos de eventuales diferencias que se produzcan por fluctuaciones de cambio, hasta tanto su corresponsal haya recibido efectivamente la cobertura íntegra por esta operación.

Estamos conformes en que para la presente operación, rijan las condiciones generales del banco. (Sello y firma)